国家出版基金项目
NATIONAL PUBLICATION FOUNDATION

道家与道教研究著作提要集成

（1901—2017）（二）

詹石窗 总主编

国家社会科学基金重大招标项目
《百年道家与道教研究著作提要集成》
（批准号：14ZDB118）成果

国家图书馆出版社

第二辑：道家与道教文献整理研究（甲部）

本辑统稿：姜守诚　萧登福
撰 稿 人（按姓氏笔画排序）：

丁希勤	丁倩梅	马姣	王超	包力维
吕壮	伍宇昊	刘见成	刘金成	刘思贝
刘艳雪	刘嘉欣	江峰	江毓奇	安虹宇
李利	李怀宗	李雨馨	李明玉	李育富
李建德	李彦国	李梓亭	李嗣达	杨琳
杨丽璇	杨继承	吴欣欣	吴靖梅	邱沛轩
沈玉娇	宋野草	张欣	张怡	张雷
张永宏	张芳山	张培高	张韶宇	陈芹
陈昭吟	陈婉娇	邵芸菲	范佩佩	林飞帆
林汝达	林翠凤	罗禧	季良玉	周睿
周天庆	周克浩	屈燕飞	赵怡然	姜守诚
祝涛	郭正宜	黄唯青	梁玲	蒋丹丹
舒卉卉	曾勇	曾晗	蓝日昌	赖慧玲
褚国锋	熊品华			

目 录

第二辑 道家与道教文献整理研究（甲部）

第二辑

道家与道教文献整理研究
（甲部）

（一）《老子》注译与研究

老子道德经评点

　　《老子道德经评点》（又名《侯官严氏评点老子》《老子王氏注》），严复著。东京：并木活版所，清光绪三十一年（1905）版。1932年成都书局据活字本刊，后郑璧成先生将印板捐赠给北泉图书馆。1944年杨家骆先生呈准教育部辅助重印。另有台北：艺文印书馆，1972年版，系严灵峰辑《无求备斋老子集成续编》之一种，影印1905年版；北京：宗教文化出版社，2011年版，系熊铁基、陈红星主编《老子集成》之一种，影印成都书局本；北京：国家图书馆出版社，2018年12月第1版，系方勇主编《子藏·道家部·老子卷》之一种，据1944年刊《北泉图书馆丛书》本收录。

　　严复（1854—1921），初名传初，曾改名宗光，字又陵，又字几道，福建侯官（今福州）人。近代启蒙思想家、翻译家。曾任北洋水师学堂总教习、上海复旦公学校长、安庆高等师范学堂校长和清朝学部名辞馆总编辑。以毕生精力翻译西学名著，以"致力于译述以警世"。倡导西学，希图将"西洋至美之制，以富以强之机"引进到中国来挽救中华民族的危机，使中国成为天演过程中强有力的竞争者。主要著作有《瘉壄堂诗集》《严几道诗文钞》等，译作有《天演论》《原富》《群学肄言》等。

　　本书依据王弼《老子注》本，加旁注及眉评，以西学参注《老子》，共两卷81章。著者所作评点之文字当写于1903—1904年间。评点的最大特色是以西方学术思想评论《老子》，如夏曾佑所说"严几道读之，以为其说独与达尔文、孟德斯鸠、斯宾塞相通"。

　　本书是从西方的天演论及资产阶级的民主自由学说的角度来注解的，因此可以说是中西文化相结合的产物，是近代老学发展达到质变的代表作。本书论证了《老子》中有与近代西方文化相通的天演进化思想，以及中国适应天演进化的必要性，体现了一种进化发展观，以及民主、无为和自由的思想。

　　本书不仅具有冲破封建思想桎梏的作用，而且发扬了中国传统文化，并将传统文化与西方近代文化相衔接。就其新学术的取向来说，它对近代学术的发展起到了先导作用，打开了中国传统文化与西方近代文化相连的渠道，具有唤起民族觉醒的作用。按照天演论的观点，著者认为人类社会的发展也遵循自然界的优胜劣汰原则，优良的民族或文化总要不断取得对于弱小的民族或文化的胜利，于是在前者不断胜利和后者不断的淘汰中，整个人类社会从低级向高级发展。基于这种认识，他认为要振兴中华民族，需要全面借鉴西方的社会制度、思想文化来改造中国的社会制度及思想文化，中国只有适应天演规律来进行改革，才能达到自强而不被淘汰。（蒋丹丹、姜守诚）

新解老

《新解老》，刘鬴和撰。北京：国家图书馆出版社，2018年12月第1版，系方勇主编《子藏·道家部·老子卷》之一种，据1914年排印本收录。另有上海：善书会刊，1919年版；台北：艺文印书馆，1972年版，系严灵峰辑《无求备斋老子集成续编》之一种，据1914年排印本收录；北京：宗教文化出版社，2011年版，系熊铁基、陈红星主编《老子集成》之一种，以1914年排印本为底本点校。

刘鬴和（1870—1929），字叙含，号少双，笔名刘少少，湖南善化（今长沙市）人。曾任北京《帝国日报》编辑、《湖南公报》编辑、北京大学讲师等。主要著作有《佛老辨》《韩非学说疏》《新穆天子传》等。

本书正文，著者按照通行本分为《道经》《德经》两卷，共81章，不列章名，又将通行本之第四十二章末"人之所教我亦教之……吾将以为教父"移至第四十三章之首。每章之《老子》文本大字列前，著者注解小字列后，且将章节"为韵之字"列于此章节注解之前。著者没有说明其所使用的底本，但所用底本与王弼《老子道德经注》浙江书局明张之象本相近。

著者认为前人未能全显老子真意，因受西方哲学启发，而自觉已会老子之妙意。认为《老子》所言为形而上学，要讲明宇宙一切事物的大原则，即"道"。而"道"分体、用，体为无限、普遍、绝对、全体之"无"，用为顺应万物、不抗不争之"无为"。著者认为"无为"包含达尔文进化论，并认为"无为"之"永为无穷"弥补了进化论不能说明进化终点为何的缺陷。且"无为"并非"顽空无用"，也非狭隘、头脑简单的怠惰者的借口，而是"顺物自然、无所拘执"，是将作意不为的假无为排遣掉的真无为。认为"道""德"皆是强名。著者于《德经》中论述政治、战争、刑法的章节颇有心得。

著者点校未严格依照训诂之学，其解有新意且义理融贯；不援引佛说，但其解文中却使用了佛教概念，如"我见""圆觉"等；善用譬喻，如用"面粉扑模""水中溶铅"之类来喻"道"生万物却自体不易之理；阐释中使用西哲名词，如主观、客观和原理等。著者中西文化底蕴深厚，旁征博引，多有发人深省之语。（安虹宇）

评注老子菁华录

《评注老子菁华录》，张纯一著。上海：商务印书馆，1918年3月初版，铅印本，系《评注诸子菁华录》之一种。另有台北：艺文印书馆，1972年版，系严灵峰辑《无求备斋老子集成续编》之一种，收录1922年排印本。

张纯一（1871—1955），字仲如，法名觉义，湖北汉阳人。清末秀才。曾执教于南开大学、燕京大学等，晚年任中南文史馆馆员。毕生致力于哲学研究，兼及诸子百家。主要著作有《讲易举例》《融通各教谈道书》《墨子闲诂笺》《晏子春秋校注》《老子通释》等。

著者应浙江书局之邀而作《评注诸子菁华录》。浙江书局原本有《二十二子》刊本，篇帙繁博，因此著者从中挑选了一些实用价值高的本子，取名《评注诸子菁华录》，本书正在其中。诸子中以前有注释的，依从原注，删繁就简；原注没有涉及的部分及没有注释的，逐节加注，以求理解明晰。书中评语或详于文法，或陈旨趣。行间有圈点的地方或是为了体现出与原本的不同，或是为了指出文章主旨所在。

本书在文章结构上未分章，只分两卷。著者认为老子所主张的无为思想旨在申明无欲。他认为"贤"是"多财"的意思，如果上层统治者不以多财为重，那么下层民众也就不会有争利之心。上层统治者如果要求民众提供难得之宝货，贫穷的人就会起盗贼之心，反之则会民风淳朴。绝圣弃智、绝仁弃义、绝巧弃利也是想要使民众做到无欲，民俗朴素了，私欲自然会寡淡，没有私欲，天下就会太平。

总而言之，本书篇幅虽小，但言简意赅，对《老子》的注解简单易懂。（蒋丹丹、姜守诚）

道德经证儒

《道德经证儒》，赖振寰辑。北京：国家图书馆出版社，2018年12月第1版，系方勇主编《子藏·道家部·老子卷》之一种，据1919年五色神芝草堂刊本收录。

赖振寰，清末民初人，字弼彤，又字佛同，广州顺德人。本是大儒，著作等身，"常遵程朱之说"，后由儒入道，先后在茶山庆云洞院、西樵云泉仙馆、沥阳葆诚堂修道，曾任庆云洞院住持，道学高深，"同道皆尊敬之"。主要著作有《顺德龙山竹枝词》《戒缠足文抄》《朱子碑楼辑存》等。

本书卷首有谭胜任序及著者自序。正文分为上、下两篇，第一至三十七章为上篇，第三十八至八十一章为下篇。卷末有自跋及龙舒居士《净土起信四》和《普劝修持三》文两篇。每章每句原文后，均有小字双行注解，以儒家思想、典籍注解《道德经》。认同何晏之说，援儒论证《道德经》，会通儒道二家。

著者一方面提升了道的根本地位，认为"道统其全"；一方面弱化了儒家的仁义礼智，认为"仁义礼智居其偏"。同时，著者也指出"孔老道本同源，儒道殊途合辙"。他还认为"老子救世最切要者两大端，一救奢，一救杀"。"奢则嗜欲"会导致人们"纷纷则争，争则杀驯"。老子"早悬诸心目，故痛哭而预救之也"。民国时期道学式微，人心愈淡。作为知识分子，著者具有强烈的责任感，他想要重振道学，弘扬道教，恢复人心。他写道"有此辈以天道唤醒之"。老子的"救世"何尝不是他自己的"救世"。"救杀"体现了他的反战思想及人道主义的关怀：佳兵不祥，胜而不美，而"以丧礼处之""以哀悲泣之"。这是自古以来圣王的"精意"。（杨琳）

老子约

《老子约》，豫道人著。北京：国家图书馆出版社，2018年12月第1版，系方勇主编《子藏·道家部·老子卷》之一种，据1919年排印本收录。另有成都：巴蜀书社，1992年版，系《藏外道书》之一种。

豫道人（1859—1946），本名张其淦，字汝襄，后改为豫泉，晚号罗浮豫道人、岭南迁叟，广东东莞人。清光绪二十年（1894）中进士。历任翰林院庶吉士、山西黎城知县等职，后任龙溪书院山长、东莞学堂名誉校长。主要著作有《寓园文钞》《邵村学易》《左传礼说》《洪范微》《松柏山房骈体文钞》等。

本书前有自序、凡例各一篇。自序叙述撰作此书的经过与目的。著者最喜《老子》之言，以为《老子》虽属道家之言，却是伏羲、神农、黄帝相传之言，并且与《易》道相合。然而，前人注《老子》者，或以为是兵书，或流入神仙吐纳之学，或又引佛解老，都不是《老子》之本意，由此而著本书。凡例共十条，扼要地介绍了《老子约》一书所据版本、分篇、分章、注释等方面的安排。

本书以王弼注本为底本，同时以诸本参校。不过，为了使文字简便，著者并没有注明依据哪一版本来改正某字。本书不赞同将《老子》分为道、德二篇的做法，因为上、下二篇皆言"道德"，所以本书依照王弼本《老子》，只分为上、下篇。在分章上，本书也是依照王弼分为81章的做法，每章题名为"一章""二章"等。注释者列于每章正文之后，并低正文一格。

诚如刘固盛在《论近代老学的道教诠释》文中所言，尽管"道教在近代处于衰落状态，但对老子的研究并未中断"，本书便是其中颇有特色的一种。不过，我们似乎不能简单地将本书归入到道家中。如本书著者对于《老子》书中有与儒家言合者，亦颇为重视；其与禅理合者，也加以注明。除本书外，著者尚有《读老随笔》《读老识小》两部关于老学的著作，也可参考。（杨继承、姜守诚）

道德经达诂

《道德经达诂》，胡薇元撰。山阴胡氏刻《玉津阁丛书甲集》本，1920年版。另有台北：艺文印书馆，1972年版，系严灵峰辑《无求备斋老子集成续编》之一种。

胡薇元，字孝博，号诗床，别署玉津居士，河北顺天大兴（今属北京市）人。清光绪三年（1877）进士。曾历官广西、四川、陕西等地。工诗，擅词曲。

主要著作有《汉易十三家》《壶庵五种曲》等，并刻入《玉津阁丛书》中。

本书依照王弼本《老子》，分为上、下两篇，共81章。于每章皆有章名，如第一章名为"道可道章"，第二章名为"知美章"，第三章名为"不尚贤章"，第四章为"道冲章"，多是取每章的第一个词名篇。

本书名为"达诂"，即本"诗无达诂"而来，即希望能够就《道德经》一书之文本而做出确定的解释。不过，本书在具体的解释时，并没有就《道德经》之文本做校勘、训诂之工作，而只是在每章的正文之后，说明本章之主旨，然后用较为易懂的浅近文言粗略说明《道德经》经文之大意，大部分内容近似于现在通行的白话文翻译。

对于本书，前贤曾有微词。如《四库大辞典》一书曾评价本书"读吾达诂者，自诚而明，由此入道"的说法，认为"难免有狂妄之嫌"。这种狂妄表现，在其友人所作序文中，有着更为极端的表现。此外，对于本书中不重实践，与中国社会的发展不相适应的迂腐观点，学者也曾有批评。（杨继承、姜守诚）

道德经讲义

《道德经讲义》（又名《道德经精义》《道德经注释》），黄裳著。上海：新学会社，1920年版。另有台北：艺文印书馆，1972年版，系严灵峰辑《无求备斋老子集成续编》之一种；北京：宗教文化出版社，2003年版，系"中国道教丹道修炼系列丛书"之一种，即蒋门马校注的《道德经讲义·乐育堂语录》，此本又于2012年由中华书局单本发行，书名为《道德经注释》；北京：九州出版社，2014年版；北京：中央编译出版社，2014年版。

黄裳，字元吉，一说号元吉，江西丰城人。清末道家内丹学家。他讲道的内容，经其门下弟子整理而成《乐育堂语录》《道德经讲义》《道门语要》三书。

本书共三卷，81章。每章的讲义分为两个部分，前一部分以儒学为本并辅以丹道理法以讲解老学，后一部分则几乎纯以丹法诠释经文。本书以丹汞内修之旨解老，每章经文上都加"太上曰"三字。

本书的解老方法有独特之处，具体体现在以下三个方面：一是以子书解老，综合孔、老之教；二是以"气"解道，三教合一；三是以老子之道为正宗，言性命之理及修治之功。

本书充满了修身养生思想，特别强调"德"在养生中的功用，从总体上讲是对传统养生思想的继承。本书又具有深厚的时代精神。著者从忧国忧民的情怀出发，希望人们重视生命，借此作为救国之基础，进而对时弊进行无情的痛斥。他说："世之营营逐逐，驰心于声色货利之场，极目遐观，爽心悦口者，非以此中佳境诚足乐耶。孰知人世之乐，其乐有限，唯吾心之乐，其乐无穷……人生性命为重，一旦魄散魂飞，货财安在，何不重内而轻外耶？太上所以有难得之货令人行妨，谆谆为告世也。"他呼吁社会重视生命，因为人生有限，最值得追求的不是"声色货利"，而是"修身养性"。在当时那种国家面临危难的特殊时代背景下，重视生命以效力于国家无疑是具有时代进步意义的。（蒋丹丹、姜守诚）

道德经述义

《道德经述义》，徐绍桢著。梧州：学寿堂，1920年刊印本。另有上海：商务印书馆，1928年铅印本；台北：艺文印书馆，1972年版，系严灵峰辑《无求备斋老子集成续编》之一种，据学寿堂刊印本影印。

徐绍桢（1861—1936），字固卿，祖籍浙江钱塘，生于广东番禺。清光绪二十年（1894）中举人。清末民初著名军事将领。主要著作有《共和论》《四书质疑》《勾股通义》《学寿堂奏议》《后汉书朔闰考》《三国志质疑》等。

本书分为上、下两篇，共81章，上篇共37章，下篇共44章。每章低一格作解，大部分采用儒家说，也采用他说。书前有著者1919年自序，叙述撰写此书的缘由，称是光绪乙未年（1895）客居桂林，取《老子》为弟子讲述其义而成此书。他认为，要想治理当世，必须学习老子思想。他带兵征战，也以老子思想教诲部下将领，认为老子主张兵为不祥之器，爱好杀人者不可能得到天下，劝诫部下勿矜、勿伐、勿骄。他注释《老子》的目的是使学者知晓《老子》宗旨之所在。他认为老子之学是平治天下之本，老子主张道法自然，希望当世之人都能有自然之觉悟、自然之进化。

著者之弟徐棠也为本书作序，序中说明了著者研究《老子》的特点。他说："民国以来，以功名起家者莫不拥金千万，而吾兄翛然去官，不名一钱，即子弟亦未尝取一官焉。此非得力于《老子》之深者乎？"又说："吾兄固卿先生以《老子》之学治身，以《老子》之学用兵，又即以《老子》之学救世者也。"可知著者对《老子》是认真研究并且能亲身运用其道的。（蒋丹丹、姜守诚）

读老浅疏

《读老浅疏》，李蟒撰，张天锡校刊。北京：国家图书馆出版社，2018年12月第1版，系方勇主编《子藏·道家部·老子卷》之一种，据1920年排印《春晖堂丛书》本收录。

本书分为上、下两卷，上卷自《道德经》"道可道"章始，于"道常无为而无不为"章止；下卷自"上德不德"章始，至"信言不美"章止。上、下两卷的划分，大略与现行《道经》《德经》的篇章分割点相同。全书内容以注解老子《道德经》为基本体例，先分篇章录述《道德经》原文，接以著者个人的注解、参悟与评述。他在注疏老子《道德经》时，是从性与命两个方面入手，目的在于使人们能够明悟道之根本，可以按照道的法则保养身心、性命调和。

《道德经》虽属道家经典，但本书并没有局限于道家思想和文献本身，而是本着学以致用的原则，充分借鉴了儒家的治身、治学观点来阐述道家的身心炼养。如在"道冲而用之，或不盈"篇章中，为了说明"道之为用在乎中庸"的道理，其先引用《中庸》章句"中也者，天下之大本也；和也者，天下之达道也"，指出天地正位、万物育化都是大道运作的结果，而道本无偏私，具有"常谦虚而不盈"的特点，因为能够不偏不倚以"致中和"，所以才会循环不息，生于象帝之先且亘古运化至今。在这里，著者借用道生万物的观点喻指为人应该保持"中和"之态。这种借万物自然之道而说明为人之理的叙述方式，在全文篇章中多有体现。

炼养心性的道理，同样适用于对形体的锻炼。著者指出，天、地、人三才而立，三者之间有着必然的联系，若是能体悟到此联系的根本而反用于修身之道，自然可以实现人身与天地同长久。

著者注疏之立意，落脚点在于个人的道德修养和性命炼养层面。他认为"有道者，不责人之怨，而怨自消"，唯有以己身合道，则视天下万物无不合道。若人人都能身与道和，则天下自然安泰。（李嗣达）

老子故

《老子故》，马其昶著。秋浦周氏，1920年刊本。另有上海：商务印书馆，1927年版；合肥：黄山书社，1994年版，系《老子注三种》之一种。

马其昶（1855—1930），字通伯，晚年自号抱润翁，安徽桐城人。曾主讲于潜川书院，清光绪末年授学部主事，后又在京师大学堂任教。辛亥革命后，历任安徽高等学堂校长、参政院参政、清史馆总纂。以恪守桐城家法为己任，被称为桐城派殿军。治学颇广，除涉及《易》《诗》《书》等儒家学说之外，又精研老庄、屈赋，主要著作有《三经谊诂》《庄子故》《屈赋微》《抱润轩文集》《抱润轩遗集》等。

本书共上、下两卷，分为《道经》《德经》两篇，上卷11章，下卷19章，共30章。对于本书的缘起，著者称其原本治《周易》，而后旁及诸子百家，发现《中庸》和《老子》同出于《周易》之学。本书广泛征引了历代各家注老解老的著作，在此基础上综合裁剪，并提出了很多自己的看法。

本书依据"采摭诸家，又颇连缀章句，而释其滞疑"的原则，广征博引了近百家注老解老的著作。有多位儒家学者，如孔子、孟子、朱熹、王守仁、钱大昕、王念孙及桐城派学者姚鼐和姚永概等；有道家及道教学者，如庄子、葛洪、顾欢、范应元等；也有佛学家，如牟子、释德清等。著作涵盖历代，有《周易》《尚书》《诗经》《论语》《孟子》《列子》《庄子》《淮南子》《说苑》《广雅》《抱朴子》《朱子语录》等。

本书最大的特色就在于广征博引，在考据方面下了很大功夫。在参考他人的《老子》注解基础上，著者精于裁断，凡是自己的看法均用"昶案"两字来表示。陈宝琛为本书作序，他在序中赞扬了著者的考证，称其"为订正章句，撷注家之精，而匡其失"。著者对《老子》文本的考证大致可分为订音、校对、释义、纠错四个方面。

本书不仅疏通老子的思想，还透露出对现实的关怀，体现了经世致用的思想。本书作为一部融通儒、释、道三家思想的著作，旁征博引了历代经典古籍。陈宝琛在序中赞美道："班《志》所谓君人南面之术，其在斯乎！学说与世运相因相待，衰周暴秦而可致于文景之治，吾道且赖之为引喤，是编岂独为老氏之功臣哉！"（蒋丹丹、姜守诚）

评注老子精华

《评注老子精华》，张谔撰。北京：国家图书馆出版社，2018年12月第1版，系方勇主编《子藏·道家部·老子卷》之一种，据1920年上海子学社排印《评注晒子精华》本收录。

张谔（1894—1966），字汝伟，号寿石居主人，江苏常熟人。曾执教于上海中医专门学校，任《常熟医学会月刊》编辑、上海市中医文献研究馆馆员等。著作颇广，除《卫生须知》《咽喉病》《临症一得》《医学抉微》《医林诙谐文》等医学著作外，还有译著《米勒氏十五分钟体操》，编著《评注晒子精华》，并评点《重订囊秘喉书》。

本书取老子《道德经》中28篇以为精华并为之注，篇目次序打乱通行本的篇章，以通行本第五十七章为首篇，以第六十六章为结尾。其评注有两大特点：

其一，注释皆拟有标题，如第五十七章之标题为"无为而民自化"，第十三章标题为"贵以身为天下"，第二十六章标题为"万乘身贵重静"，第五十八章标题为"为政贵淳闷"，如此等等。

其二，每篇评注之后附有明代三位思想家陆象山、王阳明、袁了凡之评注。例如，第五十七章著者评注之后附陆象山评注，陆象山曰："治国必有政事，用兵必有诈术。二者皆为有心，无为而为则可以得天下之心。下言有心之害，皆喻语也。"第八十章则附王阳明评注，王阳明曰："圣人治小国，使民无失业而迁徙者，是上古清净之化也。若末世多民多事，则不能如此矣。"第六十四章附袁了凡评注，袁了凡曰："持安于未危，保治于未乱，可谓千古至言。使老子之言，而皆若此，则列之于圣经，何不可哉？"本书评注《道德经》28篇，附陆象山评注3篇、王阳明评注14篇、袁了凡评注11篇。（李怀宗）

篆文老子

《篆文老子》，田潜撰。北京：国家图书馆出版社，2018年12月第1版，系方勇主编《子藏·道家部·老子卷》之一种，据1920年文楷斋刊本收录。

田潜（1870—1926），原名行照，一名吴炤，别字小纯、小尊，号潜山，别署潜叟、郎庵，湖北荆州人，徙居江陵。清光绪二十八年（1902）举人，曾任北洋政府内务部佥事、职方司司长。书法造诣甚深，擅长小学。主要著作有《说文二徐笺异》《一切经音义引说文笺》《教育心理学》《哲学新诠》等。

本书未分章。正文用篆文大字书写，全文无注释。正文后附著者所撰跋文，叙述此书中字体结构，一以鼎彝款识为准，间有用石鼓文者，是仿造吴大澂书《论语》《孝经》的方式，严格考据后而作，并举例说明"望文生义之弊"。

著者认为自汉儒以隶书写经以来，世人对于经书文字、义理的理解出现偏差，后世对于《老子》的解读虽多，或"不明微旨"，或"晦为误流"。他认为这种现象出现的原因是"不知义理必出于训诂"，"是以有望文生义之弊"。

总之，本书治学严谨，实为民国研究《老子》的重要著作。（杨琳）

道德经白话解说

《道德经白话解说》，江希张著。上海：道德图书馆，1921年版。另有台北：艺文印书馆，1972年版，系严灵峰辑《无求备斋老子集成续编》之一种；北京：朝华出版社，2007年版，即张启君《道德经白话解说今注》。

江希张（1907—2004），山东历城人。曾任中国化工原料公司、上海轻工业设计院总工程师，并担任数十种专业书籍的编审和顾问。

本书作于民国八年（1919），依据明末儒生张尔岐的《老子说略》，用白话推演，分字解、章解、演说三部分。它是较早的《道德经》白话注解版本。

当时"一战"刚结束，"五四"新文化运动开始。著者目睹"战火所及，生灵涂炭"，不忍心坐视缄默，于是著本书，希望以"昌明道德，消弭战杀，挽回世运，救正人心"。当时白话文刚刚在社会上开始流行，本书可谓是白话注解《道德经》的一部力作。书中提倡老子的"道德"，反映了战火不断的民国时期，人们对和平的美好追求愿望。本书发挥了《道德经》积极的现实意义，因而在社会上产生了一定的影响力。本书的核心内容，即是以老子清净自然之心态，去心之杂念，去己之私意，力图置身于孔子、老子的时代，用自己对时代脉搏的把握去体会孔子当时之心愿，再去感受孔子对老子之心得理解，这样便能真正理解《道德经》的宗旨，才能"执孔子从心之矩，量老子无名之朴"，做到正确领悟《道德经》的真谛。著者解老的目的，就是用"无名之朴"，即老子之道去"开世界未开之大同"。

总而言之，著者在本书提出了两方面的新见解：一是强调了中国的道学与西方的器学的结合，以道学为本，以器学为用；二是强调了在道学领导下的中西各种文化精华的互相结合，以创造出一种具有超强力量的新的道器，以达到制止战乱、维护世界和平的作用。（蒋丹丹、姜守诚）

老解老

《老解老》，蔡廷幹著。1922年自刊本。另有台北：艺文印书馆，1972年版，系严灵峰辑《无求备斋老子集成续编》之一种。

蔡廷幹（1861—1935），字耀堂，广东香山（今中山）人。曾任清政府海军部军制司司长、北洋政府海军副司令、北洋政府杜锡珪内阁外交总长、内阁代总理等职。主要著作有《唐诗英韵》《蔡先生寄古籀篇建首检字》等。

本书在文章结构上由以下几部分组成：一是序言两篇，有孙宝琦所作的序和著者自序；二是凡例；三是读法；四是第一章笺释；五是断句标点后的老子《道德经》经文；六是老子《道德经》串珠（著者在书中称索引为"串珠"）；七是老子《道德经》"不二字"目录；八是跋文三篇，分别是高超、吴心毂和任荣枨所作。

书中的索引已经和现代索引结构相符，它具备了钥（汉字检索信息编码）、目（标目）、注（注释）、数（出处）、文（原文）各部分。本书在索引技术上大有创新：一是运用逐字索引技术；二是引入了标识符号"〇"；三是在索引排序上，分别给索引标目排序和同一标目下的索引款目排序；四是词频统计。著者借鉴了西方人在《圣经》编纂时所采用的"堪靠灯"（concordance，即语词索引）的方式，这为《道德经》的研究方法开辟了新天地。

1932年，洪业在其索引学专著——《引得说》（我国近代索引学研究的开山之作）中评价本书说："中国人为旧书作'堪靠灯'，似当以此为最先。惜《老解老》为非卖品，故坊间不常见。又未于报端有广告宣传，青年学子知之者盖寡，故特为表扬焉。"2000年，潘树广为卢正言的专著《中国索引综录》作序言时说，我国最早的"专书逐字索引，有蔡廷干1921年编成的《老解老》"。可见他们充分肯定了《老解老》在索引学领域的开创性贡献。（蒋丹丹、姜守诚）

老子古义

《老子古义》，杨树达著。上海：中华书局，1922年初版。1926年再版，1928年出版《增补老子古义》铅印本，内容上与之前版本略有删移，将下卷一分为二，成上、中、下三卷。另有上海：上海古籍出版社，1991年版，系《杨树达文集》之一种；台中：文听阁图书有限公司，2010年版，即《增补老子古义》；长春：吉林人民出版社，2012年版，即《杨树达周易古义·杨树达老子古义》。

杨树达简介详见《汉代老学者考》提要。

本书共81章，正文后附《汉代老学者考》。它以清武英殿王弼本为底本，但不录入王弼注文。每章引用古籍中引老解老申老之语，征引资料极为丰富，涵盖各家注本，对王弼本的错误之处多有订正。如第二十三章的"故从事于道者，道者同于道，德者同于德，失者同于失"一句，毕沅认为，淮南王引作"从事于道者同于道"。俞樾认为"下'道者'二字衍文也"。日本人太田晴轩认为："今即此章反复考之，无'道者'二字则义理不通。"著者没有删去"道者"二字，可见他认为义可两存。又如第四十一章"下士闻道，大笑之"一句，王念孙、俞樾皆认为牟子《理惑论》引《老子》而作"下士闻道，大而笑之"，《抱朴子·微旨》篇也如此。著者加按语，谓"牟引有'而'字足证今本之误"。

本书对老学研究者有很高的参考价值。徐梵澄著《老子臆解》多依据本书。高明的《帛书老子校注》也将本书列为参考校本之一。20世纪30年代，东京文理科大学的诸桥辙次教授开设《老子》课程时，以本书为教本。瑞典汉学家高本汉对本书的评价也很高，认为此书征引极其详备。他在其著作《老子韵考》中原文引用了本书的内容，并在其著作《诗经研究》中称赞本书实为佳作。（蒋丹丹、姜守诚）

老子解

《老子解》，黄福撰。北京：国家图书馆出版社，2018年12月第1版，系方勇主编《子藏·道家部·老子卷》之一种，据1922年排印本收录。另有北京：宗教文化出版社，2011年版，系熊铁基、陈红星主编《老子集成》之一种。

黄福（1850—1936），亦名复，字雨田，号翼生，沔阳（今湖北仙桃市）人。35岁中举。历任湖北枝江、均州、蕲水、德安、江夏、黄州等府县学官，两湖书院、存古学堂经史文学主教，湖北高等师范学校、国学馆经史文学教授兼国学馆课试总校阅。终身从事教育事业，潜心著述，主要著作有《诸经补正》《读史正义》《理学正宗》《古本大学注》《洪范集解》等。

著者于1922年作自序，他认为站在天道的立场去看，周孔之说辞是为道，老庄之说辞亦是为道，天下之道本质为一，过于强调某一言论的是非对错，这是陷入了对文本的执迷。于序言末尾处，他又对清以来兴起的考据学研究做了批驳，自言本书意在"论其归趣"，并称"老子几不能详其为何时人"，今人只需得意忘言即可，其余皆可"概不置辨"。

为了说明天下大道本质为一的特性，著者在自序中曾指出"道不可须臾离也"。又在第一章"道可道"篇注解中提出，道是天地万物之宗主，统一大道是没有任何分别的，真有分别的是人为之名，"人各即其所得以为道，亦足分道之一端"。又在第二章"天下皆知美之为美"篇提到，儒家对美恶、善与不善的概念颇为分明，而老庄一系则意在"浑涵其理"，这两者各有其理，各有所用。为说明教化在于各有其用而"不唯一"，著者在注疏中引用孔子、孟子、苏轼等前人诸家言论相佐论证，试说明老氏之言外更有深意，是要强调天下物与理之间并无庸细分别。老氏提出的圣人，是以无为之道治世，使天下万物顺自然而相安，意在得"天下自治"之果，而非着意于何种方法与手段。

在正文后的"题老子"中，著者提到，"百王之治天下，以礼为之纲纪也"。认为礼"本于天，殽于地，备于人事"，"礼生于心，发于情，著于制度"，片面强调礼仪制度的存废问题，这都是不合道的。礼节是王者治世的手段，最终归旨于醇化民心，使人们言行内外皆合于道真，这才是老氏之言的本意。

综上，则可看出著者注疏《老子》时颇有自己的一番见解，其既非只忠于字面原意，同时又强调教化之功用，某种程度上堪称一家之言。（李嗣达）

老子新注

《老子新注》，缪尔纾注。云南省教育厅编译处，1922年初版。另有上海：新文化书社，1923年版；云南：新亚书社，1923年版；上海：大达图书供应社，1933年版，即朱鉴标点《新式标点老子新注》；台中：文听阁图书有限公司，2010年版，据新文化书社5版影印；北京：国家图书馆出版社，2018年版，系方勇主编《子藏·道家部·老子卷》之一种，据上海大达图书供应社本影印。

缪尔纾（1883—1964），字季安，号寄庵，云南宣威人。民国时期滇中名士。1956年，受聘为云南省文史研究馆馆员。主要著作有《嘤鸣集》《〈论语〉书中之孔学》《锦谷遗稿》《历弋文选》等。

本书前有《老子传略》一文，介绍老子之姓名、籍贯、生卒、职业，老子与孔子的关系等。

《老子》一书，古往今来，各家分篇不同。著者折中于焦竑和吴澄两家，依照吴本次序，分为上、下两篇，各篇又分上、下，然后依照吴本标章分节，将《老子》分为68章。每章先录原文，后为注释。根据著者所述，他参考的旧注有王弼、吴澄、焦竑等所作注释，校刊本参考了傅奕及焦竑的《老子考异》、俞樾的《老子平议》、严复《老子道德经评点》，最终以吴澄本为主，佐以各书。本书采用旧注的内容约占十分之四，严复所评论者占十分之一，胡适、梁启超所考订者占十分之三，而著者自己的新见则占十分之二，"名之新注者，盖以采新说及所附己见者为多，非标新以表异也"。

著者在解读《老子》时，能够将孟德斯鸠等西方哲学家的思想与《老子》思想进行对比，这是值得肯定和赞赏的。（吕壮、姜守诚）

道德经考异附老子考异补遗

《道德经考异附老子考异补遗》，罗振玉著。《永丰乡人杂著》本，1923年版。另有台北：艺文印书馆，1972年版，系严灵峰辑《无求备斋老子集成续编》之一种；上海：上海古籍出版社，2010年版，系《罗振玉学术论著集》之一种；上海：上海古籍出版社，2013年版，系《罗振玉学术论著集：敦煌唐写本周易王注残卷校字记（外十二种）》之一种。

罗振玉（1866—1940），初字坚白，后改字叔蕴、叔言，号雪堂、贞松老人，又称永丰乡人、仇亭老民，江苏淮安人，祖籍浙江上虞。中国近代农学家、教育家、考古学家、金石学家、敦煌学家、目录学家、校勘学家、古文字学家，中国现代农学的开拓者，中国近代考古学的奠基人。主要著作有《鸣沙山石室秘录》《敦煌石室遗书》《流沙坠简》等。

本书分为两部分：一部分是《道德经考异》，上、下两卷共81章，上卷37章，下卷44章。另一部分是《老子考异补遗》，乃是著者在《北京图书馆馆刊》上刊登《老子考异》后，又见唐写本《道经》残卷28行，存第二十章之下半，至第二十七章之上半。每章后皆记字数，为校对异同，所以作《老子考异补遗》，共考证39条。

著者20岁读《老子》时，看到毕沅所作《老子考异》，以为毕书已校完诸本异同。后来得到开元御注石本，和毕书互校时发现毕书对于诸本异同并未校完。毕书详于宋、元诸本而忽略了唐本，他便手校御注本与毕书，以补其阙遗。后来又先后获得景龙本、广明本、景福本、六朝及唐写本残卷，一一校对，在正文下用小字一一指出诸本异同。

本书不仅考证详细，另一大特色是引入敦煌写卷《老子》。现存较早、校完整的《老子》多是宋明刻本，而敦煌写卷《老子》多抄写于南北朝、唐朝。

尽管是残卷，但由于抄写年代更早，更多地保留了《老子》原貌，因而学术价值更高。在早期研究敦煌写卷《老子》的学者中，著者是第一位，也是研究成就最突出的人。本书是对敦煌写卷《老子》进行异文比较的成果，他以王弼本《老子》为底本，以14种《老子》为参校本进行比较，异文分别指出。可以说，著者在敦煌写卷《老子》研究方面，做出了开创性的工作。（蒋丹丹、姜守诚）

老子衍

《老子衍》，李哲明撰。北京：国家图书馆出版社，2018年12月第1版，系方勇主编《子藏·道家部·老子卷》之一种，据1923年自然之室刊本收录。

李哲明，字星樵，号静娱，又号迁石，湖北夏口（今汉口柏泉）人。清光绪十八年（1892）进士。民国初年夏口县创修县志，审定志稿。曾任贵州正考官、湖北宪政筹备会副会长，参与《清史稿》编修等。主要著作有《黔轺集》《管子校义》《淮南义训疏补》《解氏词学》等。

本书共两卷，81章。卷一为前37章，卷二为后44章。其主要特点：一是突出"衍"味。发挥《老子》81章，精简明了。如"上善若水，水善利万物而不争"，著者解释曰："上善浑沦，不自为善，混不自清，卑不自尊，譬若水然。水之性就下而能容，纳污而能静，人人酌之而不竭，日日挹之而有余。其善利万物如是，任群激众趋而有以相让。德益下，量益广，故不见所争。"二是广引妙解。如"不尚贤，使民不争"，注云："文子引老子云，人皆愿贤己而疾不及人。愿贤己，则争心生。疾不及人，即怨争生。怨争生，即心乱而气逆。争怨不生，即心治而气顺。故曰不尚贤，使民不争。此可取证。"三是阐发深意。如阐发"天下皆谓我道大，似不肖。夫唯大，故似不肖。若肖久矣，其细也"，即曰："我以道御物，而不物于物。天下宗之，皆谓我道至大于物，似不相肖。夫唯其大，无所不有，万物无可拟之，故似不肖。若其可肖，执一物以相例，即难苞众物而统同。久矣，其细也，夫大于何有。""道"之所以"大"，包容万物，是因不与万物"相肖"，若"可肖"，便"执一物"而不能统合万物，久之便"细"而非"大"了。此类阐发，多见于本书中，可知其释老之智。

著者以为，世变日深，生民因衣食而生争夺之心，因争夺而生盗贼之心。若按此而行，必天下大乱，且不知乱至何等程度，故以老子知足之义，使人明白，知足不辱，不知足不止受辱，"祸莫大于不知足"。其弟李哲昭称赞此著：一扫后来注家"胶滞之习"，虽未必全尽《老子》深意精要，所得亦"十有七八矣"。（舒卉卉、江峰）

老子校诂

《老子校诂》（又名《老子核诂》），马叙伦著。北京：景山书社，1924年版。另有北京：古籍出版社，1956年版；台北：华联出版社，1966年版；北京：中华书局，1974年版；北京：宗教文化出版社，2011年版，系熊铁基、陈红星主编《老子集成》之一种，收录1974年中华书局版。

马叙伦（1885—1970），字彝初，更字夷初，号石翁、寒香，晚号石屋老人，浙江杭县（今杭州余杭）人。中国教育家、语言文字学家。曾任商务印书馆《东方杂志》编辑、《新世界学报》主编、《政光通报》主笔，后又执教于广州方言学堂、浙江第一师范、北京大学等。1949年后历任政务院文化教育委员会副主任，中央人民政府教育部、高等教育部部长等职。治学严谨，学识渊博，于文字学、金石学、训诂学、老庄哲学、诗词等皆有建树。主要著作有《说文解字六书疏证》《古书疑义举例札迻》《庄子札记》等。

著者专门对《老子》的结构进行了研究，主要表现在两个方面：一是列《老子称经及篇章考》一章，详细考证了《老子》的篇章结构之流变，并进而提出对《老子》最原始结构的看法；二是他沿袭了吴澄、姚鼐等人的研究方法，对《老子》的章句结构重新进行了调整，撰成《老子核定文》一章。

本书以清代毕沅经训堂刊唐傅奕校定本为底本，在吸收前人校勘成果的基础上，采用许多重要版本进行校勘，征引类书及其他各书中《老子》的引文进行比较，并提出了自己的一些看法。作为一部以校勘为主的书，本书在校勘方法上极具特色。一是广泛征引各类版本，他在充分收集各种版本异同的情况下，运用本证和旁证相互结合的方法加以判断；二是从古文字角度出发，从字的形体结构来解析字义；三是充分运用《说文解字》《经典释文》等文献，在字词解释上提出新见；四是从音韵角度出发，通过韵读关系来考订异文。

　　总之，著者继承了清代朴学的优良传统，细致认真的考证工作在本书中充分体现出来，他在字形的考辨、词义的解释、音韵的解读上均很有特色。书中引用的资料很丰富，也提出了一些新的看法，对读者有一定的参考价值。（蒋丹丹、姜守诚）

老子集解

　　《老子集解》，奚侗著。当涂：1925年奚氏铅印本。另有台北：艺文印书馆，1972年版，系严灵峰辑《无求备斋老子集成续编》之一种；合肥：黄山书社，1994年版，系《老子注三种》之一种；上海：上海古籍出版社，2007年版。

　　奚侗（1878—1939），字度青，号无识，安徽当涂人。曾任镇江审判厅推事，清河、吴县地方审判厅厅长，海门县、江浦县、崇明县知县。主要著作有《庄子补注》《说文采正》等。

　　本书按通行本分上、下两卷，以《老子》传本颇有异同而校核是非，前有陈衍和叶玉森的序及著者自序。作为研究《老子》的重要著作之一，著者撰写此书虽然是出于对现实的强烈关怀，但仍能基本把握《老子》一书的宗旨，尤其因坚信"非清虚谦弱之道不足以息乱致治"而对书中的"清虚谦弱"予以特别关注。

　　本书综汇历代各家旧说，结合帛书《老子》等出土文献资料，对《老子》一书进行了系统的梳理注译。先从训诂入手，辨厘字义，考订原文，再贯述每章的思想内涵，揭示前后相应之处。所注搜集较广，不仅直接引用注《老子》者，而且能旁征博引诸书加以考证。

　　本书注解《老子》有三大特点：一是以子注子。即以先秦西汉诸子如《庄子》《列子》《韩非子》《淮南子》《吕氏春秋》等书中所引用的老子之言及阐述老子的话，与《老子》书中的话相比较与印证。这种做法既能让我们了解前人对《老子》的理解与看法，又提供了大量的原始资料可供后人研究。二是博采众家之长。本书所引用之注达数十种，在文字的校勘、训诂方面，充分吸取了清代汉学家王念孙、俞樾等人的研究成果，虽然引用范围广泛，但选择谨慎。三是各抒己见。本书虽然是一部"集注"，摘录各家注说，但它不仅引录前人成果，还提出了自己的独到见解。这些不同注解，既可以互相补充，又可以由不同而引起人们的进一步思考。（蒋丹丹、姜守诚）

老子玄玄解

《老子玄玄解》，黄元炳著。上海：医学书局，1925年版。另有台北：艺文印书馆，1972年版，系严灵峰辑《无求备斋老子集成续编》之一种；北京：宗教文化出版社，2011年版，系熊铁基、陈红星主编《老子集成》之一种。

黄元炳（1879—？），字星若，江苏无锡人。主要著作有《易学探原》《庄子新疏》等。

本书开篇有著者自序，著者在其中详述作此书的缘由。他赞扬《老子》一书具有极其重要的价值。黄老之学在历史上曾发挥过重要作用，但是随着儒学主流地位的确立，老子及其思想越来越不受重视，并且遭到后世的误解。有鉴于此，著者开始对《老子》一书重新做注解。

本书按照《老子》的章次，先列出《老子》原文，再一一作注解。注解内容非常详细，并且均是著者自己的理解，未引用其他人的注解。

本书虽然篇幅小，但内容丰富。注解语言平实、易懂，文辞确切，义理明晰，不失为一本注解《老子》的好书。由于身处乱世，著者希望统治者能从老子之道而治理国家，因此书中所言时时贯穿其美好的政治设想理念。（蒋丹丹、姜守诚）

老子集注

《老子集注》，曹聚仁著。上海：梁溪图书馆，1926年3月版。另有上海：群学社，1930年版；北京：宗教文化出版社，2011年版，系熊铁基、陈红星主编《老子集成》之一种。

曹聚仁（1900—1972），字挺岫，笔名陈思、丁舟、袁大郎、彭观清等，浙江兰溪人。现代报人、记者、作家。曾任教于暨南大学、复旦大学等校，移居香港后，先后在《星岛日报》《南洋商报》《循环日报》《正午报》等报纸担任编辑或主笔。主要著作有《国学概论》《国故学大纲》以及小说《酒店》、散文集《鱼龙集》等。

著者在序中坦言作此书的缘由是因为《老子》一书经过二三千年长期的注释研究，仍不曾有过一册完善的《老子》可读。并且"即要读一鬼话成分较少的《老子》，也还求之未得"。因此，著者用时三个月标点宋范应元的《老子集注》，并参引俞樾的《老子平议》、杨树达的《老子古义》等书，对范应元的集注作直解，希望能给研究《老子》提供些许帮助。

本书所引资料丰富，大约有三十余家古本音辨，如河上公、王弼、李若愚、张君相、杨孚、傅奕等。说解则为傅奕、王弼、韩康伯等十余家，或是阐其理，或是采其训释。此外，为了希望读者能够打破一切成见，以科学方法去整理《老子》，以客观态度去认识《老子》，著者还介绍了部分《老子》研究著述，如毕沅的《道德经考异》、魏源的《老子本义》、王念孙的《读书新志余编》、俞樾的《老子平议》、孙诒让的《札迻》、张煦的《梁任公提诉〈老子〉时代一案判决书》。

著者善于从音韵的角度判断章句，他认为周秦时代的诗体是很自由的，不像汉魏以后的文风那般遵格律，讲平仄和齐整。《老子》和《诗经》体裁相近，两者却与孔孟诸子不同。而《老子》和《诗经》也不尽相同，究其原因是因为《老子》是讲究宇宙奥妙的哲理诗，不像《诗经》多是男女相与歌咏的爱情诗。著者通过多方对比展现了《老子》内容的独特性，在当时的《老子》注本中可谓独树一帜。（蒋丹丹、姜守诚）

标点注解老子道德经

《标点注解老子道德经》，支伟成撰。北京：国家图书馆出版社，2018年12月第1版，系方勇主编《子藏·道家部·老子卷》之一种，据1926年上海泰东图书局排印本收录。

支伟成（1899—1929），江苏扬州人。学者。曾任江苏省立第一图书馆主任，曾在国立第四中山大学中国文学系任教，开设清代朴学大师列传课。主要著作有《清代朴学大师列传》《墨子综释》《庄子校释》《国学用书类述》

《楚辞之研究》等。

本书分章对《道德经》进行注解，分为上、下两篇。每一章节，首先论述本章主旨，其次列注解于原文各句之后，内容较为简略，有时是对某个关键字词的注解，有时是对一句话的注解。

著者认为我国的哲学理论体系均来自群经与诸子，六经是由老子而传，诸子百家均承其绪，故而中国哲学的源头当属老子。更进一步来说，以后学术的演进流变，要论及其变迁的原因，从源头来看也是有迹可循。老子是我国哲学界的草创者，想要研究老子的学说，就一定要考据其学说渊源，以此追溯前因；然后要辨析与其同时的诸家之说，以观其会通；再了解其所处时代的社会政治情况，以此来探究他所受当时思潮的影响；更要明白老子所处境遇，来了解他的性情与气质；最后要考察其思想在当时与后世的影响，如此才能判断其学说的价值。

总之，本书主要是对《道德经》进行了标点，注释不多，却很精当。（张雷）

补过斋读老子日记

《补过斋读老子日记》，杨增新撰。北京：国家图书馆出版社，2018年12月第1版，系方勇主编《子藏·道家部·老子卷》之一种，据1926年刊本收录。

杨增新（1867—1928），字鼎臣，云南蒙自人。清光绪十五年（1889）进士。曾任甘肃中卫知县、河州知府、甘肃提学使兼武备学堂总办等职。主要著作有《补过斋文牍》《补过斋日记》《读易学记》等。

著者于政事之暇，专研《老子》一书，句梳字栉，疏通而证明之。尤于持身涉世之方、治国安民之道，究心参合，融会贯通而发挥之。本书先列《老子》原文，注解置于原文各句之后。内容详尽，多为自己之心得体会，有时杂引王弼等诸家之论。

著者认为一部《老子》，终之以"为而不争"四字，未有争而可以知"道"，可以认"道"者。人生不能够没有欲望，有欲望就会有争斗，欲望越多，争斗越大。人没有一天不是在情欲中的，同样没有一天不在竞争之中。人与人争斗，党派与党派争斗，省与省争斗，国与国争斗，世道因此而大乱。这些祸乱的缘由，一言蔽之，就是争斗。孔子提倡以礼让为国，人可以明于礼让，则没有非分的追求。荀子提出"群而无分则争"，每个人都能安分守己，争端自然平息了。然而道德观念非常微弱的时候，礼让也不能行其道，所以《老子》才能救世：利欲减少一分，道德才能增加一分。"为而不争"，天下便从此太平了，最要紧处在于去掉争斗的心。

总而言之，本书乃著者研读《老子》之心得体会，发前人之未有，逻辑通畅，说理细密。（张雷）

老子

《老子》，陈柱注释。北京：国家图书馆出版社，2018年12月第1版，系方勇主编《子藏·道家部·老子卷》之一种，据1926年上海商务印书馆排印《学生国学丛书》本收录。

陈柱简介详见《老子与庄子》提要。

著者注此书的目的是为当时中学以上国文之教育。鉴于当时《老子》注解版本繁多，见解不一，不适合学生阅读，故而著者集诸家之义，而成一家之言，力求做到平实客观。本书对原文的每一句均有注解，内容详细，论述细致。

著者认为以前的人注解《老子》大多论述养生就视其为修养之书，论述兵法就视其为阴谋之论，论述佛理就视其为虚无之说，论述仙道就视其为成仙之诀，这些说法都是荒诞不经的。他认为《老子》一书就哲学而论，是在主张天演物竞的学说；就政治而论，是在主张打倒专制政府，反对复古的学说；就社会生活而论，是在主张反对奢侈，崇尚俭朴，使贫富差距不要太大，以求社会安宁。这些便是《老子》的中心思想。

总而言之，著者注译《老子》目的是为当时中学的国学教育服务的，其篇幅不多，但论述细密，逻辑连贯，通俗易懂。（张雷）

评注老子读本

《评注老子读本》，陈和祥评注，秦同培辑校。北京：国家图书馆出版社，2018年12月第1版，系方勇主编《子藏·道家部·老子卷》之一种，据1926

年上海世界书局排印本收录。

陈和祥（1896—1939），字德谦，号雅仙居士，浙江金华人。曾任上海扫叶山房、上海世界书局编辑。编著有《真草隶篆四体大字典》《当代全国律师民刑诉讼汇览》《高级学生文范》《初级学生文范》《现代初小学生文范》等。

本书是上海世界书局印行的《评注标点十子全书》之一，是适用自修研读的教科读本。在篇首的"编辑大意"中，认为《老子》一书是晚周以前所出之经典，而且非一时一人所作；文风多以韵文写就，呈现出自然的风格，属于"古格言"之书；内容反映了周代末期对名教礼仪的抨击和反对，后来的庄子、列子、韩非诸家多有继承与发挥，并尊老子为"诸子之开祖"；历来注解评述《老子》一书者众，而本书采用华亭张氏本为底本，并且参考了清代学者王念孙、俞樾、孙诒让等人之说。此外，在断句上，本书使用了民国时期流行的新式标点为《老子》进行断句标点，不同于古文句读的标注方法。（刘金成）

新"解老"

《新"解老"》，李继煌著。上海：商务印书馆，1926年版，系《古书源流》一书的附录。另有台北：艺文印书馆，1972年版，系严灵峰辑《无求备斋老子集成续编》之一种；北京：知识产权出版社，2014年版，系《古书源流》之一种。

李继煌（1891—1960），湖南绥宁人。曾任上海商务印书馆编辑并兼任《农民文艺》编辑等。先后任教于长沙一中、兑泽中学、常德中学、长沙克强农学院等。新中国成立后，在湖南省文史馆任文史委员。主要著作有《古书源流》等。

本书在文章结构上，先是论述《老子》一书的精义，再总结《老子》所反映出的思想，接着简要介绍老子其人，包括籍贯、职业、生存的时代背景等，最后就当时人将老子视为革命者的说法进行批驳，认为应"以此书本身的价值，还之此书本身，庶几为当"。

本书在论述《老子》一书的精义上，逻辑清晰，层次分明。未按《老子》81章的先后章次一一进行阐释，而是按照自己的组织结构，随时用任意一章中的语句进行解说，如在阐释"绝圣弃智"思想时，便是在《老子》第三章、第十八章、第十九章、第五十八章、第六十五章中的语句中随意切换。可见著者对《老子》一书的内容及思想有极深的理解，否则不可能做到用之自如，丝毫无强拼硬凑之感。（蒋丹丹、姜守诚）

老子考

《老子考》，王重民著。中华图书馆协会，1927年7月铅印本，2册，系"中华图书馆协会丛书"之一种。另有台北：艺文印书馆，1972年版，4册，系严灵峰辑《无求备斋老子集成续编》之一种，据1927年版影印。

王重民（1903—1975），原名鉴，字有三，号冷庐主人，河北高阳人。现代著名目录学家、敦煌学家、文献学家、图书馆学教育家。曾任北京图书馆副馆长、北京大学图书馆学系主任等职。创立北大图书馆学系，为目录学研究和图书馆学教育等呕心沥血，培养了大批人才。主要著作有《敦煌古籍叙录》《中国善本书提要》等。

本书的正文部分凡七卷，按时代顺序罗列老学著作，各卷依次为两汉，三国、晋、六朝，唐附五代，宋，元，明，清附民国。附录部分有六篇专题目录，包括存目、通论与札记略目、日本著述略目、译书略目、传记略目和碑幢略目。附录之后，则为引用书目、索引、补遗和勘误表。

本书资料丰赡，蔚为可观。就数量而言，全书共收录老学著述近500种，堪称齐备；就材料种类而言，除古籍文献外，还收录了唐、宋等朝的《道德经》石刻碑文；就注家而言，帝王公卿、文人雅士、高道羽客、佛门高僧等不同群体的注疏均被采纳；就国别而言，日本的《老子》著述、英法德三国的《老子》译著及论文皆有收录，体现了国际化学术视野。此处需要特别指出一点，著者收录了《道藏》所集多部《老子》注本。在引用书目部分，涵芬楼影印本《道藏经》（玉诀类）排在首位。该部《道藏经》的影印计划始于1923年，完成于1926年。著者则于1925—1927年间撰写其书，恰逢《道藏经》出版。通过阅藏，他颇有收获，弥补前人之缺。

面对数量众多的古籍文献，著者通过时间排序、统一格式和编制索引使得本书易于检索。他还以著者的姓氏笔画为序，精心编制了包括著者、书目、卷数在内的索引。上述举措使得本书成为一本使用便利的老学工具书，惠泽学林。

作为研究老学的目录学专著，本书具备材料丰富、分类精当、体例完备、中外会通等特点，为该研究领域树立了一个比较成熟的范式。本书在目录学、版本学、老学学术史、汉籍传播史等方面皆有着重要价值。（褚国锋）

老子道德经笺注

《老子道德经笺注》，丁福保著。上海：医学书局，1927年版。另有台北：艺文印书馆，1972年版，系严灵峰辑《无求备斋老子集成续编》之一种，收录1926年版；台北：广文书局有限公司，1998年版，据1926年版影印。

丁福保（1874—1952），字仲祜，号畴隐居士，又号济阳破衲，江苏无锡人。近代藏书家、目录学家。除治经史之学外，兼学算学、几何、医学、日文等，在医学、文字学、文学、佛学、道学、钱币学等领域均有较深的研究，被称为百科全书式的学者和古文化大师。编辑刊印有《汉魏六朝名家集初刻》《道藏精华录》《佛学大辞典》等。

书前有绪言，分总论、作笺注之宗旨、修道之工夫、结论四部分，详细说明自己注《老子》的缘由、目标及宗旨等。本书每章标题之下，作有题解，简要说明意旨，文内注解含佛道相通意趣。整书旁征博引，诠释详尽。

近代以来，随着佛教复兴运动的出现和佛学研究的深入，一大批学者纷纷引用佛学思想注解《老子》，如章太炎、梁启超、杨文会、张纯一、朱芾煌、余祖言、马一浮等，由此形成了一个以佛学诠释《老子》的高峰。本书便是以佛学诠释《老子》的代表作。本书引用资料极为丰富，多采用《庄子》《文子》《淮南子》《韩非子》之说，并择取历代各家注解《老子》之精义，附以己见。著者主张佛、老会通，间以内丹解说《老子》。书后附有其学生周云青所撰写的《老子道德经书目考》。周云青搜集见于各史《艺文志》和《经籍志》的《老子》注解之书70种、各家藏书目者166种，总共236种782卷，附以考证，大致依年代的先后排列。一般是先列出书名和卷数，后面略加描述，写明著者、版本、著录于何处等信息，对了解历代老学书目有一定的参考价值。（蒋丹丹、姜守诚）

老子集训

　　《老子集训》，陈柱著。上海：商务印书馆，1928年2月初版，排印本。另有上海：商务印书馆，1930年版；上海：上海书店，1996年版，系"民国丛书"之一种，据1928年商务印书馆本影印。

　　陈柱简介详见《老子与庄子》提要。

　　1926年秋，著者到无锡国学馆讲授《老子》，但因前人注《老子》时于说理、考异、朴学各有偏废，无法从中选择一部适合讲授的《老子》善本。因此，他以考证、训诂为主，训释《老子》，自撰本书作为授课教材。

　　由于本书最初是为了授课而编撰，方便授课和学生诵读，因此著者集训时力求完备而又简明扼要。著者在书中也多次表达自己的这种追求，如在自序中称："于考异、训诂、说理三者，既力求其备，复力求其简。"凡例中则称："本书于考异、训诂、释义、音韵四者，均力求其备，亦力求其简。"与同时代其他著作相比，这可算作本书的一个特色。

　　本书的注释形式为集解体，即在每章正文之后排列各家注解，著者观点最后以"柱按"的形式出现，或阐发篇章大意，或考异词句。在选择诸家论著时，著者除了选用古代重要的《老子》注本外，还引用大量晚清民国的研究成果。凡例中著录引书约50家，其中清代及民国学者占了三分之二，这体现出著者对清代以后《老子》研究成果的重视。

　　本书集训主要从三个方面进行：文字考订、训诂、释义。其中，文字考订和释义最能体现本书的特色。在文字考订方面，著者重视《庄子》《韩非子》等古本所引的《老子》经文，但又不忘关注罗振玉等人的最新考证成果，并且进行对比。在义理的阐发方面，著者除了参考清代以后学者的新见外，依然重视用《庄子》《韩非子》等先秦著作的思想来理解《老子》大意。

　　本书中也对老子的文明批判表示了理解和同情，如针对老子主张的"小国寡民"，按语写道："天下之乱，皆起于大国。大则恃其富强以压迫弱小之国，而天下乃多事矣。"本书出版于1928年，时值中国饱受列强侵略，著者的这种认识，正是来源于对现实的切身感受。

　　本书出版以后，得到了较高的评价，同时代的学者丁展成在《老子校语》

中评价称："顷读《老子集训》，罗古今诸说，实为读玄言之利器，近今所出之子书，未有可与伦比者。"（吕壮、姜守诚）

老子研究

《老子研究》，王力著。上海：商务印书馆，1928年6月初版。另有天津：天津市古籍书店，1989年版；上海：上海书店，1992年版，根据1928年商务印书馆本影印；北京：宗教文化出版社，2011年版，系熊铁基、陈红星主编《老子集成》之一种。

王力（1900—1986），字了一，广西博白人。我国现代语言学的奠基人之一，也是著名的教育家、诗人、散文家和翻译家。研究涉及汉语语言学的理论、语音、语法、词汇、语言史、语言学史以及汉语方言、汉语诗律学等各个领域。曾任清华大学、燕京大学、广西大学、西南联合大学、中山大学、岭南大学、北京大学等校教授，并曾先后担任中山大学、岭南大学文学院院长。1946年创办我国第一个语言学系——中山大学语言学系。曾任中国文字改革委员会副主任、国家语言文字工作委员会顾问、中国科学院哲学社会科学部学部委员、中国语言学会名誉会长、中国音韵学研究会名誉会长。主要著作有《中国音韵学》《中国现代语法》等。

本书共七章，通过从《老子》中提炼出的一系列概念，以阐明老子思想的理论体系，即要"探本之义，求老子之一贯思想"。本书概括了老子思想的体系：理论基础是"道始"，即无。从理论和实践两方面展开，理论层面称为"道理"，涵盖辨名、齐物、阅甫等内容；实践层面有"道动"和"道用"，其中"道动"包含了复命、崇俭、知止、弃智、去欲、主静、希言、废法、忘术、同尘、破迷、外身、无死等内容，"道用"包含守柔、非战、戒矜、慎事等内容。最后通过"道效"揭示出老子之道的应用价值。以上各条目之间具有内在联系，从中可以看出，著者是想通过"分"的研究方法，以达到"合"的实际效果，即从整体上把握老子思想。

本书运用由分到合的研究思路，有助于更清楚地认识老子思想的实质。它不是按传统的考据方法对《老子》逐章、逐句、逐词解释，而是运用西方的分科分类思维和哲学的逻辑分析方法对老子思想的主要内容进行高度提炼。

书中不涉及任何西方术语，而是完全用《老子》书中的概念和命题来进行分析，是一部中西结合的佳作。（蒋丹丹、姜守诚）

老学八篇

《老学八篇》，陈柱著。上海：商务印书馆，1928年12月初版，排印本。另有上海：商务印书馆，1930年版，系"万有文库"之一种；台北：文海出版社有限公司，1971年版。

陈柱简介详见《老子与庄子》提要。

1926年，著者在无锡国学馆讲授《老子》，著有《老子集训》一书，作为授课教材。此后又著本书，目的是和《集训》"为一经一纬之用焉"。《老学八篇》分别为老子之大略、老子之别传、老子之文学、老子之学说、庄子之老学、韩非子之老学、庄韩两家老学之比较、新定老子章句。

20世纪20—30年代，随着古史辨运动的展开，老子其人其书的问题成为学术界讨论的一大热点。著者在"老子之大略"篇中表达了自己的看法，通过考证，他认为老子、老莱子、太史儋为身份不同之三人，而后世之所以误将三人认作一人，源于《史记王义》误解了司马迁原文。

在"老子之学说"篇，著者将《老子》的思想归纳为宇宙学说、政治学说、教育学说、人生学说等四个方面，并总结说："老子之学，实本于无。故于宇宙为无名，于政治为无为，于人生为无生。"这一篇中，著者运用西方哲学、社会科学以及自然科学的各种新知识、新观点来阐释老子思想，从而使其老学研究在近代具有典型意义。其中，以自然科学解释老子之道、以自由平等学说阐述老子之道等，在当时都极有新意。

著者重视用《庄子》《韩非子》解释《老子》，而且均作为单独篇章，通过对庄、韩之老学的分析，加深了对老子义理的把握。除借助《庄子》《韩非子》对《老子》义理进行阐释外，著者还利用二书文字来考订《老子》。

著者的老学研究方法，兼顾新旧，具有一定的代表性和创新性。例如刘固盛、王闯《论陈柱的老学成就》评价称："陈柱的老子研究，不仅继承了传统老学的优良传统，即重视文字的训释和版本的考订，更重要的是，他还自觉地运用西方哲学和自然科学的知识，对《老子》义理做出新的阐发，从而

使其研究具备了新的特质。"（吕壮、姜守诚）

老子余义

　　《老子余义》（又名《老子余谊》），罗运贤撰。成都：成都师大石印部，1928年版。

　　罗运贤，生平待考。据本书著者自序，他少好高邮王氏之学，曾仿照王氏治学之方法治诸子书，而于《老子》一书用力最勤。他曾经仿照王益吾注《荀子》的体例，纂集诸家之说，并附以己意，撰成《老子集解》两卷。同时也旁引群籍，继续补充《老子集解》一书。然而，在1928年春，他得到了缪篆《老子古微》、奚侗《老子集解》、陶鸿庆《读老子札记》、陈柱《老子集训》等书，认为前人对于《老子》的研究已经颇为详备，因此打消了继续撰写《老子集解》的念头。因此，他只是将上述诸家《老子》著作未尝道及的一些所见所得，稍加删取，定为《老子余义》一卷。

　　由于本书主要是收录著者个人所得，并没有面面俱到地就《老子》81章进行注解，只涉及《老子》第三至六章、第八至十章等24章。而且，每章也只是挑选一些著者有所发明的句子进行解释，并不涵盖全章内容。如第六章就只涉及"谷神不死，是谓玄牝"这一句。

　　本书的注释体例，乃先列章名，次列本章需要解释的句子，然后再加以注解。具体的注解方法，一般先列各家观点，然后以按语的方式做出自己的判断与解释。由于著者本来打算做一部《老子集解》，因此本书引及《老子》旧注本颇多，这些《老子》注解之书，基本上包括了当时研究《老子》的代表性作品。

　　本书的注解，一般都包括对文字的疏通、校正，也包括对章句安排的判断，同时也有对整个文句的阐发。此外，对于《老子》一书的异文问题，著者还专门撰写了一部《老子异文拾遗》附于本书之后，从中颇可以看出他对《老子》的校勘问题所下的功夫。

　　总体而言，本书引证宏富、判断精审，是一部有着浓厚朴学气息的《老子》研究力作。可以说，书中之观点，几乎无一处没有来历。尤其是著者通过双行夹注的形式，补充了大量证据，使得他的观点能够让人信从。而更让人钦佩的是，即便是用来作为证据的引文，他还要下一番校勘功夫。如引《淮南子》，多据俞樾等人的校勘成果，改正通行本之误。而这种治学细密、严谨的风格，跟民国时期多利用各种时髦的概念、术语研究《老子》的风格完全不同，颇值得现在的《老子》研究者学习。（杨继承、姜守诚）

老子述义

《老子述义》，胡远濬著。安庆：文美印刷局，1929年7月初版。另有南京：钟山书局，1933年版，文后增加了《胡渊如先生小传》，详列著者生平已刊和未刊著述；台中：文听阁图书有限公司，2010年版，系"民国时期哲学思想丛书"之一种，据文美印刷局本影印而成。

胡远濬（1866—1931），字渊如，别号天放散人，署劳谦居士，安徽怀宁人。桐城派的著名学者。先后执教于安徽和南京等地高校，讲授国学、哲学等课程长达30余年。主要著作有《庄子诠诂》以及"劳谦室系列"图书多种。

本书是著者在中央大学讲授《老子》时所撰讲义的基础上修改而成的。全书不标章目，随文作解，间附音义。若有改正《老子》字句的地方，著者则引《庄子》文加以说明。

受桐城派老学研究方法的影响，著者重视对《老子》文本的考证，包括校证文字和解释音义，参考资料也十分广博，涉及经书、子书、史书。在本书中，著者参考的《老子》注本有傅奕本、范应元本、吴澄本和焦竑本。

本书常援引《中庸》思想来诠释《老子》，目的在于通过儒道思想的对比来阐释"自然无为"之道，具体表现有三个方面。首先，著者指出《老子》之常道即《中庸》之不可离之道。《中庸》的"天命之谓性，率性之谓道"与《老子》的"复命曰常"相同。其次，著者认为《老子》一书所提到的"见小曰明""慎终如始"与《中庸》所讲"莫见乎隐，莫显乎微，故君子必慎其独"的思想相同。《老子》与《中庸》都强调个人修养的"慎独"，老子主张于细微处看到明，行事要始终如一。《中庸》也是如此，个人应把道德信念深藏于心，无论人前、人后，自己的言行都要符合道德的规范，哪怕是最隐蔽的地方都是可能被发现的，故要做到慎独。第三，著者指出老子的无为，即"《中庸》所云诚，非不为也，故曰无为而无不为"。而《老子》的"天得一以清，地得一以宁"，也如《中庸》的"一者，诚也"。

著者在阐发《老子》思想时，常常引用周敦颐的学说来解《老子》，这在当时的同类著作中是少见的。例如，他用《通书》的"诚无为"来解释《老子》的"得一"，用《通书》"几善恶"之"几"来解释《老子》首章出现的"欲"，用《通书》的"立人极"来解释《老子》的"配天"。（吕壮、姜守诚）

老子今见

《老子今见》，陈登澥著。北平：文岚簃印书局，1929年10月初版，系"七闽丛书"之一种。

陈登澥简介详见《庄子大传》提要。

正文之前录有《史记》老子本传，书末附有著者所撰《老子大义》。书名为"今见"，即表明著者侧重《老子》义理的阐发。本书注释采取了两种不同形式，一种是在每句之后进行随文注释，另一种是在每页正文之上添加类似于批注的征引。本书在征引文献时，重视引用先秦及汉代子书，但与同时代学者不同的是，著者还重视利用两汉史书中的道家观点来解读《老子》，这是极为难得的。

论儒、释、道三家会通是传统的老学研究方法，著者在解读《老子》思想时也重视《老子》与儒、释二家思想的对比。在儒、释、道三家的著作中，有一些概念相同而名不同或名同而概念相异的名词，本书就极为重视通过这些词语的对比来辨析概念，探究《老子》本义。此外，著者也将道家与佛教关于人生、生死等哲学问题进行对比。如第十章批注称"佛言精魂递相离合，老言营魄抱一无离"。第十四章称"佛言无体之体，无相之相。老言无状之状，无物之象"。在第五十章，解释生死问题时，称"佛言无生，老言无死。无生所以无死也。有生死者身也，无生死者性也。释氏之不死，老氏之无死，皆指性言。世人不察，谓释老皆言身可长生不死。不知形气之合，无不毁坏者也"。这些观点，在现在看来，依然具有一定的价值。

庄子是晚于老子的道家代表人物，他的思想继承了老子，又有所突破。因此，进行二者的对比，以庄解老，是自西汉以来的学者都十分重视的方法。然而，单纯的对比，势必降低创新性，本书著者却独辟蹊径，从老庄不同的概念中找出其共同点。

《老子》思想的流布，远早于其成书的时间，因此先秦诸子几乎都从《老子》中汲取过营养，而本书的一个亮点就是辨析了先秦诸子的一些思想与《老子》的关系。例如著者认为"墨子兼爱兼利之说，列子持后处先之义"，本于《老子》第七章，而第十八章为《庄子·骈拇》篇、《荀子·性恶》篇之所本。

在附录的《老子大义》中，著者再次对《老子》中的某些思想进行了阐释，即"自然""无为""无为而无不为"，并且与西方思想进行了简单的对比。（吕壮、姜守诚）

老子古注

《老子古注》，李翘著。芬薰馆，1929年版。另有台北：艺文印书馆，1972年版，系严灵峰辑《无求备斋老子集成续编》之一种。

李翘（1896—1970），字梦楚，一作孟楚，浙江瑞安人。曾任中山大学、安徽大学、河南大学文学系教授等职。主要著作有《屈宋方言考》等。

本书共两卷81章，书前有自序。本书的体例是先列出《老子》原文，接着列出河上公注文，再列出诸家注说，有些还加按语。每家注说首次出现在文中时注明其书著录情况，以辨明源流。

著者整理了历代对《老子》的注释，汇集了诸家注说资料。包括从《韩非子》之《喻老》《解老》以来，到唐以前各种《老子》古注及他书引用资料。诸子及其注释中也多引用《老子》，如《淮南子》高诱注等，这些注说资料，本书均收集在内。

本书对《老子》原文中的每一句后面都加注，以阐释文义。著者加注时，人名、来源等均详细说明，从中可见其严谨之风。

本书不仅是对文义作注释，对原文的字词也做了考订，一般在原文下方注小字以区别于对文义所作的注，如第一章"长短相形"句下注"刘师培《老子斠补》曰：'陆德明《老子释文》形作较，乃后人旁注之字，宜作形。'"

本书汇聚了各家注说资料，文献价值很高。（蒋丹丹、姜守诚）

老子释义

《老子释义》，郭维城撰，姜履校。北京：国家图书馆出版社，2018年12月第1版，系方勇主编《子藏·道家部·老子卷》之一种，据1929年上海明善书局排印本收录。

郭维城，字效忠，河北宣化人。清末举人。1907年，受宣化府知府所托，会同举人刘景南办起了府办劝学所。而后，郭、刘二人又受王知府所托创办了府教育会（相当于教育局）。1909年，出任宣化府中学堂堂长（即校长）。1912年任直隶省临时参议会议员。1924年，参与编纂了宣化县新志。晚年投身企业界，成为下花园宝兴煤矿董事。

书前有果圆所作序一则，另有著者所作自序一篇。书后附有《阴符经》全文。本书分为上、下两篇。著者在《道德经》原文基础上加以句读，并对原文注释且逐句阐释。

常人大多觉得儒、佛、道分别是三种迥然不同的思想。著者却认为不应该把儒、佛、道完全相区分开来，而应"但求贯通，何分彼此"。儒、佛、道是"三教同源，本有确据，其教有三，其道则一"。他认为，这三种思想在本质上都有共同点。所以，在本书中著者常常引用儒家之言和佛教经典来阐发自己对《道德经》的理解。如书中直接引用孟子的名句"顺天者存，逆天者亡"来阐发对于《道德经》的理解。这也是本书的一大特点，即以儒、佛、道来解释《道德经》。

总而言之，本书虽短，但内容充实。著者学富五车，引用儒、佛、道三家之思想释老，从一个新的角度理解老子的思想，也为后世理解《道德经》提供了一个新的思路。（陈芹）

老子通证

《老子通证》，冯振著。上海：国立暨南大学，1929年初版。另有无锡：民生印书馆，1935年4月版，系"无锡国学专修学校丛书"之一种；台中：

文听阁图书有限公司，2010年版，系"民国时期哲学思想丛书"之一种，据民生印书馆本影印；上海：华东师范大学出版社，2012年6月版，刘桂秋点校，系"历代文史要籍注释选刊"之一种。

冯振（1897—1983），字振心，号自然室主人，广西北流人。我国卓有成就的教育家、中国古典文学专家、诗人。1927年，被聘为无锡国学专修学校教授，此后在无锡国专供职长达20余年。抗战初期，无锡国专迁至广西办学，他担任校长，直至抗战结束。新中国成立后一直在南宁师范学院、广西大学以及广西师范大学任教。主要著作有《荀子讲记》《韩非子论略及提要》《吕氏春秋高注订补》等。

本书写作于1927年秋，是著者先秦诸子学研究中最具代表性的著作。关于写作缘起，著者称"自来解诸子书者，莫众于《老子》，而多先自存成见，强老子以自圆其说，鲜能得老氏之本真"。因此，著者别撰本书为教本。

体例上，本书依然沿用王弼注本，分为81章，分章作解，内容包括注文、通论、参证三部分。注文主要是解释字句，杂在各句之间。通论部分位于每章正文之后，总括一章大旨，虽然时采前贤之说，但多发挥己见，可谓本书的精华部分。参证在通论之后，主要是以老解老，间引《庄子》《文子》《韩非子》等书证之。上述三种论证，被称为"三环论证法"，能够帮助读者对原书的字义句义、各章大意乃至全书所表现的老子的哲学范畴思想学说，都能有较为明确清楚的理解。

本书是较早提倡并力行以老证老的著作。冯友兰先生在《评冯振著〈老子通证〉》一文中称："其书所用以讲《老子》之方法，是很得当，值得介绍的。"（吕壮、姜守诚）

老子玄赞

《老子玄赞》，蔡可权撰。北京：国家图书馆出版社，2018年12月第1版，系方勇主编《子藏·道家部·老子卷》之一种，据1929年排印本收录。

蔡可权（1881—1953），号公湛，江西新建人。曾任江西省自治筹办处参议、北洋政府交通部秘书、中央文史研究馆馆员等。主要著作有《获古录》《墨子浅说》《阴符经初解》等。

本书与《阴符经初解》合刊，由上、下两篇组成。书前有徐世昌序，并有陈三立、李翊灼题辞。书后有杨僧若跋。

著者于每章原文之后附以赞词。赞词内容不是很多，都是由工整的六个四字短语组成。如第一章原文之后附有赞词：“性与天道，圣者难言。执一不达，致虚极焉。诚无不成，唯曲则全。”著者在写赞词时，明显深受儒家思想影响，赞词中随处可见儒家思想的痕迹。他认为“蹈白刃易，蹈中庸难”，也就是说踩在雪白的刀刃上是容易的事，但行中庸之道反而是很难做到的。即使能均平天下、能辞却爵禄、能蹈白刃的人，也不等于能做到中庸。又如“用中于民，唯主忠信”，他认为，统治者要“执其两端，用其中于民”，要对百姓行中庸之道。赞词中也有很多取自《道德经》原文。如“守中不穷，慎尔所取”，出自原文“多言数穷，不如守中”。

总之，本书虽篇幅较短，但言简意赅。著者融会儒道两家之思想，表达了对所处时代的深刻忧思。（陈芹）

老子

《老子》，许啸天注。北京：国家图书馆出版社，2018年12月第1版，系方勇主编《子藏·道家部·老子卷》之一种，据1930年上海群学社排印本收录。另有北京：中国书店，1988年版；成都：成都古籍书店，1988年版；北京：光明日报出版社，1995年版；北京：宗教文化出版社，2011年版，系熊铁基、陈红星主编《老子集成》之一种，收入时改名为《老子注》。

许啸天（1886—1946），名家恩，别名则华，字泽斋，号啸天，浙江上虞人。作家、文史研究专家。早年热心于戏剧与写作，撰写、翻译多部剧本并组织剧社。“五四”后他提倡新文化，将许多古书加以标点再版。抗战胜利后回沪从教，仍事写作。主要著作有《中国文学史解题》《国故学讨论集》《清宫十三朝演义》等。

本书由老子概论、老子历史、《道德经》三个部分组成。前两个部分是对老子姓名、生平、思想的简述，第三部分则是对《道德经》五千言逐章逐句的注释。在第三部分中，著者先对章名进行解释，例如第六章，解释为“又称谷神不死章。谷，是空的意思……”，随之以大粗体字著录原文。原文后为注释，每条注释后附参考来源，其中列举了诸多先贤对《道德经》一书的阐释并加以注解。

著者认为老子所说的"道"，类似于希腊哲学的宇宙论，或者自然哲学，天道产生万物，万物都应该遵循自然"无为"地运行。人类都有向往善的本性，因此"仁义、圣智、孝慈"都出于天性之自然，"不必巧立名目"，只要以名区分，就会出现沽名钓誉行为。人应该安乐和平地养着天性，去除自己私欲，避免主观思想。在政治上也是如此，圣人替天道管理万物这是职责，故有"作焉而不辞"，然而万物的生存是天道自然，因此圣人应该"功成不居"，不居功便无善恶分别。本书的一个鲜明特点，就是深刻表达了对现实社会的不满和关切，著者阐释"圣人不仁"时认为圣人帝王皆有野心，"他看百姓是国家的机械，百姓是为国家而生"，国家主义若存在，"人道主义便一天不得表现"。他认为政府应该是人民的公仆，必须把人道人心的本原看得透彻，必须倾听人民，不可自作主张反抗民意，故老子说"多言数穷"，"悠兮其贵言"。

本书内容翔实，引大量前人著述，又吸收西方思想。具有十分浓厚的时代特征，体现了民国时期独特的社会环境及新时代的思想脉络。（林汝达）

老子校语

《老子校语》，丁展成著。1931年排印本。另有台北：艺文印书馆，1972年版，系严灵峰辑《无求备斋老子集成续编》之一种。

丁展成，江苏宜兴人。主要著作有《庄子音义绎》《说文补注》等。

据著者自序及按语可知，本书撰写受到了陈柱《老子集训》和《老学八篇》的影响，而且对陈柱老学评价甚高。例如著者称："晋以前注，王弼外，大率皆散佚无完本。近世以陈柱《集训》采择为稍备。"本书出版后，著者继续对《老子》的研究，并把自己重读《老子集训》所产生的新见解，编为九章，发表于《学术世界》1卷8期（1935年）。

本书主要是对《老子》部分字词训释及句义的注解，但并非每章都加以训释。在形式上，本书先列章序，摘录每章要解释的经文，然后以按语的形式注引各家观点。

本书虽然内容不多，但征引十分广泛，上至先秦诸子，下至民国时期的学术成果，都有涉及，显示出著者渊博的学术功底。除了引用其他文献，著者也注重"以老训老"。如释第三十二章的"始制有名，名亦既有，夫亦将知止，知止可以不殆"。按语称："此戒人之好名也。三十七章：万物将自化，化而欲作，吾将镇之以无名之朴。无名之朴，夫亦将曰无欲。镇即止也。四十四章：名与身孰亲？皆其证。"

本书篇幅短小精悍，且在一定程度上弥补了陈柱《老子集训》和《老学八篇》的部分不足，显示出较高的学术价值。（吕壮、姜守诚）

论《老子》书作于战国之末

《论〈老子〉书作于战国之末》，梁启超撰。北京：国家图书馆出版社，2018年12月第1版，系方勇主编《子藏·道家部·老子卷》之一种，据1933年排印《古史辨》本收录。另有上海：中华书局，1936年版，系《饮冰室合集》之一种，本文题名《评胡适之〈中国哲学史大纲〉》；北京：中华书局，1988年版，据上海中华书局本重印。

梁启超（1873—1929），字卓如，号任公，又号饮冰室主人，广东新会人。近代著名的思想家、政治家、教育家、史学家、文学家，戊戌变法的领袖，维新派杰出的代表人物。主要著作有《中国近三百年学术史》《先秦政治思想史》《中国历史研究法》《清代学术概论》《论中国学术思想变迁之大势》等，《饮冰室合集》收录了其大多数作品。

本文最早刊于1922年3月的《晨报副镌》。

胡适的《中国哲学史大纲》独具特色的地方在于：讲中国哲学史率先从老子、孔子讲起，而不是上溯至三皇之世。对此，蔡元培称其"有截断众流的手段"。著者在本文中，虽赞同蔡氏之评价，但认为胡适把老子作为第一位哲学家的做法是经不起推敲的。在著者看来，《老子》一书成书较晚，应在战国之末。著者在本文中提出了"六疑"来加以论证。比如从时间上说，如果老子早于孔子是真的，那么老子八代孙与孔子十三代孙在同一个时期，这是第一件可疑。

胡适的《中国哲学史大纲》于1919年出版后，虽影响极大，但批评者亦多，而著者是开端者。1993年，竹简本《老子》在湖北荆门郭店出土，据学者的研究，该简的成书年代为战国中期，如此，著者《老子》成书于战国末年之观点自然就被推翻了。然而，著者之怀疑与实事求是的治学精神仍是值得后人学习与借鉴的。（张培高）

梁任公提诉《老子》时代一案判决书

《梁任公提诉〈老子〉时代一案判决书》，张煦撰。北京：国家图书馆出版社，2018年12月第1版，系方勇主编《子藏·道家部·老子卷》之一种，据1933年排印《古史辨》本收录。

张煦（1893—1983），字怡荪，四川蓬安人。我国著名的藏学家、语言文字学家。先后执教于北京大学、北京女子师范大学、清华大学、山东大学等高校。1935年后，转向藏文研究。新中国成立后，先后在四川大学、四川民族研究所等单位工作，从事《藏汉大辞典》的编纂。主要著作有《〈玉篇〉原帙卷数部第叙说》《藏汉集论词汇》《汉藏语对勘》等。

本文最早刊于1922年3月的《晨报副镌》。1922年梁启超在北京大学讲座中，重申《老子》之书成书在战国末年，并向听众幽默地说："我今将《老子》提起诉讼，请各位审判。"著者是其中的一位听众，听了之后，便将计就计，用法律文书的形式写了一篇批评梁的文章。文稿写好后，呈给梁看，梁认为本文考证精细、严谨，风格有趣，于是在本文的卷首加了几句按语。同月的《晨报副镌》把梁的按语与本文合在一起，一并刊发。

梁氏对胡适批评的六个方面，著者逐条反驳。如针对老子八代孙与孔子十三代孙同时之疑问，著者认为只考辨两人及其子孙所经历的时代是不够的，还应问两人及其子孙的年寿。因为从年寿上算，老子的八代孙与孔子的十三代孙是可能同时的。

梁启超读著者之驳文后，尽管没有采纳其意见而"撤回原诉"，但肯定了本文的学术价值，并同时高度肯定了他为《老子》辩护是优秀的。两人之间坦诚的、实事求是的学术交流，成为学术史上的一段佳话。（张培高）

老子《道德经》出于儒后考

《老子〈道德经〉出于儒后考》，张寿林撰。北京：国家图书馆出版社，2018年12月第1版，系方勇主编《子藏·道家部·老子卷》之一种，据1933年排印《古史辨》本收录。

张寿林，字任甫，也有文献记载为仁甫、任父，安徽寿县人。民国初的经学研究者。他出入经史，重考据，在民国初期经学研究上具有一定的影响力。

本文刊于1927年11月的《晨报副刊》第74期。共分为引言、孔子适周见老子辨、就史事以证《道德经》出于孔子之后、就文字以证老子《道德经》出于孔子之后、就思想以证《道德经》出于孔子之后、结论六个部分。

著者指出《道德经》著作时代的考订关系到先秦的学术渊源及其流变，他认为老子《道德经》出于孔子之后，其说源于司马迁《史记》中"孔子适周见老子"，以及《孔子世家》《老庄申韩列传》。本书从时代、史事、文字、思想四方面加以论证。

著者认为《道德经》成书约在孟子前后。总而言之，本书篇幅虽短，却对《道德经》成书的各个疑点做了剖析，对确定成书时间提供了一些证据参考。（李利）

《老子》年代之考证

《〈老子〉年代之考证》，黄方刚撰。北京：国家图书馆出版社，2018年12月第1版，系方勇主编《子藏·道家部·老子卷》之一种，据1933年排印《古史辨》本收录。

黄方刚（1901—1944），江苏川沙（今上海市浦东新区）人。先任教于广西大学，后于东北大学任文学院院长。"九一八"事变以后，先后在北京大学、四川大学、金陵大学等任教。主要著作有《苏格拉底》《道德学》等。

本文刊发于1930年7月《哲学评论》第2卷第2期。著者认为研究一书或某一学说，必先知其作者；若欲知其学说来源和影响，则必考察书之年代。他以此为研究思路，认为《老子》书是受其作者个性和环境的影响。

对于老子的身份和年代考证，马叙伦于《老子校诂》里认为"老子"就是"老彭"，著者亦赞同此说法，若"老彭"就是"老聃"，"述而不作，信而好古"以及《老子》书中那么多古语以及类古语就可以更好地解释了，并以此得出：《论语》中的语句似出于《老子》的必出于《老子》也。为了进一步考证《老子》的年代，著者通过考察《战国策》《孔子家语》《吕氏春秋》《淮南鸿烈》《庄子》等书，发现老子学说对其影响形迹昭然，并得出"《老子》书之成当远在秦前也"的结论，而后通过对惠施和公孙龙年代的考证推出《老子》至迟当于庄子生时已传于世。根据《庄子·天运》篇等文献的记载，著者推测孔子两见老子并估算出孔子的年龄，第一次于孔子51岁，第二次于57岁。从上所说，著者认为老子是孔子之前辈，长于孔子，《老子》书成于孔子存在之时。

总而言之，本书虽篇幅短小，但为进一步研究《老子》成书年代提供了新的内容和视角。（张芳山）

与钱穆先生论《老子》问题书

《与钱穆先生论〈老子〉问题书》，胡适撰。北京：国家图书馆出版社，2018年12月第1版，系方勇主编《子藏·道家部·老子卷》之一种，据1933年排印《古史辨》本收录。

胡适简介详见《老子略传》提要。

本文首刊于1932年5月的《清华周刊》第37卷第9—10期。

著者的《中国哲学大纲》出版后，影响甚大，但因书中遵从"老子早于孔子"的传统说法，而受到了梁启超、钱穆、冯友兰等名流的批评与质疑。针对学人的批评，胡适写了回应文章，坚持认为批评与质疑者所举的理由不充分，故皆不能使其改变立场。1931年，针对钱穆的商榷，著者回了一封信，后以《与钱穆先生论〈老子〉问题书》为题名刊于《清华周刊》。在本文中，著者主要讲了三点。第一，针对钱之思想线性发展进程，他认为"思想线索实不易言"。如古希腊的思想已经发达到"深远"的境界了，为何欧洲的中世纪却深陷于粗浅神学的泥潭中？又如既然老、庄已经破除上帝信仰了，为何远在老、庄之后的董仲舒、班彪却还会大讲天命、天志呢？第二，认为钱对古代思想的几个重要观念没有弄明白，所以其文多有牵强之处。如天命、天志不应该合在一起讲，应当分开论析。天志是宗教主义的，而天命却是自然主义的。第三，探讨思想线索必须结合当时的思想分野，而当时的思想可分为三派：老子的思想动摇了传统的宗教信仰，为左派；孔子对宗教存疑，为左倾的中派；墨子则极力维护民间宗教，为极右派。后世的思想线索之所以错综复杂，乃受到三派的共同影响。

著者在文章中最后表示若有强力证据证明《老子》晚出，可修改早出之说。遗憾的是，诸人（包括钱穆）的质疑皆不能说服他。同样地，钱穆也没有因为著者的批评，而放弃自己的观点，可见其《国学概论》《庄老通辨》等著作。1993年湖北郭店出土的竹简《老子》，有力证明了《老子》之早出。（张培高）

《老子》的年代问题

《〈老子〉的年代问题》，素痴撰。北京：国家图书馆出版社，2018年12月第1版，系方勇主编《子藏·道家部·老子卷》之一种，据1933年排印《古史辨》本收录。

素痴（1905—1942），原名张荫麟，因爱好学术，故号素痴，广东东莞人。近代著名的学者、史学家。曾任教于清华大学，后在浙江大学、西南联合大学执教。主要著作有《中国史纲》等。

本文1931年5月在《大公报·文学副刊》第176期发表。在著者看来，冯友兰在论析李耳与庄周、《老子》与《庄子》的时间先后方面存在疑义。著者针对于此，提出今本《老子》成书较晚，应在《孟子》《庄子》《淮南子》诸书之后，但是老学应在庄学之前，而老学的创始者及所处年代无法考知，老子、老聃不是同一人，且两人都不是《老子》的作者。

针对著者的批评，冯友兰做了简单的回应，结果仍不改其初见。1993年，竹简本《老子》在湖北荆州郭店出土，一般认为该简在战国中期就已成书，把现本《老子》与之比较后发现，虽然其中有些区别，但大多文句都能对上，可见现本《老子》的成书很早。如此，著者的成书于《淮南子》之后的观点自然被推翻了。（张培高）

与冯友兰先生论《老子》问题书

　　《与冯友兰先生论〈老子〉问题书》（又名《致冯友兰书》），胡适撰。北京：国家图书馆出版社，2018年12月第1版，系方勇主编《子藏·道家部·老子卷》之一种，据1933年排印《古史辨》本收录。

　　胡适简介详见《老子略传》提要。

　　本文原刊于1931年6月的《大公报·文学副刊》第178期。

　　本文主要分为两部分，分别回应冯友兰与梁启超之批评。冯友兰的批评提出了三个证据，在回应冯批评时，著者也列举了三点理由。首先，举例证明，在孔子以前的叔孙豹、臧文仲等已有"立言"，且邓析亦有著书，所以第一条证据不成立。其次，若说一切问答体皆晚于《孟子》，那么为什么会有《墨子》一书呢？况且，《老子》一书较多韵语，而韵语出现在散文之前，按此，《老子》应在《论语》之前才对。故而，第二理由也不成立。最后，所谓的"简明'经'体"概念不明确，若界定为格言式的文体，那么孔子即是如此，如"巧言，令色，鲜矣仁"等。

　　梁启超从六个方面对著者进行批驳，相对应地，他对每一条分别做了回应。如孔子十三代孙之所以能与老子的八代孙同时，乃是由大小房造成的。又如《论语》中的"以德报怨"就是对老子的批评，怎么可以说孔子不称道老子呢？再如《易经》已"王侯"之词并用了，《老子》有"王公""侯王"等词语，不是很正常的吗？因此，怎么据此说《老子》是战国末年之书呢？

　　关于老子、孔子时间之早晚的辩论，当时有许多名流加入，赞同与批评著者的学者皆有。从今天出土的郭店竹简《老子》来看，虽并不能证明孔子一定晚于老子或孔子一定曾问礼于老子，但业已证明《老子》在《孟子》《庄子》之前。（张培高）

《老子》年代问题

　　《〈老子〉年代问题》，冯友兰撰。北京：国家图书馆出版社，2018年12

月第1版，系方勇主编《子藏·道家部·老子卷》之一种，据1933年排印《古史辨》本收录。

冯友兰（1895—1990），字芝生，河南唐河人。我国著名哲学家、教育家。历任中州大学、中山大学、燕京大学、清华大学哲学教授。抗战期间，任西南联合大学哲学系教授兼文学院院长。1947年，任清华大学校务会议主席。1952年后一直为北京大学哲学系教授。主要著作有《人生哲学》《中国哲学史》《新理学》《新世训》等。

本文是著者《〈中国哲学史〉中几个问题——答适之先生及素痴先生》（载《大公报·文学副刊》第178期）一文的其中一段。文章共分为四节，前两节是对胡适《与冯友兰先生论〈老子〉问题书》一文的回应，后两节是对素痴先生《〈老子〉的年代问题》一文中提出两点质疑的回应。

著者在《中国哲学史》一书中列举了三条理由，主张"《老子》为战国时作品"。第一节，著者声明自己的言论并非首发，而是引用傅孟真、顾颉刚二人的观点。此外，著者回应，虽然单独看每一条例证可能有"丐辞"之嫌，但种种例证合在一起，这种必然性就凸显出来了。第二节，著者回应了胡适对梁启超《论〈老子〉书作于战国之末》一文提出的六点质疑。第三节，著者回答了素痴关于"老子应在孟子之前"的质疑。第四节，素痴先生认为《老子》有拼凑成文之嫌，因而不可据体裁推考其成书时代。但著者认为，现存《老子》全经过汉人整理，体裁亦可作为推考的重要证据。

总而言之，著者以简明扼要的文字，回应胡适与素痴两位先生的质疑，同时再次申明自己的立场与观点。（刘嘉欣）

老子及《老子》书的问题

《老子及〈老子〉书的问题》，罗根泽撰。北京：国家图书馆出版社，2018年12月第1版，系方勇主编《子藏·道家部·老子卷》之一种，据1933年排印《古史辨》本收录。

罗根泽（1900—1960），字雨亭，河北深县（今深州市）人。曾任教于天津女子师范学院、清华大学、北平师范大学等高校。在诸子学、中国文学史和中国文学批评史等领域成就卓然，编著《古史辨》（第4、6册），主要著作有《中国文学批评史》等，在中国现当代学术界影响颇深。

本文在文章结构上分了三章，分别为论老子即太史儋、《史记·老子传》考证、《老子》书的问题。著者先提出自己的观点，再提出论据来论证。

对于老子的身份，著者针对冯友兰和梁启超提出的关于老子是否为周太史儋的争议，十分明确地提出了自己的观点，认为老子即老聃，就是周太史儋，并根据检讨老子传世材料的可信度来证明自己的观点，还通过其他四个旁证来证实关于老子就是周太史儋的学说。例如其中一点为："聃"与"儋"是音同字通，在《吕氏春秋·不二》篇中老聃亦即是太史儋，古声音同则可假借于同一人名。著者赞同张岱年先生关于老子出生年代是后于孔子、墨子，先于孟子、庄子的观点。

《老子》书的问题，著者则与张岱年持有不同观点。著者认为《老子》书除了有注文窜入以外，后人影响的渗入是无积极证据证明的，并针对张岱年先生认为《老子》书中"大道废，有仁义；智慧出，有大伪……"等三章为后人所加入的内容，提出了七点论据来论证此内容属于原文。著者认为《老子》一书除了"兵者不祥之器"是注文的窜入，其他的都是老子也就是太史儋写的，是一本专著而不是纂辑。

综上所述，本书虽内容较少，但观点鲜明，有利于更深入对老子及《老子》书的了解。（张芳山）

从《吕氏春秋》推测《老子》成书年代

《从〈吕氏春秋〉推测〈老子〉成书年代》，顾颉刚撰。北京：国家图书馆出版社，2018年12月第1版，系方勇主编《子藏·道家部·老子卷》之一种，据1933年排印《古史辨》本收录。

顾颉刚（1893—1980），原名诵坤，字铭坚，江苏苏州人。现代著名的历史学家、民俗学家与历史地理学家。曾任厦门大学、中山大学、燕京大学、北京大学等学校教授。新中国成立后，任中国科学院历史研究所研究员、中国民间文艺研究会副主席、民主促进会中央委员等职。编著《古史辨》（第1—3、5册），专著有《当代中国史学》《秦汉的方士与儒生》《尚书通检》等。

本文最早刊发于1932年6月燕京大学《史学年报》第4期。胡适在《中国哲学史大纲》中论述老子的思想时遵照传统的说法，认为老子先于孔子，并是《老子》的作者。而梁启超对老子是《老子》的作者提出了疑问，认为成书应在战国末年。本文从《吕氏春秋》只讲老聃、不讲《老子》，赋体与道家之名出现的时间，孔子、杨朱、宋钘、慎到与老子的关系以及当时的社会背景等方面极力论证《老子》不是老聃所作，成书在秦汉之间。

1993年，郭店竹简本《老子》出土，经考证，此书应成书于战国中期，如此便否定了《老子》成书于孟子、庄子之后的观点。按此可知，著者的《老子》一书成书于秦汉之间的观点自然是经不起推敲的了。不过，本文中的一些说法，如"《老子》一书非一人之言，亦非一时之作"符合先秦诸子之书的成书规律，仍不失为正确之论。与此同时，本文所采用的思想分析与社会背景分析相结合的研究方法是值得后人好好借鉴的。（张培高）

老子姚本集注

《老子姚本集注》，李大防集注。安庆：龙门口大德堂书局，1934年10月版。另有台北：艺文印书馆，1972年版，系严灵峰辑《无求备斋老子集成续编》之一种，据龙门书店本影印。

李大防（1869—1939），重庆开县人。曾任安徽大学教授。主要著作有《庄子王本集注》《墨经集解》以及诗集《啸楼集》等。

根据自序可知，本书成于1927年，著者时为安徽大学教授。著者对姚鼐的《老子章义》十分推崇，称其"分章当而析义精，不署篇名，体例尤近乎古，足正河上公之失，允称善本"。但姚本往往只是在分章与诸家不同之处，才作数字或数十字的注释，此外则解释无多。这令著者感到十分遗憾，因此"遂决意仿姚本分章，采撷诸家注语之精者，列于下方，余并谬加案语以抒己见"。

自序中，著者提到时人读《老子》有四难，概括十分精辟。"今之传本，盖残缺不完之书，其难一"；河上公本为伪书，而世人不察，把原书划分的支离破碎，"分章既误，索解自难，乃不惜迁其词以曲就之，而《老子》之本旨反晦，其难二"；"《老子》之书有后人窜改增益之语……其难三"；"《老子》旨远而词简……见仁见智，言人人殊……稍一不慎，即堕歧途，其难四"。可以说，近代以来的《老子》研究著作，基本上都绕不开解决上述四个难题。

本书以姚本为底本，由于姚本每章不署章名，因此本书在每章句首加圆圈进行标示，以免混淆。在具体的字句考订方面，著者多依姚注，如有更改，也会注明姚本为某字。

本书优点主要有两个方面。首先，在采择前人成果时，"其涉于神仙修炼之说、佛氏空寂之谈、文人胶漆之理"，都摒弃不采。其次，在今天看来，本书引文十分规范。古人引书大多割截古书，甚至为了迎合己意而随意更改，民国时期这种风气十分浓厚。但本书征引某书某段时，"必照原文首尾，悉行录入，不敢割截"。

本书出版之后，得到了学术界的好评。如陈朝爵在《汉书艺文志约说》中称："今有开县李大防所著《老子姚本集注》，以姚鼐《老子章义》本为主，考订发挥，多明古义。"（杨继承、姜守诚）

老子道德经贯珠解

《老子道德经贯珠解》，李柏朝集注。上海：新华书局，1934年初版。

李柏朝，根据本书胡怀琛、王沧萍二人的序文可知，本书刊行之前，其已出版《金刚经贯释》（佛学书局出版）一书。王沧萍在1933年所撰序文中称听闻著者自杀事，而著者自序落款时间为1932年，则著者逝世当在1932—1933年间。

著者撰写本书时，主要参考了河上公《老子注》、王弼注《老子道德经》、丁福保注《老子道德经笺注》、陈柱注《老子》及张匋庵注《评注老子精华》等书，参以己意，最终以贯珠体裁编辑而成。

本书《老子》原文用二号大字，贯珠则用四号字，解释用五号字。贯珠即著者为贯穿经文所作的注文。对一些不易贯释的篇章，著者会增加注释文字以及解释文字，置于括号之中，穿插在文中，让前后文贯通无阻。著者采用的这种形式，清晰明了。从普通读者的角度来看，这种形式远比注释本更方便阅读，又比单纯的翻译本更忠于原著。

由于本书面对普通读者，所以每章都增加了四字标题，令初学者容易掌握全书大旨。与同时代的其他学者一样，著者在对《老子》进行注释时，也注意援引新的科学原理、概念及社会科学知识。

本书自序以主客问答的形式申明了撰述目的，主要涉及几个方面：首先，回答了《老子》在当今物质文明发达、科学进步之时代的作用，即著者撰述本书的意义所在。著者认为《老子》的主要思想是"知足不辱""知足之足常足"；而"知足则不争，不争则人类杀戮之祸，不期其戢而自戢矣"。其次，著者申明了《老子》的兵战思想。他指出，《老子》称："夫慈以战则胜，以守则固，天将救之，以慈卫之。"并且提出"以奇用兵"的思想，这些都表明老子未尝轻视兵战。著者认为，老子之所以非兵者，"乃指好以兵强天下者而言耳"。也就是说，著者理解的《老子》从来没有否定保家卫国的战争，《老子》否定的是以武力横行天下、不惜民力财力的对外入侵战争。第三，著者回答了道学与科学之间是否能够沟通的问题。著者毫不犹豫地指出："道学者，本也；科学者，末也。焉有不能沟通之理？"并通过追问万物由原子构成，原子由电子构成，电子又由何物构成，在这种层层推进下，科学是无法解释的，而老子所讲的"无"却能解释这一切。最后，著者得出结论："老子之学即科学，亦即道学也；即道学，亦即科学也。"自从近代西方科技文化传入中国以后，部分学者努力从传统学术中找出与西方科学相似的学说，以求得传统学术新的发展，而本书著者显然也进行着这种尝试，在挖掘老学与科学相同之处的基础上，探究老学思想在新时代的意义。（吕壮、姜守诚）

老子《道德经》解题及读法

《老子〈道德经〉解题及读法》，钱基博述。上海：大华书局，1934年初版。另有北京：中国书店，1988年版，据大华书局本影印。

钱基博（1887—1957），字子泉，别号潜庐，江苏无锡人。著名的文史专家和教育家。长期执教于国内多所著名学府。精通四部之学，主要著作有《孟子约纂》《国学文选类纂》《经学通志》等，此外还有四书、《周易》、《庄子》等各类古籍解题。

本书分四个部分，即老子、老子《道德经》、《道德经》之本子、《道德经》之读法，其中前三者算是解题，是对老子其人、其书以及《道德经》版本的一个大致介绍。

"老子"部分即是老子传记。著者认为"庄生寓言著书十余万言，无所不窥；然其要本归于老子，而于老子论议所从游及其死，凿凿言之，有始有卒，不类无端崖之辞；疑出古道者之传说，而庄生闻见所逮以著诸篇者也"。因此，著者参考《庄子》所记老子事迹，还原了老子与孔子及孔门弟子的对话。"谨撰（庄）生书所纪，旁参史公之书，次其行事，以备读《老子》书者考览焉。"

"老子《道德经》"包括四个问题：第一，解释了《道德经》的"述而不作，信而好古"之意。第二，说明了《道德经》书名的产生过程。第三，阐释《道德经》分为上、下卷的历史，认为前人所说"上卷说道，下卷说德，今以书考，道德混说，无分上下"，进而认定"以道德分经为无据也"。第四，著者论述了《道德经》一书的中心"道德"二字的意义及其关系，"'道'者，人之所共由；'德'者，人之所自得也。然'道'非有余于'德'也，'道'散而'德'彰。'德'非不足于'道'也，'德'成而'道'隐"。其中，著者还提出了"《论语》得老子之文，而《中庸》得老子之意"的观点，较有新意。

"《道德经》之本子"中，著者从河上公注本谈起，论述了历代直至民国时期的各种主要注本及校本。

在最后一部分"《道德经》之读法"中，著者把《道德经》的读法归纳为四点：第一，通其指意；第二，审其篇章；第三，旁籀诸子；第四，会核众注。这种归纳十分精辟，被认为是读《道德经》的金玉良言。

由于本书字数不多，篇幅很小，因此出版以后颇受冷落，反响不大。但随着老学研究的深入，本书的价值逐渐受到重视。高峰《大道希夷》评价本书称："这是一部颇精练的著作；提要钩玄，纲举目张；不只便于初学，对专门学者也有参考价值。"（杨继承、姜守诚）

白话译解老子道德经

《白话译解老子道德经》，叶玉麟著。上海：新民书局，1935年1月初版。另有上海：大达图书供应社，1935年版；上海：广益书局，1944年版；天津：天津市古籍书店，1990年版；台中：文听阁图书有限公司，2010年版，系"民国时期哲学思想丛书"之一种；北京：宗教文化出版社，2011年版，系熊铁基、陈红星主编《老子集成》之一种。

叶玉麟（1876—1958），字浦孙（一作浦荪），晚号灵觊居士，安徽桐城人。早年追随桐城派大家马其昶，得其真传，是桐城派后期的重要学者。民国时期曾对多部先秦典籍进行白话译解，如《庄子》《荀子》《墨子》《韩非子》《孙子兵法》等。

本书以王弼本为底本，将王弼注文以双行小字的形式分散在正文之中。在每章开始，著者首先用简要的语言概括本章主旨，然后在正文之后进行白话翻译。翻译主要以意译为主，并不纠结于某个字词的解释。在译解时，他力求语言的浅白，介于浅显文言和白话之间。

著者重视《老子》的现实意义，认为其提供了治理国家的法则。因此，本书的宗旨主要在于阐述《老子》思想的现实意义，强调《老子》在现世的积极作用。

作为桐城派后期重要学者，著者继承考证、贯通儒释道等传统研究方法。他融合《周易》《论语》《庄子》《中庸》等经典中的思想，来为自己注释《老子》服务。另外，他将老氏所说的"有无观念"与佛教的"轮回观念"相比照，普通读者理解起来也很容易。

作为一部白话译解经典的著作，语言文字的浅显是本书的特色。除此之外，利用一些新名词解释《老子》思想，也成为本书的一大亮点。如著者使用"反动力"这一概念来解释《老子》所说的事物都会向反方向转化的辩证思想，用科学发明如"无线电、收音机、照相镜"的功效巨大来解释"道"的作用无穷无尽，用"水蒸汽"虽然轻微却能产生巨大动力这一特性来解释《老子》所说的"至柔者反而至坚"。这些尝试，在当时对《老子》的传播普及是有较积极的意义的。

本书虽然不是最早对《老子》进行白话翻译的著作，但却是民国时期同类作品中质量较高的一部。此书多次再版，销量巨大，在当时产生了巨大的影响。（吕壮、姜守诚）

阐老

《阐老》，陈柱撰。北京：国家图书馆出版社，2018年12月第1版，系方勇主编《子藏·道家部·老子卷》之一种，据1935年北流陈氏十万卷楼刊《子二十六论》本收录。

陈柱简介详见《老子与庄子》提要。

本书分为上、下两篇。上篇提出从"反"的角度去把握道的特性。著者说："老子之道在'反'。"认为"反者道之动，弱者道之用"是《老子》全书的大旨。并分析《老子》"用反之道"：一是明反之例，二是以反自处，三是以反自守，四是以反为取，五是以反矫时。对于"反"，著者提出"有对之反"和"无对之反"，前者为外王之学，后者为内圣之学。认为老子之学在于"求至善之善"，即"求无对之善"。

本书下篇援引与冯振心教授、张孟劬教授书信讨论，着力论证《老子》第三十九章"谷神"概念问题。著者认为不能望文生义，将这里的"谷"理解为"山川小谷"。他分析《老子》中存在的对举之例，并对"神""谷"加以训诂考证，认为这里的"神"为男为阳，"谷"为女为阴，"谷神"乃阴阳的对称，他说："天与地对，则神与谷对；天地有上下尊卑之分，则谷神为男女阴阳之别。"最后，著者指出正确理解"谷神"是研究老学的一把钥匙，掌握好这把钥匙很多问题都可以迎刃而解。

总之，本书先阐"反者道之动"之理，后诠"谷神玄牝"之机，给人启迪。（周克浩）

道德经通释

《道德经通释》，余祖言撰。北京：国家图书馆出版社，2018年12月第1版，系方勇主编《子藏·道家部·老子卷》之一种，据1935年刊本收录。

余祖言（1873—1938），字任直，又字慎之，湖北麻城人。曾任河南安抚史政务官，后从教。主要著作有《余祖言诗文集》《庄子内篇提要》《庄子内篇详解》等。

本书依文释义，总体上看主要有三个特点。一是以王弼注为依归，在此基础上进行诠释。著者在自序中言："偶取王注《老子》读之，反略有所得，即书经注旁。"著者提出王弼之前的《道德经》注解如河上公等不足因袭，认为王弼实是解读《道德经》的草创者，故在此基础上进行推阐发挥。二是以儒释思想诠解《道德经》，或儒道合参，或佛老互证。如在解释第五章"天地不仁，以万物为刍狗"时说："在儒家以为相生相养，在佛学以为业果相续之因。"解释第十章"能婴儿乎"言："能婴儿，即孟子所谓不失其赤子之心，六祖所谓本来之面目也。"解第二十二章时，以佛教"我执""法执"诠"自见""自是""自伐""自矜"。三是引近代思想家言论诠释《道德经》，富有时代气息。文中多处引用我国近代杰出启蒙思想家严复、法国启蒙思想家孟德斯鸠等观点来解读《道德经》。如解释第五十七章时引严复"欧洲诈骗之局，皆开化之前所无者"诠释"民多利器，国家滋昏"一节。解读七十七章时，引孟德斯鸠《法意》"怖畏意亡，平等形泯，而人类之竞争兴"诠解"孰能有余以奉天下，唯有道者"一节。

　　总之，本书儒释道合参，语言流畅，颇具趣味性和可读性。（周克浩）

焦山道德经残幢考

　　《焦山道德经残幢考》，叶遇春撰。北京：国家图书馆出版社，2018年12月第1版，系方勇主编《子藏·道家部·老子卷》之一种，据1935年排印《制言》第1期收录。

　　本书系对残存的唐朝广明年间所建立的《道德经》经幢进行考辨。著者指出，该经幢石刻为八面锐柱形，每面七八行不等，经文分篇不分章。残幢有字可见者58行，每行应有九十五六字，但可辨识之文仅有五分之一。著者摘录可辨识之文句，并与河上公、王弼、杜光庭、傅奕等版本比照，察其字词之异同，如录残幢之文"故有无之相生，难易之相成（第2行）"，著者言："'之'字同傅奕本。"录"不见可欲使心不乱（第3行）"，著者指出："'心'上无'民'字，同河上公、傅奕。"录"金玉满堂（第6行）"，著者言："'堂'字同河上公、王弼。"录"知常曰容（第12行）"，著者曰："诸本无'曰'字。"录"大军之后必有荒年（第23行）"，著者言："诸本皆作'凶年'。"录"知太怨（第57行）"，著者言："诸本均作'和大怨'，此作'知太'，未详所出。'怨'字疑下笔时多一画耳。"

　　本书所载残存经文虽不多，但为唐朝石刻所留，对于《道德经》版本及文本研究有一定的学术价值。（周克浩）

老子述记

《老子述记》，朱芾煌著。上海：商务印书馆，1936年12月初版。另有台中：文听阁图书有限公司，2010年版，系"民国时期哲学思想丛书"之一种，据上海商务印书馆初版影印。

朱芾煌（1877—1955），字绂华，四川江津（今属重庆市）人。武昌起义后，著者利用自己与袁克定的私人关系，促成袁世凯强迫清帝退位。1913年袁世凯就任大总统，他谢绝官职，选择赴欧洲游学考察。回国后有过短暂仕宦经历，但不久即退隐。退隐之后，专注于学术研究，精研佛学，兼及诸子。纂有《法相辞典》等。

著者认为古人著述，一般不标篇次，后人妄分，才导致今人索解无途。因此，本书不标章名，仅分上、下篇。在每一小节之后，著者以小字形式对文章大意进行注解。

本书虽仅用一月撰成，但著者对《老子》的研究却由来已久。早在成书的18年前，著者就开始读《老子》，但是只能领悟一二。此后十几年，随着阅历以及学问的增长，方才领悟七八。这种艰难的领悟，主要是建立在对诸子以及佛学思想的领悟的基础之上，这也暗示本书"是一部佛老会通之作"。

本书的特色可概括为两方面。第一，即重视用佛教思想解释《老子》。例如，著者用止观的方法解释"此两者，同出而异名，同谓之玄"句，称："两，谓前说常无常有，即是止观二法。同出者，同出于一……或止，或观，皆是心一境性故。而异名者，谓初亦名惚，后亦名恍；初亦名静，后亦名虑；初亦名止，后亦名观；初亦名定，后亦名慧；初亦名奢摩他，后亦名毗钵舍那；初亦名无分别影像所缘，后亦名有分别影像所缘。如是等别，故曰异名……诸静虑者静虑境界，皆非寻思所可思议，是故同谓之玄。"

著者又尝试用止观修习的次第与结果解释"玄之又玄，众妙之门"，说道："上句明修之次第，次句明修得胜利也。或止或观，皆不思议，同谓之玄。然初业者，必唯修止，或唯修观。止后修观，观后修止。如是轮转，串习纯熟，最后方得止观双运，故曰'玄之又玄'……由此止观逮修习故，最后证得一切功德，一切智慧，一切神通，说为众妙。即此止观，是彼能证所由，故曰'众妙之门'。"由于佛教的止观二学与老子玄理确存在相通的地方，两者的互相激发，自然有助于阐明老子微妙玄通、深不可识之道。

第二，著者能够结合现实理解《老子》旨意。例如著者认为《老子》的要旨是"内圣外王"，而他对此的解释也具有现实意义，"老子之阅世也深，斯其救世也切。欲救斯世，须世自救。欲世自救，当举其害世尤烈者，明以诏人，使皆知避而不敢为。民知避故，世则自救"。这在当时是有一定的现实意义的。（吕壮、姜守诚）

道德经传赞

《道德经传赞》，崔汝襄著。北京：国家图书馆出版社，2018年12月第1版，系方勇主编《子藏·道家部·老子卷》之一种，据1936年排印本收录。

崔汝襄（1873—1953），字赞亭，号铁砚，河北霸县（今霸州市）人。清末举人。中举后在霸州城内开办了自立高等小学堂，创霸县民办学校先河。不仅擅长文史，对医学也学有所成，曾在北京行医十年之久。对孔孟学说颇有研究，一生推崇并维护孔孟之道。主要著作有《独见》《心学》等。

本书于文章结构分上、下两篇。每一句原文后有对该句的注解，在章节后，为该章的大意和著者的评论。

著者认为老子所主张的治国思想，在于无为，无为在于合乎自然。如在第六十章中，他认为若想"治大国若烹小鲜"，仍然要回归"无为而无不为"的宗旨。而无为而治，就是要顺应自然。天下本是公物，天地生物的特性，会随着它们所处的气候、土质的不同而不同。有先知先明觉者，明辨是与非，区别善和恶，把天地所生的万物一分二，留下一半，废弃另一半。但同是天地生，哪一半都不愿意被废弃，所以就会此起彼伏，朝代跌宕。

总而言之，本书用浅显细密的词语，解释文言句意，通俗易懂。（吴靖梅）

古本道德经校刊

《古本道德经校刊》，何士骥著。北平：国立北平研究院，1936年版，铅印本，3册，系国立北平研究院史学研究会考古组《考古专报》第1卷第2号。另有台北：艺文印书馆，1972年版，系严灵峰辑《无求备斋老子集成续编》之一种。

何士骥（1893—1984），字乐夫，浙江诸暨人。曾任甘肃省博物馆馆长，多次参加考古活动，十分重视考古发现的石刻材料。主要著作有《南北响堂寺及其附近石刻目录》《西北考古记略》等。

根据本书内容可知，除宝鸡磻溪宫元大德经幢外，著者还搜集有"河北易县、邢台，北平白云观，江苏焦山，浙江杭州，甘肃庆阳，陕西盩厔"等地的同类石刻，再加上"北平图书馆所藏之写本、木本"，共19种。最后，著者以王弼《老子道德经注》（浙江重刻巾箱本）为底本，根据古本进行校刊。

著者以句为单位对经文进行校刊，在每句之后，按照石本、写本、木本的类别顺序校出各本文字不同之处，每类之中又以时代先后为序。这种校刊方式，令何士骥有许多新的发现。如"夫佳兵者不祥之器"，"佳"字在王弼本中作"佳"，历代学人都觉"佳"兵，很难释得通。王念孙怀疑"夫佳兵者"为"夫佳兵者"之误写，"佳"即古"唯"字，但缺少证据。而大德本的发现，可证明王念孙的怀疑是有道理的。虽然马王堆帛书《老子》写作"夫兵者"，无"佳"字，但依然证明这种校刊方式在进行版本研究时确实是有重要作用的。

清代学者在校订《道德经》时就已开始重视碑幢材料的使用，如王昶、纪昀、严可均、毕沅等人，在校勘时都参考了石刻本。1926年，王重民撰《道德经碑幢刻石考》，对当时所见唐以来的石刻进行了较为系统的考证，侧重从文献学的角度对版本进行梳理。著者在此基础上更进一步，将所能搜集到的各种石刻本，结合所见写本、木本，进行合校，侧重文本研究。

本书出版后，在当时得到了较高的评价，成为研究《老子》版本的重要著作。本书虽然引用石刻资料较多，但由于本书编纂时期正值国家战乱，版本搜求不易，因此有不少"见于著录与未见于著录者"未能搜集到，成为著者的一大遗憾。（吕壮、姜守诚）

老子斠补

《老子斠补》，刘师培著。宁武南氏，1936年排印本。另有台北：艺文印书馆，1959年版；台北：大斎书局，1965年版；台北：艺文印书馆，1972年版，系严灵峰辑《无求备斋老子集成续编》之一种；南京：江苏古籍出版社，1997年版，系《刘申叔遗书》之一种；北京：中共中央党校出版社，1997年版，系《刘师培全集》之一种，据南氏排印本影印。

　　刘师培（1884—1919），字申叔，号左盦，江苏仪征人。民国时期著名经学家。1917年，受聘为北京大学教授。新文化运动蓬勃发展时，他"慨然于国学沦夷"，曾创办《国粹学报》《国粹汇编》和《国故月刊》等刊物，以"昌明中国固有之学术"为己任，是"国粹派"的代表人物。他著述颇丰，遍及经史子集，主要著作有《中国中古文学史讲义》《左盦集》等。

　　书中内容最先连载于《国学丛刊》《国学厄林》，但都未完结。刘师培去世后，他的朋友钱玄同、南桂馨等人据其手稿，将本书编入《刘申叔遗书》。本书主要是用历代文献校补通行的《老子》王弼注本中的各种错误，如脱字、脱句、衍文、讹字、既讹又脱等，说明异文；按原书文次排列，共百余条。

　　本书在校补《老子》时，主要引用先秦秦汉古籍，补清代学者如王念孙、洪颐煊、俞樾、孙诒让等人的不足之处，有很多独到的见解。著者提出要全面利用诸子之书，不能偏废。他在引用古书时，还重视唐宋类书中所引用的古书。

　　本书中，著者采用的方法可归纳为如下几点：将诸子、秦汉等资料引入《老子》中进行校补，根据文章的中心思想进行校补，根据文章的句法特点进行校补，根据古今字义的演变进行校补，根据文中各相关句子进行互校，综合性校补等多种方法。著者用这些方法力图恢复《老子》古本之原样，其态度之严谨、方法之科学、考证力度之强，对后来学者都产生了极大的影响。

　　著者除了注重融会贯通、重证据等传统方法外，还重视目验，将中西历史资料比较起来研究，将小学与社会学结合起来研究，并使它们相互印证，这在我国小学研究史上具有开创性，显示出近代科学的研究气息。（吕壮、姜守诚）

老子韵表

　　《老子韵表》，刘师培撰。北京：国家图书馆出版社，2018年12月第1版，系方勇主编《子藏·道家部·老子卷》之一种，据1936年宁武南氏排印《刘申叔遗书·左盦外集》本收录。

刘师培简介详见《老子斠补》提要。

《老子》文辞隽永典雅，语言精练质朴，读来琅琅上口，被誉为"哲理诗"。然现代人较难体会其间的韵律，其主因在于两千多年来，时迁代移，韵更音变，古韵不被人所熟知。著者指出："欲考古韵之分合，必考周代有韵之书。而周代之书，其纯用韵文者，舍《易》《诗》《离骚》而外，莫若《老子》。"

本书参考清代严可均《说文声类》体例，"借《广韵》二百六部，建立标题，分为十六类，又合为六大类"，辑《老子》文本中各韵语，分部别居，稽考古韵，展音韵之美。本书将古代韵目分为16类：之类第一、脂类第二、支类第三，古代合为一大类；歌类第四、鱼类第五、侯类第六，古代合为一大类；尤类第七、萧类第八，古代合为一大类；蒸类第九、东类第十、侵类第十一，古代合为一大类；真类第十二、元类第十三，古代合为一大类；阳类第十四、耕类第十五、谈类第一六，古代合为一大类。

概而言之，本书文虽不长，然阐明古韵，有其创见，可资研老研韵者参。（周克浩）

老子心印

《老子心印》，成上道注讲。上海：明善书局，1936年版，排印本。另有台北：艺文印书馆，1972年版，系严灵峰辑《无求备斋老子集成续编》之一种；台北：文史哲出版社，1988年、2006年版。

成上道，自序落款为"五灵山西派后裔成上道"，根据书前几篇序文可知，成上道是民国时期的道教人士，属于道教内丹西派，曾居云台山，收徒有三一子、复一子、仁一子等。

本书撰成于1924年，但直至1936年才由三一子等人付印。本书是民国时期以丹解老的代表著作，体现了道教本身固有的特色。全书虽然也分为81章，但自定章名，其中如玄玄章、美恶章、圣治章、帝先章、守中章、用无章等，都与他家注《老子》者不同，显示出著者独特的理解。

本书属于丹道派著作，以丹道解老为正宗，全书也是围绕着这个宗旨进行论述。在"读法五大纲"中，著者将阅读《老子》的方法归纳为五种，一是要认定宗旨，二是醒豁譬喻，三要分清法程，四要考察根据，五要审明关系。这五点，基本上概括了全书的主要思想。

具体来说，著者认为《老子》是古代圣贤传授天道的专书，治国用兵种种譬喻，只是为了说明天道，而不是论述的主题。本书命名为"心印"，即"以心印心，期契合圣心"。

从本书还可以看出近代西风东渐过程中道教人士的文化态度。著者虽为道门人士，但颇有时代意识。他提出读《老子》要审明四大关系：一曰保全国粹，二曰改良社会，三曰统一宗教，四曰复真古道。道教向来具有包容的文化精神，所以纵使在西方文化包括宗教对中国文化形成强烈冲击时，著者仍然主张宗教和谐相处，反对宗教之间的对立与冲突。他认为以《老子》为枢纽，可以求得世界五大宗教在教理上的彼此认同。

至于对《老子》的具体解释，著者对李西月的西派丹法进行了扬弃，只言性命双修，而不涉及西派常谈的男女双修之事。于是，著者根据《老子》81章的次第，依次诠释为三关九节的内丹修炼法程。老子思想在这里通过巧妙的转换，变成了道教的基本教义，即性命双修，先性后命，与内丹西派的宗旨相符。著者这种完全以譬喻方式解释的做法，与黄裳纯以丹理解老又有不同，乃是直接继承了《老子节解》的传统，并糅合了道教的内丹性命之学，可视为道教内丹西派老学新的发展。（吕壮、姜守诚）

论《老子》非晚出书并质钱宾四先生

《论〈老子〉非晚出书并质钱宾四先生》，李源澄著。北京：国家图书馆出版社，2018年12月第1版，系方勇主编《子藏·道家部·老子卷》之一种，据1936年排印《制言》第8期收录。

李源澄（1909—1958），四川犍为人。他长期在高校任教，先后任无锡国学专科学校、四川大学、浙江大学等学校教授。主要著作有《诸子概论》《学术论著初稿》《经学通论》《秦汉史》等。

著者旨在对钱穆先生《老子辨》一书进行评论。他针对钱穆先生认为《老子》为晚出书的观点以及相关释义进行反驳，并分为三章进行说明。第一章，从诸子学说及时代证明《老子》非晚出书。他反驳钱穆先生根据老子和孔子的思想不顺，而把老子放到荀子和韩非子所处的年代之间。认为荀子未尝没有听闻庄周学说，只不过庄周所说的，荀子不说，也不纠驳，不能以此证明老子在荀子之后。而韩非子《解老》《喻老》，还引了不少《老子》言论，可证明老子在韩非子之前。第二章，从《庄子》证明《老子》非晚出书。认为庄子之于老子，如同孟子之于孔子，老子、孔子"不离用"，而庄子、孟子"不屑用"，一切都是因为他们所身处的年代和当时环境所影响。第三章，《老子辨》释疑。这一部分，主要是就钱穆先生对《老子》一书的释意提出质疑，并探讨。

总而言之，本书言简意赅，有条有理地论证《老子》非晚出书，并对钱穆先生关于《老子》的一些注释，提出质疑。（吴靖梅）

老子校诂

《老子校诂》，蒋锡昌著。上海：商务印书馆，1937年初版，排印本。另有台北：明伦出版社，1970年版；成都：成都古籍书店，1988年版，据商务印书馆1937年版影印；台中：文听阁图书有限公司，2010年版，系"民国时期哲学思想丛书"之一种；北京：宗教文化出版社，2011年版，系熊铁基、陈红星主编《老子集成》之一种。

蒋锡昌（1897—1974），又名海庭，别号思常，江苏无锡人。曾任教于江苏省立第三师范等。毕生研究老庄学说，主要著作有《老子校诂》《庄子哲学》等。

《老子》文辞简洁、含义深刻，其思想不易说明，说出来也不容易让人明了。有鉴于此，著者提出"欲明老子哲学，必先明庄子哲学"的观点，认为"以庄子哲学较易了解，而其要归又大体本诸老子故也"。而著者在写作本书的同时，也完成了《庄子哲学》一书的写作。他认为二书互相参阅，可令读者加深对《老子》思想之了解，能够起到事半功倍的效果。

本书底本为1920年浙江图书馆覆刻浙江书局本，此外参考《老子》著作达80余种，遍及六朝以来的碑刻、写本、刊本。

民国时期对《老子》校勘、训诂的著作较多，马叙伦的《老子核诂》在当时就很流行。而本书后出，之所以能够脱颖而出，除了在引证古本互相参校之外，关键在于注重利用西学方法，对古今学者已有的学术成果进行补充和修正。

本书出版之后，一直是学界校释、研究、解读《老子》思想的重要著作，得到学界的很高评价。严灵峰《老子章句新编定本跋》评价本书称："近人蒋锡昌之'校诂'，考异最详，足为校勘之张本。"王赓唐在对《老子校诂》进行研究后，认为它"是一部有学术水平的著作。虽然它的重点放在字义的训释方面，没有像著者另一种著作《庄子哲学》那样有专门阐发义理的文章，但有关《老子》思想的基本观点已经在自序中做出交代，对《老子》一书在中国先秦哲学史中的地位和作用，做出了他的评价，且都出自自己独特的心得，在近现代众多的老庄哲学研究中自成一家之言"。他的这段评价应该说是比较切实、中肯的。（吕壮、姜守诚）

老子玄诂附韵学二篇

《老子玄诂附韵学二篇》，尹桐阳撰。北京：国家图书馆出版社，2018年12月第1版，系方勇主编《子藏·道家部·老子卷》之一种，据1937年排印本收录。

尹桐阳（1882—1950），字侯青，湖南常宁人。清末著名学者。一生勤于治学，致力朴学，于小学、诸子等学见解甚深，著述宏富。主要著作有《论语笺》《尔雅义证》《说文教科书》《古韵阐微》《管子新释》等。

本书的主旨是以孔解老。著者认为，《汉书·艺文志》列解老者，邻氏、徐氏、傅氏、刘向四家解老皆佚而不传。通行者唯王弼《老子道德经注》附唐陆德明《释文》所引诸家注老之文。元吴澄《道德真经注》、明沈一贯《老庄通》、马叙伦《老子校诂》，或多烦琐考证，或遁于空虚义理，皆未能得老子之真。得老子之真者，为孔子，如其述而不作契合于老子之法令滋彰之旨者。所以老子之真则如《诗经》之类，"在转移习俗，针砭时政，使人荡心悦耳而便于诵忆"。著者注老之法在于将训诂文字、阐明义理相结合，不偏颇于一端。既考证文字之音义，又阐明注老之主旨。著者在本书序言里写道，当时新邦肇始，政体、国体均属于初创时期，内忧外患，国无宁日。以此，他认为"救时良药，舍老其谁"。认为《老子》主旨在于经邦济世。本书除对《老子》当中的文字逐字训诂以外，也阐发《老子》之义理。在文字训诂、字句考订时，以《说文解字》为依托，发前人未发之旨；在义理诠释时，援诸子解老，以经证子的同时，也援引西方观念，如用三权分立、民主等词解老之道，时代特色鲜明。（沈玉娇）

老子韩氏说

《老子韩氏说》，陈柱著。长沙：商务印书馆，1939年12月初版。

陈柱简介详见《老子与庄子》提要。

本书所引《老子》《韩非子》分别以浙江书局本和王先谦《韩非子集解》本为底本，如有改动，则以双行小字的形式在原句之后注出。书中先是《老子》原文，每章之后列出《韩非子》中与《老子》本章有关的内容，著者则在最后以按语形式陈述自己的见解，或究其流变，或评其得失。

在用《韩非子》中的内容解释《老子》时，著者主要引用《解老》和《喻老》篇，因为他以为"传《老子》之学者，莫善于庄周、韩非，而韩子之《解老》《喻老》两篇，实注《老子》书之尤古者"。但著者也并不局限于此，《韩非子》其他篇章虽未直接引用《老子》原文，但"语有足相阐发或相反证者，亦为韩学所渊源"，因此他"皆列于每章之下，以见老韩两家学术之变迁"。

本书和《老子庄氏说》，都是著者后期的著作，最能代表其研究理路，即重视用《韩非子》《庄子》等成书年代与《老子》相距不远的著作来校勘《老子》文本，并解说其思想。除此之外，在本书中，另一主要组成部分，也是最经典的部分，则是著者对《韩非子》与《老子》的异同得失的阐释，尤其是重要概念上的异同。

著者认为，《韩非子》的思想来自《老子》，但与《老子》又有不同，因为《老子》中所讲到的"无为"概念，其最核心的含义是"与自然同功"，而"人未尝知焉"。老子以道为无为，道法自然，所以老子以自然为无为。《韩非子》解释"无为"则将一切都归结为"法"，"统而言之则为法，分而言之则为刑、势、术、数之四者……盖以谓因法任势，则人民莫敢不从，故能无为也"。《韩非子》所宣扬的"以法为无为者"，法的本质为无为，而法的作用也是无为。《韩非子》宣扬的就是法令使人不得不然，因此这就是《韩非子》在"无为"思想上对《老子》"无为"思想的异变。

经世致用是老学研究一贯的主张，著者也极力发掘《老子》对现实的借鉴意义。在序中他就讲道："今之治国者，倘能斟酌于道法之中，明老韩之要，以虚无因应之术，行信赏必罚之法，以辅儒家视民如伤之政，其亦庶几焉乎。"认为用道家和法家的思想来辅助儒家思想治国，国家才能达到大治。（吕壮、姜守诚）

老子考证

《老子考证》，汤仰晖著。台北：艺文印书馆，1972年版，系严灵峰辑《无求备斋老子集成续编》之一种，据1939年排印本影印。

汤仰晖，清末民国人，字晴川，江苏常州人。明初大将汤河后裔。早年考中秀才，但无意于科举，痴迷于数学，尤其精通球面三角。后接受浙江省延请，担任浙江舆图局总办，兼任浙江省武备学堂教习。

据《汤晴川先生家传》所述，著者另著有《知通塞斋老子解》81章，但文字繁多，因此择取其中考证部分先行排印，是为本书。本书以考证老子其人及其书为主，包括老子乡国里居、老子名字姓氏、老子生年月日、老子仕宦官阶、老子见孔子年月、老子告孔子语意、老子信而好古、老子致仕居周、老子去周至关、老子寿终秦地、老子与老莱子、老子与太史儋、老子之弟、老子之子孙、庄书纪老子之得失、《史记》庄周传之过误、论《史记》申韩两传之误等问题。

本书侧重于考据，然而著者并未充分吸收20世纪二三十年代老子年代疑案大讨论的成果，因此价值还有待检验。不过李超杰、边立新主编《20世纪中国哲学著作大辞典》称本书"它对进一步研究老子、老子学说以及老学对后人的影响，有重大的参考价值，可为专业读者阅读"。（吕壮、姜守诚）

老子通考

《老子通考》，张心澂编著。北京：国家图书馆出版社，2018年12月第1版，系方勇主编《子藏·道家部·老子卷》之一种，据1939年上海商务印书馆排印《伪书通考》本收录。

张心澂（1896—1969），字仲清，号冷然，广西永福人。曾任广西大学教授，1953年受聘为广西文史研究馆馆员。长期从事会计工作，是广西会计工作奠基人之一。不仅对我国交通会计事业做出了突出的贡献，而且在我国古籍的辨伪方面做了总结性的工作。主要著作有《伪书通考》《铁道会计》《中国封建时代的开始》等。

在本书中，著者以司马迁的《老子申韩列传》为开始，后分别列出了刘向、班固、傅奕、晁说之、叶适、黄震等数十位中外学者的观点。他们主要就《老子》成书时间、作者是春秋时人还是战国时人甚至更晚、老子是否是今传本《老子》一书作者等问题提出各自的看法。

总之，本书对于古今中外学者有关《老子》的辨伪考证做出了总结性研究，是一部重要的《老子》辨伪工具书。（刘思贝、曾勇）

老子音释附老子备考

《老子音释附老子备考》，周树桢撰。北京：国家图书馆出版社，2018年12月第1版，系方勇主编《子藏·道家部·老子卷》之一种，据1939年齐鲁大学文学院排印本收录。

周树桢（1875—1957），字干庭，号井楼，山东潍坊人。清末音韵学家、训诂学家、翻译家。历任淄川县长、山东高等师范学校学监、山东省立女子师范校长、齐鲁大学国文系主任等职。主要著作有《安丘土语志》《唐五代词本事集录》《十五国风之排列法》等。

本书对《老子》无韵之半句、无韵之整句及有韵之句等用不同符号做了区分，以便音韵学研究，细致入微，是从音韵角度完善《老子》研究的重要著作。本书注重音韵，同时也兼及解释。本书句读，纯本明释德清《老子道德经解》，解释则参考晋王弼注及汉河上公章句。书末所附《老子备考》，从老子之履历、老子之生死年月、老子之世系、老子之传授、老子是否神仙、老子之哲学、老子之政治思想等多个角度阐明了著者老子研究的基本立场与基本观念，如认为《老子》"八十一章五千言之内，名言至理，巨细咸赅，显之可以治学，微之可以证道，近之可以修身，远之可以经国"。他还特别指出，应积极倡导《老子》一书中希望和平的思想，那些具有恃强凌弱、攫取利益之心的兵家更应该好好领会《老子》的重视和平的思想精神。（沈玉娇）

老子补注

《老子补注》，胡怀琛著。台北：艺文印书馆，1972年版，系严灵峰辑《无求备斋老子集成续编》之一种，据1940年胡氏《朴学斋丛书》本影印。另有台北：新文丰出版股份有限公司，1989年版，系《丛书集成续编》之一种。

胡怀琛（1886—1938），字季仁，后更字寄尘（一说号寄尘），安徽泾县人。近代文学家。主要著作有《中国文学史概要》《中国文学通评》《中国诗学通评》《中国小说研究》等。

本书以王弼本《老子》为底本，以条目加按语的形式，考证或阐发《老子》一书中的疑难名物、语词，间有论及全书体例者。本书为札记之作，篇幅极小，其条目包括：橐籥、邪、揣而梲之、载盈魄、众甫、大成若缺其用不弊七句、塞其兑、修之于国、未知牝牡之合而全作、其脆易泮、《老子》书不言山、《老子》书不应分章节。据其从兄胡朴安所作跋语，此书与著者所作《王念孙〈读书杂志〉正误》《孙诒让〈札迻〉正误》同一性质。因此，对于两书已有所辩证者，著者便直接说明观点，而省略论证过程。如"大成若缺其用不弊七句""塞其兑"二条，便直接注明"见《孙诒让〈札迻〉正误》"。

本书于考证方面，多有可资后世采择者。除了考证具体的名物、语词外，本书还发表了一些对于《老子》全书的看法，对后世颇具启发意义。如著者发现，《老子》一书并没有言及"山"的句子，因此认为《老子》一书当产生于"无山而近海之地"，这无疑是对《老子》成书于楚地一说的质疑。此外，著者还根据这一发现，认为"《老子》之根本思想主柔主下，皆受地理之影响也"。将地理环境引入对《老子》思想的解释，也颇具启发意义。此外，他以为，"《老子》书多零星语，全书无系统，无组织，前后重复者尤多，不应分章节，今分八十一章，若有先后次序者，非也"，从而提出"《老子》书不应分章节"的观点，尤其值得我们重视。因为根据现在所见最早的《老子》版本，也就是郭店楚简《老子》甲、乙、丙本，早期的《老子》一书并没有"一章""二章"的章节安排，各自版本的排列顺序也与传世本《老子》迥异。

因此,《老子》一书本是不分章节,也没有所谓先后次序的。著者仅仅通过对传世本《老子》文本的内在矛盾而得出这样的结论,可见其对于《老子》一书的过人见识。不过,由于本书的体例所限,他并没有在此书中发挥其观点,而是将他对于《老子》一书的见识,撰写成了《老子学辨》一书。(杨继承、姜守诚)

老子学辨

《老子学辨》,胡怀琛著。台北:艺文印书馆,1972年版,系严灵峰辑《无求备斋老子集成续编》之一种,据1940年胡氏《朴学斋丛书》本影印。另有台北:新文丰出版股份有限公司,1989年版,系《丛书集成续编》之一种。

胡怀琛简介详见《老子补注》提要。

本书是著者为阐明老子学说之主旨而作。在本书绪言中,著者断言,"老子之学说,即《汉志》所谓人君南面术是也"。而要究明老子之思想,著者认为需要先解决以下三种问题:老子是否有此人,老子、老莱子、太史儋是一人、是二人、是三人,今所传五千言是春秋时书抑或战国时书。不过,由于自《古史辨》以来,关于老子其人及其所著五千言的讨论已经极为纷繁复杂,因此,本书只是针对传世本《老子》而发。

本书除著者绪言、跋语外,主体内容分为五个部分,分别为老子学说之来历、老子学说之内容为人君南面术、五千言由政治学变为哲学、五千言中之所谓道与玄、南面术之价值如何。文末有附录一篇,名为《李耳辨》。

著者在第一部分"老子学说之来历"中认为,不论该学说创自春秋或是战国,也不论其是否为老子所述,这些学说并不是著者自创,而是"掇拾旧说"并演绎而成。为此,著者列出了六则证据,加以说明。第二部分为本书主旨所在,即在证明老子学说乃是人君南面之术。第三部分说明了五千言由政治学变成哲学的历程。第四部分为对于《老子》书中道与玄之专门解释。最后一部分,著者对南面之术的价值进行了评说。整体而言,南面之术是和民主政治根本不相融合的,不过,南面之术却也有其部分可取之处,这也是它能够由专一的政治学说,一变而为哲学的缘故。

著者对于本书还是颇为珍视与看重的。其跋语谈到本书的撰写,不仅理出了老子政治学说的脉络，还可为此后读《老子》的人更好地理解《老子》思想提供帮助。不过，老子之学说虽包含南面之术这一政治学说，却仍旧是因道而发，直接将老子学说甚至"道"解释成人君南面之术，似有失偏颇，难以让人完全信从。（杨继承、姜守诚）

老子古本考

《老子古本考》，劳健撰。1941年影印手稿本。

劳健，字笃文，浙江桐乡人。精书法篆刻，尤擅小楷，亦对《老子》颇有研究。主要著作有《篆刻学类要》《集唐字老子王弼注》等。

本书共分为上、下两部分。上部为第一至三十七章，下部为第三十八至八十一章。著者认为，《老子》一书"多本古训，随义立言，积言成书，遣辞行韵，比类相从，亦略见节次，取便记诵而已。必欲尽裁以后代文体，强为科段，虽使老子复生，将不能自解，则何益矣？"因此，对于那些将《老子》分为67章、68章，或者那些对每章加以章名的做法，一概不取。其做法，则是依据傅奕，先列《老子》文本，然后在后面注名"右第几章若干言"而已。如先列"道可道"一段文字，然后低一格注明"右第一章五十九字"。而所以依照81章的做法，也不过因循旧例，便于勘检而已。

本书具体的考证，则出现在"右第几章若干言"之后，主要内容包括文字校勘、句读、字词解释等。文字、句读、音训即明，著者还就此章的旨趣加以说解。在每章考证的最后，则或注明"此章傅本、范本并同"，或注明"此章全用范本"，也有"此章蛊字用傅本，常字用唐本，他皆用范本"等句子，说明本章在文字上最终的去取与定夺，而这种取舍所实现的，大致就是著者心目中的《老子》古本了。

总体来说，本书是一部资料翔实、考证扎实的《老子》著作。本书校勘文字、剖析句读、发明辞旨，还原了著者心目中《老子》的最初情况，成为影响颇大的一部《老子》研究著作。据丁延峰《劳健题跋辑录》一文，可知高亨《老子正诂》、朱谦之《老子校释》、尹振环《帛书老子再疏义》、张松如《老子校读》、德国瓦格纳《王弼〈老子注〉研究》等多引其说。尽管随着各种竹简、帛书本《老子》的出现，我们对于《老子》古本的了解已经远远超

过了著者当时的认识，但其对于《老子》文本的许多看法，仍旧有着较为坚实的证据，值得我们继续参考。（杨继承、姜守诚）

老子精华

《老子精华》，上海中华书局编。北京：国家图书馆出版社，2018年12月第1版，系方勇主编《子藏·道家部·老子卷》之一种，据1941年上海中华书局排印《诸子精华》本收录。

本书在结构布局上未分章，选取《老子》48个片段，每一片段为一节。每节概括出一核心词，如安民、成象韬光、无用、赞玄、俗薄还淳、益谦、苦恩、无为、微明为政等。每节正文上方简要介绍该节的主旨，每一段原文后面罗列前人的相关注解，内容不多。其间，针对原文晦涩字词，又附前人的音释。

本书采撷注家，如袁了凡、唐荆川、陈明卿、杨复所、杨升庵、陈仲醇等，大多为明儒，故而，以儒解道的色彩较浓，表现在节次标题上，诸如重德、圣德、任成仁德、洪德俭欲、任德、养德、益证修德、玄德、淳德等，有明显的儒家之"德"蕴。

总之，本书相对于其他版本的《老子》注解而言，篇幅虽小，但言简意赅，对《老子》的注解简明易懂，可谓"精华"，以备"教科适用"。（曾勇、吴欣欣）

老子新诂

《老子新诂》，马荫良撰。北京：宗教文化出版社，2011年版，系熊铁基、陈红星主编《老子集成》之一种，据1941年版收录。

马荫良（1905—1995），字一民，上海松江人。报刊活动家和新闻教育家。主要著作有《中国报纸简史》《德华标准大辞典》等。

据著者自序，本书系著者随舅父史量才研习哲理时所作的札记。1941年，著者寓居香港，重读旧稿时，乃将其札记《老子》部分重加整理，以成此书。

本书名为"新诂"，其正文部分即是对《老子》的文本及其思想做一种新的解释。每章之首以"一章""二章"名篇，先列《老子》正文，正文后低一格，列著者对此本文的校勘、训诂、串讲以及哲学诠释。

在校勘方面，本书据1920年浙江图书馆覆刻本，有时也会根据前人的校勘成果附注于后。于文字训诂方面，本书不赞同宋儒专重义理的做法，而极为推崇《尔雅》《说文解字》及近来甲骨金文之学，因此本书纯以文字为主，博采众长。本书于文字之训诂，一般都会引《说文解字》《尔雅》《广韵》《广雅》等训诂之书，同时也采集刘师培、惠栋等小学家成果。不过，本书几乎逢字必引《说文解字》，未免有盲从许慎之嫌。于章句方面，著者认为《老子》本不分章，因此才会有数章一意、一章数意的情况。不过，为了方便起见，本书还是遵循了分《老子》为81章的传统。在句读方面，也是取诸家之长，并杂己意。

不过，本书的主要部分并不是文字、句读，而是就《老子》的文本进行哲学诠释。有时为了说明某种抽象的哲理，也有利用生物学、物理学、农学方面的知识以作譬喻。

总之，著者以报人的身份从事《老子》一书的注释工作，能注意于文字、训诂、校勘等传统方法，又能细致地阐发《老子》的哲学思想，使本书能够成为一部拥有一定学术水准的著作，确实颇为难得。而著者刊行此书的想法，则是"非敢问世，借便保存"，应当也是为了纪念自己从舅父史量才研习哲理这一经历。（杨继承、姜守诚）

太上道德经新注

《太上道德经新注》，魏伯阳撰。北京：国家图书馆出版社，2018年12月第1版，系方勇主编《子藏·道家部·老子卷》之一种，据1941年川沙至元善堂排印本收录。

魏伯阳，本书有其1941年自序，可知其约生活在民国时期。为"离恨天兜率宫太上道祖案下掌经司"。

川沙至元善堂，是上海地区的慈善团体。至元堂成立前的慈善组织主要以官办为主，后逐渐由地方人物主要是地方士绅主持。本书正文首页载"魏伯阳新注、虞执一总校"，两人当是至元堂的成员。

据书前序言，本书似拟分为上经与下经，然而下经未完成，只注完了上经，也就是《道德经》第一至三十七章。

本书正文部分每章先列《道德经》原文，后附注释文字。每章注释均以"魏伯阳曰"作为句首，其后记录魏伯阳注经语录。其弟子善吉吴绳伯在每章注释文之后又有总结评述，以'善吉书后"结尾。

本书的注解宗旨是清静无为，理论基础为"三教合一"，内容涵盖丹道、政治、性理、哲学、道教信仰等多方面。在儒道关系方面，认为孔子与老子的思想相通，只是关注的重点不同。老子学说是着眼于形而上的层面，孔子学说着眼于社会现实的层面。"老子学说，从先天立论，孔子学说，从后天立论。""后天有对待，先天无对待。"这一思想几乎贯穿全文。在佛道关系方面，本书认为佛教的"无相"与"不着意"等思想，与《道德经》内容相通，是消除对立、直达形上本体的重要内容。此外，本书还以《西游记》等文学作品注解《道德经》内容。

本书语言简练明晰，体现出鲜明的时代特色。（刘嘉欣）

老子章句新释

《老子章句新释》，张默生注释。重庆：东方书社，1943年11月初版。另有重庆：东方书社，1946年再版；成都：成都古籍书店，1988年版，据东方书社1943年初版影印；北京：宗教文化出版社，2011年版，系熊铁基、陈红星主编《老子集成》之一种，据东方书社之初版影印。

张默生（1895—1979），原名敦讷，山东临淄人。历任复旦大学、四川大学等校教授。主要致力于古典文学和传记文学的研究。主要著作有《庄子新释》《韩非子新编》《异行传》等。

著者认为，尽管历代《老子》的注疏极为繁多，"但是这些绩业，只可供专门学者的参考，尚不能期望一般人借此可以读通《老子》"。也就是说，在已经以白话文作为主要书面语言的20世纪40年代，人们已经很难理解撰作于春秋战国时期的《老子》；而且，由于《老子》一书极富思辨色彩，较与之同时的《论语》更为难董。因此，本书的撰作，正是为了让普通读者也能够读懂《老子》。著者在自序的开篇就说道："我注释这部书的意思，完全是为一般人作打算，称不起专门的著述。"

本书的主体内容，是对于《老子》上、下篇的注释。其注释包括字解、句解、大意三种。字解是对《老子》一书的字词解释；句解部分是全书的重心，乃是用白话文对《老子》文本的翻译与串讲；大意一项，是用扼要语句，总括各章大意。除这三部分外，一些章句的注释中还会用附录的形式，照录前人的一些注释。本书末有《老子章句异同考》，对《老子》一书的文本及句读进行考证。

另外，本书虽为注释之书，但对于老子其人、其书、其学，著者并未忽略，而是在书前专门做了一篇《老子叙论》，讨论了"老子传及老子书的问题""老子的学说"等问题。著者参考诸家意见，对老子其人进行了考辨，对《老子》的成书进行了说明，并主要对老子的学说，包括老子的本体论、名相论、功用论进行了详细的介绍。此篇《老子叙论》，无疑会增进读者对于《老子》一书的理解。

总而言之，本书抱着为一般读者所作的目的，确实发明了一种颇为新颖的注释体例，尤其是著者所创造的字解、句解、大意外加附录的注释方法，对于现代学者如何将优秀的传统经典介绍给普通读者，无疑有着极大的参考价值。而且，本书虽为一般读者而作，却有着较高的学术水准，某些观点仍值得现在的《老子》研究者重视。（杨继承、姜守诚）

老子正诂

《老子正诂》，高亨撰。上海：开明书店，1943年初版。另有上海：开明书店，1948年、1949年版；北京：古籍出版社，1956年版，题为《重订老子正诂》；北京：中华书局，1959年版；台北：艺文印书馆，1972年版，系严灵峰辑《无求备斋老子集成续编》之一种；北京：中国书店，1988年版；上海：上海书店，1989年版，系"民国丛书"之一种；北京：清华大学出版社，2011年版。

高亨（1900—1986），初名仙翘，字晋生，吉林双阳人。著名古文字学家、先秦文化史研究和古籍校勘考据专家。曾任河南大学、东北大学、武汉大学、齐鲁大学等校教授。主要著作有《金石甲骨文字通笺》《周易古经今注》《诗经选注》等。

本书正文分上、下两卷，对《老子》通篇进行校勘、注解。本书重在以朴释玄，故关于字句的考核居多，至于《老子》大义，间有言之。重在以老释老，因此书中可见以《老子》本文互相参证之处。本书附录名为《史记老子传笺证》，收录在《古史辨》第六册中。本文以"笺证"的形式，对《史记》中的《老子传》部分进行了翔实周密的考证，提出来一些颇有启发的意见。

对于本书，学界有着很高的评价。如单就本书的校勘学价值，郭伟宏《论高亨先生〈老子正诂〉的校勘成就》就指出："《老子正诂》对《老子》文本的校勘，有近百处与出土文献相合。他运用的校勘方法灵活多样，细密严谨，至今仍有指导意义。"（杨继承、姜守诚）

老子现代语解

《老子现代语解》，陆世鸿著。上海：中华书局，1944年11月初版。另有上海：中华书局，1947年3月版。

本书的主体是按照《老子》的章节分别加以解说，不分上、下篇，每章各成一单元。具体的解说，则是在章下分字句做解，同时也会在该章解说前后做一概况的解释。作为一种通俗的《老子》解释文本，本书在版本依据上并没有太多的考究，只是以最为通行的王弼注本为底本，间以河上公注本相参酌。

本书名为"现代语解"，是吸收了现代社会中的一些新名词、新观念来解说《老子》的。如第五章的解说中就用了"人类""自然界""生物""阶级"等在民国时期方才流行的语词。

而这种用新语词的解说方式，也使这本书的解说形式较之传统的注疏方式自由。如在对字词的训诂方面，极为平实易懂，而不是引证字书或经典。如第五章是这样解释"刍""狗"二字的："刍"是植物之小者，"狗"是动物之小者，都是明白如话，用现代之"植物""动物"分类法，分而释之。当然，著者也曾引用一些小学名著来解释一些疑难字句，如第七十九章中的"左契"

二字，他便引用了朱骏声《说文通训定声》的意见。这说明，著者是有不错的旧学基础，却不愿意用过于晦涩的语言来解读，这与著者坚持老子站在民众的立场上立言这一观点不无关系。

本书用"现代语"对《老子》做了全面的解释，是后代学者进行白话译解《老子》的重要参考书，如陈鼓应的《老子今注今译》、梁海明译注的《老子》都参考了本书。不过，本书却并不完全像《民国时期总书目》所说的那样"用白话文对《老子》一书逐句加以解释"，其中也夹杂着大量的文言语句；而这，应该是民国学者惯常的文字风格。因此，本书虽称作"现代语解"，但"现代语"却并不完全等同于白话文。（杨继承、姜守诚）

道德经贯解

《道德经贯解》，梁午峰著。西安：西北教育用品社，1944年版，系"整理国学丛书"之一种。

梁午峰（1894—1971），名俊章，字午峰，陕西渭南人。教育家、图书馆学家。对古史颇有兴趣，曾对蓝田公主岭进行过考察，直接推动了"蓝田人"的发现。主要著作有《论语贯读》《大学中庸新解》等。

本书以王弼注本为底本，章句则依河上公本，而略加改变。全书分上、下卷，12篇，84章。《道德经》本分为上、下篇，本书则改为上、下卷。不过，本书对旧章句最大的改变则是对篇章的重新划定。"上卷言道，申道之义也"，共分为六篇，分别为绪论、明道、修道、用道、道与王、道与名；"下卷言德，明道之用也"，也分为六篇，分别为绪论、申论、修己、用世、为德之要、结论。每篇又按照篇名所示主题，将几章文句归入其中，每章又有章名。如第一篇共三章，分别为：道名与玄、一切相对圣人无为、防有为之道。其余篇目下，都有两条及以上章句。由于著者按照自己对《道德经》的理解分别篇章，因此其章名、篇数都与河上公章句有很大的不同。

本书名为"贯解"，著者又以为《道德经》原文"层次分明，语语肯要，甚少错简、脱误"，因此在注释上并不讲究校勘、训诂，而只就《道德经》本文进行串讲。本书的"贯解"，有以名本章或某几句主旨的，如第四章"状道"第一句，即说明"此论道之体也"。又有随本文进行说解的，如第二章"一切相对圣人无为"的"作焉而不辞，生而不有，为而不恃，功成而弗居"一句，著者以为"作而不辞，生而不有，任自然也；为而不恃，功成弗居，行无事也"。而大量的说解，则是结合其对于哲学之理解所进行的。

此外，由于著者相信儒家与老子之学有着相通之处，如认为《中庸》"率性之谓道"，便与老子之旨趣相通。因此，本书的一个比较大的特点便是在"贯解"部分反复申说儒、道二家的相通之处。如对于第二章的"为而不恃"，就解释为与儒家的"毋意毋必""正其谊，不谋其利，明其道，不计其功"旨趣略同。这种融合儒、道思想的做法，是值得当代学者借鉴参考的。（杨继承、姜守诚）

道德经索隐

《道德经索隐》，陆本基辑订。北京：国家图书馆出版社，2018年12月第1版，系方勇主编《子藏·道家部·老子卷》之一种，据1944年抄本收录。

陆本基，号聚阳子，浙江湖州人。全真道龙门派道士。编订有《龙门正宗觉云本支道统薪传》。

据著者序跋，本书旨在于"辄思简注，便利后进"，"不敢言注疏"，故"名曰索隐"。坦言编写本书，惠其良多，并声称，天下"心术、学术、道术、治术，尽在此五千言中"。

本书以河上公本为宗，全书分上、下两卷，81章。每一句原文后面，另起一段加上注解。在有些章节原句注解之后，附有著者对该章节所作的整体性总结或反思。

本书语言以简单易懂而见长。著者常使用比喻、类比等手法，使文章显得通俗朴实；也引用其他经典，如《易经》《庄子》《清静经》等典籍之语句，佐证老子思想。例如在解释"致虚极章第十六"之"吾以观其复"一句，便引用了《易经》之"复"卦，帮助解释运动的循环往复意涵，借助自然界雷的运动，类比人身之内，丹田元气来复之理——所谓"群阴剥尽，一阳复生"。

著者肯定老子"身国同治"思想，重申"治身犹治国，心犹是君"主张，并以老子教伊尹修真学道为例，列举很多修行法门，如"调息""制魄""守中"等操持要领，循循善诱，劝导人们如何切实体道合真。

在诠释传承老子思想的同时，著者也做了创造性转化与功夫性发挥。如在注解"上善若水章第八"时，他认为"善"不作世俗道德之善恶意义上的"善"来讲，而是明确指出，"善而曰上，愚绎善为道"，应将本文译为"上道若水"，其中"道"乃修真学道之实修之道。在他看来，"水源自天，周行于地，与天地同生，水为五行之首，无物不赖其长养生成，是水亦道也"。其后，在"善行无辙迹章第二十七"，他同样将"善"译作"道"，形容有道者所为之事，"事事不离乎道，行不着相，无迹可寻"，亦即行道而不留印迹。

总之，本书结构均衡，条理清晰，语言朴实，简单易懂，便于指导实证实修。（曾勇、刘思贝）

老学辨正解

《老学辨正解》，李天然著。北京：国家图书馆出版社，2018年12月第1版，系方勇主编《子藏·道家部·老子卷》之一种，据1944年成都正学社本收录。

李天然，著有《辨正唯母论》《哲学方面的创造与研究》等。

本书封面书名下题"即道德经解"，为著者从道学及逻辑学角度对《道德经》一书之注解。

本书以王弼本《老子》为底本，但却不依照王弼本原有的篇章安排，而是根据《老子》原文的意义别成段落。著者基于胡适的研究，认为《老子》一书是老子随机而写的札记，本无篇章，所有篇章不过是后人妄加而已。

在具体的注释体例上，本书采取了随文注释的方式。每小段先列《老子》正文，注释文字则接续正文。在每一大段之后，则以按语的形式概括此段大意。

本书的注释内容，包括《老子》一书的字音、字义，也包括对《老子》文句的串讲与疏解。不过，本书并不太重视文字之训诂与音义，这与本书以道学、逻辑学的取向注释《老子》是相符合的，因此本书的注释大都采用疏解的方式。

本书最大的特点，在于大量总结《老子》一书中所包含的有辩证法含义的句子，几乎在每一段每一句都有出现。而这，正体现了著者认为《老子》

一书"没有一句是不贯彻有逻辑学的意义的"这一观点的具体执行，也与其所著《辨正唯母论》《辩证法的戾正》等书所体现的知识背景相一致。

在本书的跋语中，著者进一步总结《老子》一书为"四种区义"，即道、德、理、法。著者认为，古今注解《老子》一书者，多发明德、理二义，但对于《老子》中的道与法却毫末未及。此外，基于《老子》一书又称为"道德经"，既名之为"经"，则《老子》一书并不是一般意义上的哲书；由于老子被称为圣人，因此老子也不是一般意义上的哲人。基于此，著者对于一般学者只是把《老子》当作一部哲学书的看法，也颇为不满。

从学术史的角度而言，本书以辩证法解《老子》一书，是与以马克思主义为代表的西方哲学思潮的传入密切相关的，可以说是以辩证法研究《老子》的早期作品，在当时的老子学著作中确实是较为罕见的，无怪乎著者在自序中会担心读者对此书表现出某种"诧异"了。而以今日之眼光来看，这种以辩证法看待《老子》的方式，则是极为普遍的看法。（杨继承、姜守诚）

老子分释

《老子分释》，陈梦家著。北京：商务印书馆，1945年11月初版。另有北京：中华书局，2016年版，系《陈梦家著作集》之一种。

陈梦家（1911—1966），浙江上虞人。现代诗人、古文字学家、考古学家。早年是新月派著名诗人，后研治古文字、考古学，均卓有建树。其诗作主要收录在《梦家诗集》中，主要著作有《殷虚卜辞综述》《西周铜器断代》《尚书通论》《六国纪年》《中国文字学》等。

据著者自序，本书之撰作乃在1938年春夏之间。其时，著者所在的西南联合大学设在蒙自，由于学校的书籍未到，便试着用文字学的方法分解《老子》，撰写了一些有关《老子》的文章，后整理成本书。

本书名为"分释"，著者的具体思路便是用文字学的方法分解《老子》。刘固盛等著《近代中国老庄学》评价本书"由文字而义理，层层剖析，如抽丝剥茧，直达老子思想的核心"。具体而言，则是选取《老子》书中具有代表性的概念，分别加以诠释说明。

本书共分为22节，涉及《老子》书中的29个重要概念。包括：常，玄，玄牝，玄同，混，朴，顺，有无，母，道，德，始、主，不恃，名、争，言，天地、万物、天下，众甫，式、法、自然、象，气，命，和，中。

对于这些概念的诠释，著者采取一种颇具创造性的方法。首先，在释读每一个概念时，都是先从《老子》五千言中选取涉及这一概念的重要例句。在某些情形下，著者会先简单地介绍一下这一概念的意义，然后再列出例句。而当这些句子存在版本上的问题时，著者往往会直接在引文中加以注明。其次，是就这一概念进行文字学的解释。在运用文字学解释完这一字的概念之后，著者开始解释这一概念在《老子》这一书中的具体含义。正是通过这种"分释"的方法，著者将《老子》一书的重要概念一一进行了解释，这对于理解这些概念以及老子的思想，无疑具有重要的作用。《近代中国老庄学》指出："分而视之，每个概念的来龙去脉都十分清楚；合而观之，则老子思想的总体内容毕现。"

作为卓有成就的文字学家，著者运用其精湛的古文字知识，对《老子》一书中的重要概念进行了富有意义的研究。《近代中国老庄学》称："本书不但诠释方式具有创造性，在近代老庄学中独具一格，而且新见迭出，是一部才思俱佳的著作。"即便从今天的眼光来看，这一评价也是比较合理的。（杨继承、姜守诚）

老子通释

《老子通释》，张纯一著。上海：商务印书馆，1946年12月初版。另有台北：艺文印书馆，1972年版，系严灵峰辑《无求备斋老子集成续编》之一种，据商务印书馆初版影印；上海：上海科学技术文献出版社，2007年版，系"上海图书馆馆藏拂尘"之一种，2011年再版。

张纯一简介详见《评注老子菁华录》提要。

著者在自序中提到，读《老子》一书时，发现此书中如"不言之教，无为之益"多有能够与佛学相同者，因此有感于心，乃"即其学之本通于佛儒墨耶，而先哲未为之通者而尽通之，名曰《老子通释》"。因此，此书的主要目的，即是说明老子哲学与佛学之相通处。

本书第一部分为绪论，主要是说明老子学说的一些基本情况，讲述老子学说的渊源与流别。就老子学说的流别来说，著者的意见也与主流观点有别，认为"孔子、墨子、庄子，皆承老学之正传，体一而用异"。相反，对于著有《解老》《喻老》两篇文字的韩非子，著者反而认为他没有体悟到老子的真谛，从而将其摒弃于老子门外。

绪论之后，是本书的主体部分，即以"通释"的方式，分章节对《老子》一书的文本进行解说。第一至三十七章为上部分，第三十八至八十一章为下部分，即前为《道经》，后为《德经》。著者的"通释"参考了诸多前人诠释《老子》的文献，据前人统计大约有22种之多。

由于著者对胡适、蒋锡昌、马叙伦、奚侗等人从儒学或是西学角度理解《老子》十分不满，因此通篇都是对佛理的反复阐释和对佛经的反复引用。著者引用最多的佛典有《维摩诘经》《法华经》《金刚经》《圆觉经》，又引及诸多禅师的禅语。

以佛学诠释《老子》，是魏晋以来以老庄之言理解佛教，即"格义"传统的延续。很明显，在国难深重的民国时期，许多人对佛教救世抱有很高的期望。著者以佛解老的做法，其目的也正是挽救当时的世道人心，具有一定的积极意义，但以佛解老的做法，却多少会受到质疑。（杨继承、姜守诚）

道德经会通

《道德经会通》，黄维翰撰。北京：国家图书馆出版社，2018年12月第1版，系方勇主编《子藏·道家部·老子卷》之一种，据1948年樊川乐素洞石印本收录。

黄维翰（1886—1960），又名谦，字吉人、竹斋，晚号中南山人，又号诚中子，陕西西安人。中医内科和针灸学家。主要著作有《伤寒杂病论集注》《针灸经穴图考》《周易会通》等。

本书是著者关于老学的重要著述。他结合传统思想，对《道德经》81章进行了系统注释。本书取王弼本为正，参考葛玄、傅奕诸本，校其舛讹，补其脱佚，撷群哲之雅言，明道德之真宗，是继著者《周易会通》之后的又一本以"会通"为名的研究著作。

本书按照汉河上公作《老子章句》以来《道德经》的通俗顺序：前37章

《道经》为上卷，后44章《德经》为下卷写就。纵观全书，具有较为鲜明的特点。其一，各章原文末尾多注明所用文本依据情况：主要依照王弼本，根据具体情况多有校正。同时注明关键字的读音。其二，阐释文句旁征博引，既具有很强的学术价值，读起来又明白易懂。如第一章，先结合王弼、晏子、列子、河上公等多家之言，对其中"道""可道""名""徼""玄""门"等关键字进行重点解析，然后联通一气解读全章内容，在难懂处加入《阴符经》《庄子》《心经》《易经》《素问》等文句以及周敦颐等人的思想作为对照，展示《道德经》思想与其他思想之联系和相通。其三，有时以医家思想阐释《道德经》内涵。如第三章中"是以圣人之治，虚其心，实其腹，弱其志，强其骨"，就以医家思想展示出"心""腹""志""骨"的状态与"圣人之治"的关系。又如第十章"载营魄抱一"中"营魄"可解释为"营魂卫魄"，结合《素问》对"魂""魄"的解释，认为魂属阳而藏于主血之肝，魄属阴而藏于主气之肺，从而阴阳相资，互为其根。这是以肝肺之相互作用阐释《道德经》文句的思想内涵。

本书作为一部融会各家之言的老学著作，一方面是以广博的学识从多点解读《道德经》，另一方面以《道德经》贯通较为零散的知识，读来有一种酣畅之思的乐趣。著者作为一位中医学家，以医家的视角，重视各家思想的相互参照，其自成一体的解读使本书在民国时期的老学著作中颇具代表性。（包力维）

老子管见

《老子管见》，金其源撰。北京：国家图书馆出版社，2018年12月第1版，系方勇主编《子藏·道家部·老子卷》之一种，据1948年上海商务印书馆排印《读书管见》本收录。

金其源，字巨山，江苏宝山人。近代著名诗人、学者，南社成员。曾任江苏省议会议员等。主要著作有《诸子管见》《读书管见》等。

本书以王弼注、河上公章句、《诗大雅》、《说文解字》、《淮南子》、《尔雅》等注释为引，解读《老子》中关于"以万物为刍狗""宠辱若惊，贵大患若身""爱以身为天下""躁胜寒，静胜热，清净为天下正""直而不肆"等思想，以对典型思想的解读反映著者"存古学而阙疑"的写作方向。

具体解读中，主要结合学人注释，发掘其相似性，并以个人独特角度解读老子思想要旨。如释义老子"以万物为刍狗"思想，著者通过引用王弼释义以及《庄子》中颜渊与师金的对话，阐释这一思想的内涵实为刍狗已陈则无用。天地之于万物，圣人之于百姓，应时而变，亦犹是耳，故谓之不仁也。又如解读"躁胜寒，静胜热，清净为天下正"的思想，结合河上公章句、王弼注、《淮南子》《尔雅》的阐释，说明唯清静无为乃可常保自然而无偏胜，故清静为天下正。如讲述"直而不肆"的思想时，列举河上公章句、王弼注、《淮南子》相关论述，发掘这些论述何以与《老子》相关、相似，以此将"直而不肆"的内涵清晰呈现出来。

本书能够从经典中相关论述着手，对论述加以准确阐释，展示《老子》重要章句的思想要旨，透露著者个人观点。通篇语言简洁，论述合理，为学人研究提供有益参考。（包力维）

老子通考

《老子通考》，蒋伯潜撰。北京：国家图书馆出版社，2018年12月第1版，系方勇主编《子藏·道家部·老子卷》之一种，据1948年正中书局排印《诸子通考》本收录。

蒋伯潜（1892—1956），名起龙，又名尹耕，浙江富阳人。现代学者、教育家。多年从事教育工作，并于经学、文学、校雠目录学方面多有造诣，著述颇丰，主要著作有《经与经学》《校雠目录学纂要》《经学纂要》《诗与词》《骈文与散文》等。

《诸子通考》由著者在其先父遗著的基础上整理补编而成，分上、下两编。上编为诸子人物考，分别考论诸子人物，附以西汉诸子和历代诸子大事年表。下编为诸子著述考，分别考述各家著述，附《汉书·艺文志·诸子略》所录诸子十家之书目及现存诸子重要著述目录。

其中上编第七章老子，细致考据《史记·老庄申韩列传》中关于老子其人的记载。对"老子"之称、老子出生地、老子本名姓氏及官职、孔子问学于老子、老子出关的情况等进行文献梳理，通过深入文本解析展示历史真相。

下编第七章详细列举各家关于《老子》的著述，述说其名称由来，推断其如何形成，深入探析《老子》相关问题。

本书对老子本人及《老子》的考证和研究十分仔细，富有见地。特别是著者认识到"老子"为通称而非专名，《老子》为战国时人荟萃掇拾而成而非老子自著，这对当代老学研究具有重大参考价值。（包力维）

道德经儒诠

《道德经儒诠》，徐昂撰。北京：国家图书馆出版社，2018年12月第1版，系方勇主编《子藏·道家部·老子卷》之一种，据1949年翰墨林书局排印《徐氏全书》本收录。另有上海：复旦大学出版社，2019年版，系傅杰主编《近代学术集林：徐昂著作集》之一种。

徐昂（1877—1953），初字亦轩，易字益修，自号逸休，别署休复，江苏南通人。近代著名学者。尤善治经史小学，精通群经，并深得桐城方姚古文义法的精奥，但更求务实之学，致力于国学专著的撰述，为经义策论，后专研国文法、英文法，尤以易学、音韵学闻名。终身执教于乡邑，仅晚年短期任教于之江大学及无锡国学专科学校，是以声名不彰。一生勤于著述，留世著作极丰，主要收在《徐氏全书》，另有《徐昂诗文选》。

本书可视为以儒家思想解读《道德经》的代表之一。本书篇幅不长、分引言、诠释上、诠释下、绪论四部分。书中所引《道德经》以通行本为底本，但变乱次序章节，而以《道德经》相关范畴或命题聚为一节，后随文引以儒家经典之说展开注释或解读，阐发该节大意，往往引人击节而令读者深思。

在著者看来，儒家创始人孔子曾问礼于老子，尽管二人立学或有不同，二家为学互为屈伸异趣，但另一方面"儒道合一之处往往而见"，其义相发明，其旨不相戾。由是，著者认为"其本原固同也"，且举其同者为证，并他家之言足以相发者亦一并采入。但也应看到，著者在以儒释老时，偶尔也掺杂管子、韩非子等非儒之说以为旁证，其说并未完全恪守儒道一致之旨。（张韶宇）

古籍新编老子

　　《古籍新编老子》，郑麐撰。北京：国家图书馆出版社，2018年12月第1版，系方勇主编《子藏·道家邹·老子卷》之一种，据民国间中国学典馆排印本收录。

　　郑麐（1901—1977），字相衡，广东潮阳人。1925年受清华大学邀约，回国参与清华政治系的创建工作。1944年，辞去新华银行昆明分行经理一职后，经顾颉刚介绍，结识了我国著名文献学家杨家骆先生，此后近20年时间专注于先秦诸子典籍的整理和英译，由杨家骆先生编辑出版。在此期间，整理、翻译了《燕丹子汉英对照》《孙子兵法》《处世箴言中英对照》《中国古籍校读新论》《古籍新编四书》以及英译《道德经》。

　　本书主体内容分六部分：叙论、新编本《道德经》、河上公本《道德经》、王弼本《道德经》、通行本英译本、新编本英译本。叙论由杨家骆先生执笔，主要包括老子新传、先秦老学文献及《老子》书传本源流新说、新编述略等篇。新编本为著者所编，主要据高亨校本，又参考了历史上众多校本，将《道德经》正文重新分为14篇。（孟燕飞）

老子辨伪

　　《老子辨伪》，金兆梓撰。北京：国家图书馆出版社，2018年12月第1版，系方勇主编《子藏·道家部·老子卷》之一种，据1949年上海中华书局排印《芚厂治学类稿》本收录。

　　金兆梓（1889—1975），字子敦，号芚厂，浙江金华人。著名语言学家、文史学家、出版家。曾任浙江省立第七中学校长、北京高等师范学校教师。新中国成立后曾任中华书局上海编辑所主任、《辞海》编辑委员会委员、上海市文史馆馆长。所编《国文法之研究》为汉语语法最早论著之一。主要著作有《芚厂治学类稿》《实用国文修辞学》等。

　　本文原刊《学艺》第18卷第1号，是关于老学研究情况的较为全面的梳理和辩难。其综合考察《论语》《孟子》《庄子》《荀子》《韩非子》《吕氏春秋》等著作关于老学的论述，考证老学在先秦学术界中的地位和影响，判断老子其人及《老子》的大致成书时间。本书认为所谓老学、道家主要是汉代初年得到帝王家的帮助取墨家的地位而代之，以与儒家抗衡而形成的。

关于老子的身世，本书主要考察《史记》《吕氏春秋》等文献中关于老子其人其事的记载，判断一般所言老子（即老聃）是经过汉初黄老哲学装点过的，其传扬已久并深入人心的事迹多有杜撰成分。著者猜测因为汉代儒道之间竞争激烈，道家通过对老聃的人设再造，以及宣扬道家的创始人黄帝（因其为尧舜的祖宗），来压倒儒家先圣。甚至于，著者判断道德五千言系伪作。具体分析从两方面着手，一是道德五千言传授源流，二是《老子》成书年代考。一方面，通过王弼和河上公两个版本的对比，推断现存最古的版本是王弼本，而王本只是西汉古本的改订本，现行河上公本又是对王本的改订本；另一方面，通过对《老子》文本细节考察搜集到了较为充分的证据，发现其中包含了西汉才有的制度、术语、避讳等，从而达到辨伪的目的。

本书通过严谨而细致的考证、犀利而精彩的辩难、深具原创性和立场鲜明的观点表达，为我们展示出老子其人和《老子》成书的一种较为可靠的认识，即在西汉初年之前并没有一本道德五千言的小册子，而老子的诸多事迹是为特殊目的而建构的。这种考察和结论在民国时期是颇具代表性的，其研究角度也具原创性。只是，著者的一些结论也不能看作有决定性意义，如其并未给出因政治原因伪造《老子》的决定性证据，又如其通过对各《老子》版本的文本比对所得到的结论只是符合逻辑的猜想。这些还需后辈做进一步研究。（包力维）

《老子》读本

《〈老子〉读本》，谭正璧撰。北京：国家图书馆出版社，2018年12月第1版，系方勇主编《子藏·道家部·老子卷》之一种，据1949年上海中华书局排印《学生国学读本》本收录。

谭正璧（1901—1991），字仲圭，笔名谭雯、佩冰、璧厂、赵璧等，江苏嘉定人。1924年，编写《中国文学史大纲》，为其代表作之一。1954年任上海文艺联合出版社社外编审委员。其间编著《元曲六大家传略》《话本与古剧》等。1958年任华东师范大学古典小说戏曲研究生导师。是年编写《元代戏剧家关汉卿》。1979年，应聘上海市文史馆馆员，并被推为全国第四届文代会代表。1980年后，双目全瞽，然著述不辍，由女儿谭寻据其口述整理成稿的有《说唱文学文献集》《弹词叙录》《木鱼歌·潮州歌叙录》《曲通蠡测》《古本稀见小说汇考》《评弹通考》等。

本书前有序言，著者首先对《老子》之真伪、作者进行甄别，认为《老子》是"诸子中一部比较最真的书"；至于老子其人则依《史记·老子列传》之文为据展开稽考辩驳，且引胡适《中国哲学史大纲》等有关资料为依，考证老子生卒年月及其生平事迹，虽未为确论，然不失言之有据。其次，关于《老子》之成书、流通版本及研究注疏等情形，著者引顾实《汉书艺文志讲疏》为据，详述了《老子》一书文本变迁、古本与今本异同等；又对《老子》诸注本加以简论，认为除通行王弼、河上公、吴澄三种注本外，尚存《道藏》及其他古今注解或研究《老子》者等诸多本，且以诸本各有新解，颇值参考。第三，关于《老子》一书思想宗旨，著者一依旧说，认为《老子》归属道家，但又以《老子》并非道家创始者，而是"集大成者"，由是对《老子》有关"道""德""名""小国寡民"等范畴和命题展开阐释，认为老子思想以"道"为本体，以"返于道"为其作用；强调老子宗旨在于因顺自然，无为自化。最后，著者还对《老子》行文章法、语言韵律特点和文学特色等进行简要论述。

在正文中，著者以传世通行本81章《老子》本为据，逐章渐次展开注释，首列章次和正文，次及注释。在各章注释中分列序号，逐字或节注释大意，为文既简明扼要，又分析透彻，见地精辟；所论既有传统考据注疏家之遗则，言则有据，辞则达意，其中又不乏哲人之睿思，既强调老子形上哲学智慧，又注重经世致用的生活、教育、政治等哲学思想考量，而于道教及黄老、丹道养生等说则鲜及之。

本书立足于"学生国学读本"之本义，以启发学生国学兴趣和初解传统文化为宗旨，立意既朴实无华又用心良深；注释虽浅显易懂，要言不烦，然又新意迭出，可谓自成一家之说。然而由于时代、资料、版本等因素所限，著者在句读及注释时有些解释尚有待商榷处。（张韶宇）

道德经上经讲义

《道德经上经讲义》，宋育仁撰。北京：国家图书馆出版社，2018年12月第1版，系方勇主编《子藏·道家部·老子卷》之一种，据民国排印本收录。

宋育仁（1857—1931），字芸子，又字芸岩，号问琴阁主，晚号复庵、道复，四川富顺人。清光绪十二年（1886）进士。曾任四川国学会会长、四川通志局总纂。晚年编撰完成了《四川通志》初稿与《富顺县志》。其著作甚多，门人编为《问琴阁丛书》。

本书一大特色在于著者引用了不少佛教内容来解老。如在"体道第一"中说"真常即佛经大乘之真常，所谓真如"，在"成象第六"中说"此章因关通丹道而精理仍是佛乘"，在"虚无第二十三"中说"此乃微言，与佛乘所说业报之理，正复相印"等，佛教之语遍布全书。其又有引用儒家思想，来对比说明老子思想。如在"安民第三"中说"古之为治者，非以明民，将以愚之。此即释道家之旨，与孔门所述政治异"等。此外，书中所引经典广泛，道家道教有《庄子》《阴符经》《淮南子》《黄庭内景经》等，儒家有《易经》《诗经》《论语》《孟子》《大学》《中庸》《礼记》等，史家有《史记》等。另外，著者在文中还常说到丹道性理、丹道家所言，可见对丹道的了解。综上可见本书内容之丰富、著者思想之包容。（邱沛轩）

道德经正名

《道德经正名》，刘昶撰。北京：国家图书馆出版社，2018年12月第1版，系方勇主编《子藏·道家部·老子卷》之一种，据稿本收录。

刘昶，除了书中自署"汉川（今湖北孝感市下辖汉川市）刘昶"之外，未见其他任何有关消息。观书前插入之报刊日期，为1927年4月4日，则此书成书当晚于此。

书前收录其时报刊发表的有关老子的考证以及《老子》思想研究的文章，如署名为刘少少的《老子学系论》。著者开篇引杜甫《冬日洛城北谒玄元皇帝庙》一诗中的四句，于每句注释。其后抄罗敦曧《诸子总论》之"道家之流弊"，对老子及整个道教（包括道教）历史做了一个简要述评。其下一节为"道德分篇"，著者亦主张《道经》在前，《德经》在后。其后还有数篇论列老子其人其书事，依次为：古注与异本、老子传书后（实即《史记》有关老子传记内容之摘抄）、老子杂录、老子之后、议老等。著者或摘抄古书，或引录时文，然后附案著者己意。

注解形式概而言之可分为音韵、微古、释文等，每页抬头往往有一段"微言大义"引申之说。所谓"微古"者，实即文本校证。（屈燕飞）

《老子》古谊

《〈老子〉古谊》，叶瀚撰。北京：国家图书馆出版社，2018年12月第1版，系方勇主编《子藏·道家部·老子卷》之一种，据稿本收录。

叶瀚（1861—1936），字浩吾，浙江仁和（今杭州）人。研究领域很广，涉及国学和新学，有《中国美术史》《中国通史》《中国学术史长编》等传世，译著有《泰西教育史》《新撰亚细亚洲大地志》等。

本书分上、下两编，依据《史记》《庄子》《列子》《韩非子》《吕氏春秋》《淮南子》等资料，大要以魏晋之前或秦汉间老子学派分为黄老和老庄二派，强调黄老学派主旨在于虚无为本、因应变化、无为自化，老庄学派主旨则要在本无而深通、微妙难识、因任自然。故而，无为自化、清静自正为黄老学派之基本特质，自然无为则是老庄学派之根本宗义。以此为基准，著者在上、下两编中分别对两派学说之渊源、流派演绎、主旨异趣、代表人物等问题进行较为深入开挖，并依据二派之各自经典要著对通行本《道德经》文本进行逐节诠释。著者认为，黄老学派为实践哲学，崇尚清静自正，强调以清静治民，这种治国理念在汉初文景之际颇见成效。而老庄学派属于纯理哲学，其本归于老子，以自然无为为宗，后传多人，其宗义可见于《淮南子》《吕氏春秋》之中，至魏晋玄学也上承了老庄之义。总而言之，著者于本书中，条分缕析，详引博征，广论泛说，究同析异，论长议短，明其得失而成一家之言，可谓深造而自有得。（张韶宇）

《老子》学派考

《〈老子〉学派考》，叶瀚撰。北京：国家图书馆出版社，2018年12月第1版，系方勇主编《子藏·道家部·老子卷》之一种，据稿本收录。

叶瀚简介详见《〈老子〉古谊》提要。

本书立足于翔实资料和史记，以学述特质为基准，对早期《老子》学派展开详细辨析。依著者，《老子》学派要言之有三，即要本《老子》派，此派以庄子、列子、严君平、淮南子、司马季主、王弼等为代表，秦汉之际虽未大显，但至魏晋玄学大兴后是派得以闻世，其依据则引《汉书》《后汉书》《三国志》等为证；归本黄老派，此派以河上公、乐（毅）氏家族、盖公、陈平、申公、司马谈等为代表，其学源自远古黄帝，后世传承有序，宗义以清静无为自化为本，至汉初文帝等得以成就治世之术而盛行于世，且引《史记》等所载为证；第三家学派，实则即道教神仙家，以张陵、张鲁天师道（又谓"五斗米道"）、张角等太平道等为代表，且引《三国志》《晋书》等为证，认为该派源自《老子》，又潜行秘术，深信长生久视、白日升天诸说，旁及天文历算、男女合气之技。著者还于本书中另列《老子》古谊考、《老子》大义札记、《老子》师授渊源考等诸节，细述其传承谱系，并广引《庄子》《史记》《汉书》《韩非子》《国语》《吕氏春秋》《淮南子》等以为其说张目，认为诸派师自有承，虽说有稍异，要皆本诸《道德经》，以老子为师。此皆足为今日研习《老子》者法。（张韶宇）

老子解

《老子解》，卢彎机撰。北京：国家图书馆出版社，2018年12月第1版，系方勇主编《子藏·道家部·老子卷》之一种，据民国间稿本收录。

卢彎机，字允衡，广东新会人。主要著作有《老子笺》等。

据著者自序，本书约写成于1916年。本书所依底本为王弼《老子注》，唯不分卷，亦去篇名，章节以第一、第二标示。本书注释体例单一，随文注释。

关于本书注释的内容，如果我们单从文末序言看，似乎注重发挥《老子》

政治方面的内容。然仔细研读其注释内容，我们发现著者往往随文解释，并未形成一定之见。当然《老子》一书本身内容丰富多元，这是客观原因。如果从整体上看，或许可以把此书的注释内容归纳为三个方向：哲学的、政治的、宗教的。其中按通行本上篇内容主要阐释道教内丹理论，下篇主要涉及政治的、哲学的内容。政治方面，著者提出一个非常有见地的观点，即认为《老子》一书，"故道家至于老氏，其学可谓一大变也。考其为说，乃欲废除官长，破坏君制，以均天下之利，平天下之权，使吾民得遂其自然之生为本，求其致之而不获。故思先民之朴厚，咏叹而长言之"。其说颇有现代政治之意识，或与其时代有关。其哲学方面的训解，颇有独到之见，如对道与名的理解，哲学性较高。（屈燕飞）

老子校勘记

《老子校勘记》，蒋锡昌撰。北京：国家图书馆出版社，2018年12月第1版，系方勇主编《子藏·道家部·老子卷》之一种，据稿本收录。

蒋锡昌简介详见《老子校诂》提要。

本书所据文献资料十分丰富，包括《老子道德经》（常熟瞿氏铁琴铜剑楼藏宋刊本）、《颍滨先生道德经解》（明万历刊本）、《道德真经义解》（明刊《道藏》本）、《老子翼》（日本刊本）、《老子全解》（日本天保壬寅刊本）等老学研究的重要文献共数十部，详尽地记述校勘情况及诸多著者自己的老学研究成果。著者的很多观点具有很强的启发性，如他认为："《史记》谓《老子》著书上、下篇者，犹言著书上、下二册，非必《老子》原书有'上篇''下篇'之目也，《史记》又谓老子言道德之意五千余言者，此乃史公概括之言，非必老子特标'道德'二字以诏后世也。"（沈玉娇）

《老子》时代新考

《〈老子〉时代新考》，唐兰撰。北京：国家图书馆出版社，2018年12月第1版，系方勇主编《子藏·道家部·老子卷》之一种，据民国间排印本收录。

唐兰简介详见《老聃的姓名和时代考》提要。

本文原载于《学文月刊》1931年9月1卷4期。在文章结构上共分为七章。第一章为引言，阐明自己的研究方法，第二章考察《老子》一书的作者，第三章讨论老聃所处的时代，第四章讨论《老子》撰成的时代，第五章论述老子学说的构成，第六章分析老子学说的影响，第七章陈述结论。本书以考证《老子》一书产生的时代这一问题为中心，运用历史考据法，层层展开分析，逻辑清晰，论证严密。

著者认为，由《庄子·天下》篇与《韩非子》的内容可以推断，《老子》一书是记载老聃学说的语录。而据《曾子问》《庄子》等材料可知，老聃与孔子同处一时代是可能的，并且断定"司马迁是深信老子和孔子同时的"，因此老聃同孔子都是春秋时人。但据《老子》的用词和文体与《墨子》同可以推知，《老子》是后人撰集的，其形成时期比《论语》略晚，相当于《墨子》形成的时期，即战国早期。此外，《老子》一书所引用的旧说和所反映的社会，都在春秋末年至战国初年。老子学说的核心——"道"，继承了春秋时"道"的思想，又将其提升为"一切事物的总原则"，使其发展成一个系统。在老子学说的影响方面，著者认为，孔子已经受到老子学说的影响。最后指出，现今所见《老子》文本，并不只是老子的原文，也有"秦汉之后的黄老家或道家的话羼杂进去的"。

总而言之，本书运用考据学的方法，较为全面地考察了《老子》的文本和相关材料，得出《老子》一书的时代为战国早期的结论，言有所依，论有所据。（刘嘉欣）

老子通谊

《老子通谊》，李崇元撰。北京：国家图书馆出版社，2018年12月第1版，系方勇主编《子藏·道家部·老子卷》之一种，据民国油印本收录。另有北京：宗教文化出版社，2011年版，系熊铁基、陈红星主编《老子集成》之一种，据国家图书馆藏民国油印本点校。

李崇元（1901—1943），字续川，嘉应（今广东梅州）人。民国年间，曾任上海光华大学教授。主要著作有《清代古文述传》、《国学指归》（乙集）、

《私省斋文集》等。

本书共两卷，上、下卷依次对《老子》之《道经》《德经》进行阐释、论说。全书不明确分81章且没有出现完整的《老子》文本，而直接对《老子》进行连贯阐释。书中引用的《老子》文本，与宋范应元《老子道德经古本集注》近似度最高。

著者认为"道"具有普遍性，"何一而不有道在其中"。用"妙徼之故"来点明"道"的回归性运动。认为"道"具有无限性，"荒大不可穷也"。而"道"之用则是无为不争、居下守柔，"卑法地"。在阐释方法上，著者三教会通，援佛引儒，勾连《易》和诸子，或对老子之言进行论证；或批判老子之言；或对老子思想的误解进行辨析，如"故老子治天下之术与孔子殊矣。然遂谓其无当于用，则非也。须会其时而用之，乃可耳"。

著者不分章阐释，弥补了分章造成的章与章之间义理不相联系的阐释缺陷，使阐释有连贯性和整体性。而且他宽广的中国古典文化的诠释学视野，对《老子》的理解具有深刻性和批判性。（安虹宇）

评《老子今译》

《评〈老子今译〉》，胡子霖撰。北京：国家图书馆出版社，2018年12月第1版，系方勇主编《子藏·道家部·老子卷》之一种，据1956年稿本收录。

胡子霖（1892—1970），字需隆，四川大竹人。曾任四川大学教授。主要著作有《周易之新研究》《大学中庸精义》《庄子天下篇自述其学说九句之解释》等。

本书要在以评介辩驳任继愈先生早年所著《老子今译》为主轴，由是对《道德经》一书展开自己的观点和看法。在序言中，著者指出研究《老子》的有效方法是"以老解老"，反对以今揣古或断章取义或望文生义式解老。同时，著者认可老子是讲授内圣外王之道的大学问家，而不是神仙道教祖师，故而《道德经》之主旨即是教授君主治国的"君人南面之术"，而不是讲述长生成仙的。在"研究《老子》"一节中，著者依托"以老解老"的研究方法，广征博引，强调指出《道德经》一书虽在后世传承过程中出现错简杂入，传抄版本众多，但其整体思想体系严整，前后主旨一贯，内容结构严谨，逻辑条理明晰，确为老子一人所著。在"评《老子的哲学》"一节中，著者一方面指出任继愈先生《老子今译》中存在的一些断句、范畴解读、命题译文、思想解构等问题，另一方面又强调指出《老子》哲学思想体系前后衔接的一贯性，其核心在于"君人南面之术"治天下之大法即"无为"，认为老子哲学是朴素辩证唯物主义的。在"评《老子今译》"一节中，著者依托《老子今译》文本，先后提出40小节疑问，先引《老子》原文且标注章节，次则对应《老子今译》译文和解读，末则"霖按"进行详细辩驳。在此节，著者多视角、多维度、多层次对《老子今译》展开分析辩难，其中不乏精彩处。在著者看来，"（老子）不是道教教祖，不是讲长生延命的道士，而他是一位大学者"；《老子》的文句和思想都是贯通的，而不是前后抵牾的。如是诸等，著者多方征引求证，反复问难，以求《老子》本义。文末附录"评杨兴顺先生的道是气所构成说法"，著者指出杨氏以气解道之不确，并提出道是客观存在而唯物的观点。显然，著者以上所论不仅对研究《老子》一书意义重大，而且对今日研究西方诠释学乃至对中国传统经典诠释学的建构也有借鉴意义。（张韶宇）

老子译话

《老子译话》，杨柳桥著。北京：古籍出版社，1958年2月第1版，32开，63千字。

杨柳桥（1908—1993），河北河间人。曾任天津社会科学院哲学研究所研究员、中国哲学史学会顾问等。他致力中国哲学史研究，尤于先秦诸子及《周易》研究有精辟独到之见。主要著作有《庄子译诂》《荀子诂译》等。

本书分为引言、正文以及名为《老子的哲学是唯物主义的吗？》的附录。

本书的正文部分乃是对《老子》一书逐章逐句进行翻译，依照王弼本《老子》分为上、下两篇，81章。不过，由于著者认为现在的分章有很多不衔接的地方，已经不是《老子》的本来面目，因此也根据前人的意见，进行了一定的调整。本书的注释体例是将书分为左右两栏，左边录《老子》原文，右边则是著者的白话文翻译，然后再在每章的章末用尾注的方式对疑难字词、版本异同、核心概念进行注释。在字词与概念的解释上，著者利用了《经典释文》、王弼《老子注》等注疏，而版本校勘方面，则主要参考了蒋锡昌的

《老子校诂》、劳健的《老子古本考》以及北平研究院史学研究会的《古本道德经校刊》。

按照著者的想法，本书的注释方式是在训诂、语法、逻辑三方面都有严格的要求，他主张：要根据古字古义去领会古代语言，不能完全根据今字今义去领会古代语言；要合乎古代语法，不能勉强添字或减字甚至变更了语序去解释它；要贯穿一定的逻辑思想，在一句话里，甚至在全部书里，它的上下文义或思想系统要贯彻得下去。这种方法的提出，无疑对后人解释《老子》及古代经典有一定的参考意义。

本书的附录《老子的哲学是唯物主义的吗？》，原是著者1955年在《哲学研究》上发表过的论文，收入本书后有较多的修改。在这篇文章中，著者对老子哲学的实质进行了总体的研究。著者认为，老子哲学中尽管有许多自然的辩证法和朴素的唯物主义思想，但其中也有不少唯心主义的因素。

整体而言，本书语言简洁、通俗易懂，并且对老子哲学思想提出了实质性的探讨，可以说达到了引起百家争鸣的目的。（杨继承、姜守诚）

老子校释

《老子校释》，朱谦之撰。上海：龙门联合书局，1958年9月第1版，16开，288千字。另有北京：中华书局，1963年版；北京：中华书局，1984年版，系"新编诸子集成"之一种。

朱谦之（1899—1972），字情牵，福建福州人。曾留学日本，后在暨南大学、厦门大学、中山大学、北京大学任教，1964年起任中国科学院世界宗教研究所研究员。主要著作有《周易哲学》等。

本书以唐景龙二年（708）易州龙兴观《道德经》碑为底本，故卷首即录钱大昕等人为此碑文所作题跋。在序文中，著者认为，此碑文最佳，因此用作底本，与敦煌、遂州碑等本互相参校。本书的主体部分在于对《老子》文字、训诂、音韵三方面进行校释。每章章末，又设置"音韵"部分，对本章的押韵情况进行分析。每章最末对各本的字数、章名等进行统计。

在校释部分，著者在文字校勘方面多以严可均《铁桥金石跋》中《老子唐本考异》为主，同时参考了魏稼孙等人的成果。在训诂方面，则多参考王念孙等人的著作。在音韵方面，则以江晋三《老子韵读》为主，并参考姚文田、刘师培、高本汉等人有关声韵之说。如此遍采群说，本书自然能够在某些方面做出超越前人的成绩。

著者对声韵非常重视，因此附录部分首列《老子韵例》一篇，排比《老子》各章之韵，并考订《老子》韵例24则。

本书引证宏富，内容精深，因此在问世后得到了很高的评价。如马文熙等人在《古汉语知识辞典》中评价本书"裒取群解，略发指趣，去伪存真，在恢复《老子》古本之真方面做出了贡献"。又因为本书收入中华书局《新编诸子集成》这一丛书，因此传播极广，至今仍是学界研究《老子》的重要文本。（杨继承、姜守诚）

老子新绎

《老子新绎》，何鉴琮著。台北：人生出版社，1959年1月初版。

何鉴琮（1903—1983），又名敬群，号遁翁，江西清江（今樟树市）人。曾在香港新亚研究所讲授中国文学。主要著作有《楚辞精注》《庄子义绎》《诗学纂要》等。

著者在本书附记自述撰作本书之始末。起初，著者少时读王弼注未能释己所疑，但因家贫无藏书可解，及长，以经商为业，每至一地，遂添购各种书籍，并先后购置樟树镇天遁室、南昌花药草堂、无所不谈之室、长沙密陀僧室、广东大埔益智仁室用以贮书，其中，即购置《老子》注本、刊物50余种。抗战之初，连遭子侄病殁打击，遂阅《老子》以解忧。但益觉王注疑义，试图重注，计划待时局平稳，再回前揭诸多藏书处重作印证，并静候数年，俟世人新说问世而参酌订谬。但其藏书却因战事而遭焚毁殆尽，及至"二战"结束，又因各地商铺受创而加以修复，无暇注《老子》。1949年匆忙再渡香港，未及将书稿携出。至1955年，始因其子何健耕请问《老子》而以旧作序文之大意加以讲解，因友人刘太希见之，大受鼓励，遂继续注《老子》而成此书。

本书结构，由前言、上篇、下篇、后记组成，前言论述老、庄关系，说明道法自然之常理，揭示全书撰作凡例，即全书之绪论所在。上篇、下篇依次对《老子》上、下经之各章加以注释。后记则就近代解《老子》之诸说展开辨析，依次分为辟疑老子者之误、论尊老子者之凿、老子确有其人其书、如何研读老子之书及撰作此书始末之附记。著者在撰著本书时，间会将各章文意相连贯，如下篇最末论及"七十七章至八十章，亦皆以明治术者。损不足，补有余，治之方式，受垢受不祥，则自任以天下之重也。司契司彻，外善其邻，内和其民也。小国寡民，则无为之效也。此章则以终结著书之意也"。

总的来说，本书是一本能成一家之言的老学著作，著者对于当时过度抑老、尊老的观点，皆能博征文献而以中道立场展开辨证，且提出研读方法，有益于后学，可见其学术价值所在。（李建德）

老子新证

《老子新证》，于省吾撰。北京：中华书局，1962年8月第1版，32开，系《双剑誃诸子新证》之一种。另有上海：上海书店，1999年版；北京：中华书局，2009年版，系《于省吾著作集》之一种。

于省吾（1896—1984），字思泊，号双剑誃主人，辽宁海城人。早年为学以辞章为主，后潜心从事古文字学与古文献整理研究，是20世纪古文字与古史领域具有代表性的学者。主要著作有《双剑誃殷契骈枝》《双剑誃吉金文选》《商周金文录遗》等。

本文最早发表于《燕京学报》1936年第20期，共涉及《老子》一书的30多章，多是就某一章的某一句加以考证，也有针对两章中内容或用词相近的句子。具体体例为先列需要考证的章句，考证的具体内容则低《老子》本文一格。具体的考证部分，一般先列河上公、王弼之注文，然后再引群经、诸子及毕沅、洪颐煊、俞樾、孙诒让、纪昀等学者论及《老子》的著作加以考证辨析，涉及文字之校勘、字词之训释，兼及语句之解读，可谓翔实有据。

除了引用群经、诸子及前贤之校勘考证成果外，本书对新出金石碑拓、敦煌遗书、海外汉籍，也多有利用。著者以治甲骨、金文而名世，因此推崇罗振玉、何士骥二家之成果；而他自己的《老子》研究，也同样贯彻着注重考古成果的倾向。

在本书中，我们处处可以看到新材料的利用。比如对于敦煌遗书中《老子》写本的利用，除利用敦煌本《老子》外，又参证敦煌本之《左传》《毛诗》等古文献。对于金文的利用，如第十四章"是谓道纪"，著者认为"纪"本当作"已"，后人误"已"为"己"，后又改为"纪"，非《老子》之本文。这一结论的做出，除了利用景龙本《老子》作"已"这一异文外，还引金文"纪侯之纪通作己"作为证据。

由于本书对于新出材料的重视，因此才以"新证"为名。当时学者多以新出材料考证古代文献，做出了超越乾嘉学者的考证成绩，乃至于有以"新证派"称之者。本书自然可以算作其中的代表，反映了近人研治《老子》的成绩与新的进展。（杨继承、姜守诚）

老子探义

《老子探义》，王淮著。台北：台北商务印书馆，1969年1月初版。

王淮（1934—2009），字百谷，安徽合肥人。长期任教于台中中兴大学中文系，生前对外正式出版的著作仅有《老子探义》一书。

本书前有自序，之后依卷上、卷下分别列出《老子》81章原文，再分别引历代注家之说来注解各章，每章最后则以"案"来总结著者对此章之诠释，并发明其中义理。

本书在1969年出版后，几乎成为台湾地区当时哲学界及中文学界研究《老子》必读之重要著作，也是许多教授《老子》相关课程的大学老师所采用之教科书。美国威斯康星大学东方语言系和历史系终身教授周策纵先生即曾直接称赞："我查遍古今中外许多《道德经》的相关注释书，直看到王淮的这本《老子探义》，才终于能真正弄懂老子的思想观念。"而陈鼓应先生最早一版的《老子今注今译》及余培林先生《新译老子读本》，根据著者自道，因这两位先生均为其前后期学友，故均曾直接登门拜访现场笔记，或间接由唐亦男教授请教章句解释，依本书中所解析出的思想观念从事白话注释与参考翻译，而成为台湾地区最常见的两种《老子》白话今译本。

本书以浅近文言方式书写，主要收集前人之成果与结论，以"集释"方式务期"讲明章句"；又通过前人之成果与理解，尽可能采现代之思想与语言，重新解释《老子》之原文，并推演其观念至一可能之限度，以"疏解"方式务期"发明义理"，故为20世纪70年代台湾地区学术界对《老子》最深

度理解之代表作。总体而言，有关《老子》义理之深度与广度两方面之诠解，此书允为当时最透辟之作。（赖慧玲）

老子今注今译及评介

《老子今注今译及评介》，王云五主编，陈鼓应注译。台北：台北商务印书馆，1970年5月初版。另有北京：商务印书馆，1978年版。北京：人民出版社，1982年版；北京：中华书局，1984年、2003年、2015年、2016年、2017年、2019年版，名为《老子注译及评介》。

陈鼓应，1935年生，祖籍福建长汀。曾任台湾大学哲学系教授、北京大学哲学系客座教授、美国加州大学柏克莱校区研究员等职。2010年起，受聘为北京大学哲学系"人文讲座教授"。主要著作有《尼采新论》《老庄新论》《庄子今注今译》《黄帝四经今注今译》《易传与道家思想》等。

本书正文内容主要有五大结构：第一是原文，原文以王弼注本为主，再参照其他各古本进行校释；第二是注释，注释节选前人在老学上的精辟注解（著者在注释中参看了张默生《老子章句新释》与任继愈《老子今译》的见解，且本书修改版尚参考严灵峰《老子达解》的"语译"部分，尽量求译文的确当）；第三是今译，该部分基本上是依注释部分加以润饰，并以白话语译；第四是引述，该部分是著者精研后的思维引述；第五是评介，该部分是对各家有关老学古注之注解书目做出评介，通过古注了解历代注老解老的思想逻辑。

近之学者研究老子学说，多参考古本，尤以王弼本为多，再予注释、翻译及论述。又或于书中加入古人对《老子》的注释，以作引证。而本书在此方面更为精辟，不仅引用多部关于老学研究之古文著作，且深入核对与分析古人对老学研究的差异性。简而言之，本书对有心于研究老学之思想者，具有极高的参考价值。（熊品华）

老子河上公注斠理

《老子河上公注斠理》，郑成海著。台北：台北中华书局，1971年5月初版，精装。

郑成海，马来西亚华侨。曾执教于马来西亚南方学院等校。主要著作有《老子理想社会阐微》《漫谈易经》《文言虚字浅释》《说文通训定声索引》等。

本书以斠理《老子河上公章句》为主。《老子河上公章句》今存于世者，以宋建安虞氏家塾本为佳，但是书屡经传抄，残夺讹误，亦复不少，至如其他传本，残误之处，倍于虞氏家塾本；开卷茫然，几难卒读，尤为初学者所不能解。本书据虞氏家塾本，辅以《意林》《群书治要》《说郛》《老子通经考》等33种，除了斯坦因4681号（敦煌写本河上公注残卷）不及两页，与日本庆长间活字河上公注本校刻欠精，未加考校外，现存河上公诸本，几已网罗殆尽，搜罗之广，用力之勤，有足多者。

本书的学术贡献卓著，今后有欲研究《老子》河上公注等相关领域，于本书不能不稍加注意。（郭正宜）

老子斠证译释

《老子斠证译释》，张扬明编著。台北：维新书局，1973年11月初版。

张扬明（1912—2011），湖南醴陵人。1949年赴台湾，曾拜郑曼青为师学太极拳，为杨氏太极拳第五代传人。退役后专门从事老学之研究，也曾教授老子相关课程。主要著作有《老子考证》《老子验证》等。

本书是著者54岁由军中退役以后从事老学系列研究之第一本。他认为古今中外有关《老子》书的注疏翻译及译本论述已多达1600余种，但因流传之广而辗转抄印，至版本复杂，现存善本亦无一完全相同。故研究老子之学，必从斠证章句、阐释音义入手，否则亦无从得知经义旨要。所以著者以王弼本为主，而与河上公本、傅奕本、范应元本、景龙碑本、敦煌残卷等84种比较可靠的今存善本反复校雠；并参考《庄子》《文子》《韩非子》《淮南子》以次，直至近代各家的考据、见解及经史百家之说，而详加考证、力析疑似。其中音义则博采各家之长而加以引申分析，译释则兼重旨趣、阐发隐微，并逐章撮其要义、标明章旨。

本书结构分明，校雠精细，颇成一家之言。（赖慧玲）

老子"道"之研究

《老子"道"之研究》，林裕祥著。台北：嘉新水泥公司文化基金会，1976年4月版，系"嘉新水泥公司文化基金会丛书"之一种。

林裕祥，1999年硕士毕业于南华大学，硕士论文为《论老子哲学的生命智慧》。本书为嘉新水泥公司文化基金会择优赞助出版之学位论文，由知名学者吴经熊教授指导。全书以"道"作为老子哲学思想之中心基础，全面阐析老子"道"的本质与内涵，并厘清《老子》各章中所指"道"之不同意义，以求整体掌握老子"道"之内容。

本书共计九章。第一章绪论下分四节，依"道"思想之渊源、"道"哲学地位之重要、"道"字之预设、"道"与道家之关系以论述老子道家学说之渊源及其特性。

第二章下分七节，依"道"是宇宙本体、"道"是宇宙动力、"道"是宇宙法则、"道"法自然而常无为、"道"致虚极与守静笃、"道"阅众甫、"道"至大至小等篇章以阐析"道"之本质与特性。

第三章分析"道"字在《老子》各章中所指之意义，归纳而有四点：形上实存意义之道、人生政治法则之道、自然规律性之道与无为之道，分四节述之。

第四章则依唐君毅《中国哲学原论·原道篇》一书之见进一步阐析"道"之六义：虚理之道、实理之道、道相之道、同德之道、修德之道及其他生活之道、事物及心境人格状态之道。

第五章"道目"之归纳：《老子》全书之言"道"虽有歧义，然实有贯通之理，著者称"道目"以言"道"之全体大义，计分道始、道体、道理、道动、道用、道术与道效。

第六章"道"之主义：主义是一种思想、信仰与力量，"道"的思想博大精深，其用切实可行，著者归纳"道"之主义有八：革命（救世）主义、非兵主义、无我主义、无欲主义、平等主义、不争主义、科学主义、无为主义，凡此皆老子形上大道落实政治人生中具体可行之康庄大道。

第七章"道"之评价，意在为有关老子之负面误解，诸如退化史观、消极避世，不近人情、反智愚民、阴谋权术等，予以驳斥辩护，以呈现老子之积极正向意义，有其拨乱反正之功。

　　第八章则以道与儒、道与佛、道与禅、道与形上学、道与道教、道与文学乐画、道与朝政、道与民教等方面分述老子"道"思想在历史上文化上之影响。

　　第九章结论，著者直陈老子"道"的思想，虽寥之五千言，至今仍是人类文明、个人生命的一盏明灯。时至今日，老子思想依然有其重要的启发意义。（刘见成）

老子要义

　　《老子要义》，周绍贤著。台北：台北中华书局，1977年9月初版。

　　周绍贤简介详见《道家与神仙》提要。

　　本书为著者任教于政治大学期间所写，除书前自序外，全书分为前编及后编。其中前编主要论述老子考证、老子哲学等重点，阐明老子思想之内涵；后编则收著者原书法手稿之《道德经释义》全文，手稿中总述《道德经》每章大意，并有逐句解释。

　　本书前编之老子考证单元，主要考查老子之姓名、籍贯、出仕及官职、孔子问礼、归隐及出关、老子之书、后裔等重点；而老子哲学单元，则讨论了本体论、无为而无不为、相对论等思想内容。两单元虽合为本书之分析老学理论部分，但不能视为老子学说之全面研究。因著者较擅长考证，故对老子生平重点之查考较为翔实可信；但理论研究部分仅挑老学本体论、无为而无不为、相对论三个概念来叙说，且其论述方式并非哲学理路的论证分析，而更近于写作文章之组织发抒。故相形之下，后编之《道德经释义》全文部分，因直接根据原文注解释义，反是本书较值得参考的部分。尤其著者之小楷书写极工整优美，可作为书帖欣赏。（赖慧玲）

老子新诠

　　《老子新诠》，钟应梅著。台北：台湾学生书局，1977年10月再版（台初版），精装。

钟应梅（1908—1985），号蕊园，广东梅县人。曾执教于广东省立勷勤大学、中山大学等。主要著作有《文论》《易辞衍义》《周易简说》等。

著者古文造诣深厚，整本书内容采以文言方式诠解，非现代采用一般白话形态解释。全文内容非用一般之印刷字体，采用毛笔字体，无整句式翻译，是以个别方式分述解释。每段开头均为著者个人之诠释每段经句之义理，解释内容均以"诠曰"字作为开始，再加以古人或《老子》本身其他章句，引证《老子》主文，其自云："自汉以来，注《老子》者，或自囿于章句之末，或杂以神仙怪迂之说，盖去庄周、韩非远矣！余今为新诠，首以《老子》之言证《老子》，次则索解于庄周、韩非之书。"其证言亦融合现代物理科学之引证，如解释第四十二章之"道生一，一生二，二生三，三生万物。万物负阴而抱阳，冲气以为和"，其诠释为：万物负阴而抱阳，言万物皆各自有其相反相成之道。朱熹《易本义》序曰："易有太极，是生两仪。太极者，道也；两仪者，阴阳也。阴阳一道也，太极无极也。万物之生，负阴而抱阳，莫不有太极，莫不有两仪。"其理盖本于老子。今世原子之学大昌，而原子含阴性之电子与阳性之质子。中子虽无阴阳电，然一经变化，其产物如有电荷，则必具阴与阳，其中和之性固在。盖隐与老子所谓"负阴抱阳""冲气为和"者相若。

文中旁征博引，重新审析，并择庄周、韩非等精要互相印证，对于人生的体悟、万物的哲理，阐述鞭辟入里，句句精简明畅，汲取老子智慧精华，尤有其独特之见解，值得深入品味。（熊品华）

老子义疏注

《老子义疏注》，吴静宇撰述。高雄：台湾大众书局，1977年12月再版，精装。

本书疏注以《老子》河上公本与王弼本混合采用，不固执一家。全书共分四章，另有编后余记附录著者相关义理解析之文章七篇。

第一章老子考及我们研究《老子》之应有态度。著者对于老子之生年不作考证乃悬而不论，直取经义而为日常之用。然《老子》一书之用，若直取而用之便可通过清静无为而达于内圣外王之境；但若以曲致之，又可以通过心机算计而成为阴谋厚黑之人。故著者以为对于《老子》一书的研究态度应由直线而取其正面，不应由曲线歧出而沦为阴谋家，此有道者所不处也。

第二章经名解。道乃指道之强名，道乃宇宙万象之本体，德是道的表显，也是道的作用。就人之存在而言，道是核心本质，德是外在表显，由天而人所秉而有的先天本性是道，由人而事所展现的本然行为便是德。经者，路径也，亦有经常不变之义，可作"常道"解。故《道德经》经名之义乃指践行道德之路径，此亦是经常不变之律则，全经81章尽皆阐发道德之精义，为老子思想之旨要。

第三章道儒二家对道之名义比较。一般以为儒尚实践，道尚超俗。儒积极欲将道深入于寻常日用之间，如格致诚正之修身、修齐治平之功业。道则以复归婴儿之朴为宗旨，故处处与世俗不混同，淡泊虚静。然二者实是殊途同归，儒重理世亦不放弃超世之理想，道是超世的但亦不弃理世之权要。

第四章说本经，是本书之重点所在，依通行本81章随章逐句做出疏注。疏注体例为章旨、说经、摘要三项，各章相同。"章旨"精要概述该章宗旨；"说经"部分则随文逐句解析阐发义理；"摘要"则总体而系统地归结该章旨要，以条列方式呈现，并就其中重要概念做深入的分析与进一步的演绎发挥。本书各章另定章名，乃注者按该章章义所附加以彰显要旨，非原本所定。另于相关章节出以图表以助理解《老子》奥义。（刘见成）

王安石老子注辑本

《王安石老子注辑本》，[宋]王安石著，容肇祖辑。北京：中华书局，1979年5月第1版，32开，43千字。

王安石（1021—1086），字介甫，号半山，江西临川人。宋代著名文学家、思想家、政治家。王安石十分重视《老子》的思想价值，晁公武《郡斋读书志》说："介甫平生最喜《老子》，故解释最所致意。"然而王安石《老子注》却久佚，部分内容散见于金朝李霖《道德真经取善集》、南宋彭耜《道德真经集注》、元刘惟永《道德真经集义》、明焦竑《老子翼》等书中。

容肇祖（1897—1994），字元胎，广东东莞人。著名中国哲学史家、民俗学家。曾在厦门大学、中山大学、辅仁大学、北京大学等校任教。主要著作有《中国文学史大纲》《韩非子考证》《魏晋的自然主义》等。

在本书中，辑者交代了他汇辑王安石《老子注》的缘起、所参考的文献，并简要介绍了王安石的生平背景，较为集中而详细地考察了王安石在《老子注》中所表现的思想主张，认为王安石借由注释《老子》而表达了其"朴素唯物主义和辩证法观点"。

辑者按照传统的《老子》分章次序，汇编了王安石《老子注》条目，注明各条目的出处，并在相关地方进行了简单的校对工作，比较系统而全面地汇辑和呈现了王安石《老子注》的内容。

在文末，辑者附录了南宋詹大和所撰《王荆文公年谱》，以印证王安石的生平事迹。

目前所知，王安石《老子注》辑本有三种，除本书外，另有蒙文通《王介甫老子注佚文》，原载于四川省立图书馆1948年出版的《图书集刊》第8期，后收入成都巴蜀书社2001年出版的蒙文通《道书辑校十种》；严灵峰《辑王安石老子注》，收入台湾艺文印书馆1965年出版的《无求备斋老子集成初编》。三个辑本各具特色，均有一定的文献和学术价值。（张永宏）

道德经圣解

《道德经圣解》，萧天石著。台北：自由出版社，1979年7月初版，系"中华文化丛书"之一种。另有北京：华夏出版社，2007年8月版。

萧天石（1909—1986），号文山遁叟，又号天玄子，湖南邵阳人。新道学代表人物。著作除本书外，还有《大学中庸贯义》《道家养生学概要》等，又曾主编《今古楼全书》《道藏精华》及《中国子学名著集成》等。

本书分三卷，卷上为老子圣义阐微，卷中为《道德经》圣解，卷下为老子圣义阐微附参文。卷上内收：自序、老子新传、老子圣义阐微、《道德经》指玄——三宗与九观法要、老学与易学、老孔二圣法易之异同、黄老学与老学、老学与禅宗等篇；卷中《道德经》圣解正文，著者将81章原文均以"总阐""参证章旨"或再加上"分阐""继阐"等方式为每章命题标目，所采方式系河上公81章之分章法，伹未采其章名；卷下老子圣义阐微附参文，收东方哲学与老子哲学、老子评述举隅、老子评述纠谬、历代老子评述杂记等四篇文章。另简体字版在书后又附了卷后小启和萧天石先生学术年表。

在本书中，著者基本思想立场即认为《道德经》与易学、黄老学、禅宗等学问均有相通之处，故欲通大易与黄老为一家，又阐禅佛与老学为不二，且认为"老子道"与"禅佛教"乃通其分而为一，故行文遣词又可大而同之。整体说来，著者试图会通三教以得老子圣解，故书中少哲学式之论解辨析，而不断强调各教融通之观念，故研究方法可归属于以修道养生立场诠解老学之思路。而本书最有别于其他注老书籍之重点，特在其卷中之"参证章旨"，内将其所修炼过及寻真所曾得之许多上上乘道法与口诀，均以明言或旁指方式指点其中，用渡上上根人，故此书为有心修道寻访丹诀者，须精读以理解其如何指点实修功夫之老学注解书。（赖慧玲）

老子宋注丛残

《老子宋注丛残》，严灵峰辑校。台北：台湾学生书局，1979年7月初版。

严灵峰（1904—1999），又名明杰，福建福州人。著名学者。曾任台湾辅仁大学教授、台湾大学教授等职。著有《论语讲义》《道家四子新编》《马王堆帛书易经初步研究》《无求备斋学术新著》等书，主编有《书目类编》《无求备斋老子集成》《无求备斋庄子集成》等大型资料汇编。

本书辑校曹道冲、刘骥、朱熹、褚伯秀等12位宋人《老子》注之资料，每家注之前，均有辑校者所写简短的叙，之后列《老子》分章原文，各章句旁，再以小细明体字分列各家之注。

根据本书辑校者自序所述，目前所知宋代解《老子》者共有130多家，然因散佚、残缺种种缘故，今所存者仅剩36家。在此前辑校者所编的《无求备斋老子集成初编》中已收录王安石、程大昌、叶德辉等三家宋人《老子》注，《老子崇宁五注》中又收集临川王氏父子、陆佃、刘概、刘泾等五家宋人《老子》注之残篇，故《老子宋注丛残》一书再辑录12家，为其所辑校相关资料的第三本，可见到的宋人《老子》注共达20家之多。辑校者是从彭耜《集注》及《释文》、张氏《四家集注》、刘惟永和危大有的两家《集义》与李霖《道德经取善集》、焦竑《老子翼》等各书刺取遗文，雠校补苴，而辑录成此书，故属于研究宋代老学资料汇编类型的参考原典。此书可提供研究宋代老

学寻检相关资料之方便，又可借以窥见宋代老学研究之归趋与时代风气，故颇具参考价值。（赖慧玲）

老子注译

《老子注译》，高亨著，华钟彦校。郑州：河南人民出版社，1980年3月第1版，32开，120千字。另有北京：清华大学出版社，2010年版。

高亨简介详见《老子正诂》提要。

本书是著者在1974年完成的，全书分为五个部分：小序、关于老子的几个问题、《老子注译》卷上、《老子注译》卷下、校后记。

著者认为，老聃就是老阳子，孔子是否问学于老子已经不可考证，而《老子》一书为老子所著基本定论。这些看法都有文献根据。本书用的经文以王弼注本为底本，参校马王堆汉墓帛书本、河上公章句本等。每章原文后，先列注释，次列译文。注释中有文字校勘，则列出古版本出处。

著者国学功底深厚，博治经史子集，先后出版专著数十种，治学严谨，业务精深。在本书中，著者展现了强烈的批判性。如第一章的翻译："老子说：道之可以讲说的，就不是永远存在的道，如儒家所谓'道'便是，而我所谓的'道'（宇宙本体），是不可以讲说的，是永远存在的'常道'。名之可以根据实物的内容而予以名的，就不是永远存在的名，如儒家所谓'仁义'之名便是。"

著者不但批判儒家，也批判老子本身。例如第三章言"不尚贤，使民不争。不贵难得之货，使民不为盗"，著者基于政治判断，认为老子反对尚贤使能，反对人剥削人，要人民回归到原始的自然状态，其实质是复古倒退。即使谈老子对立统一的辩证思维，著者也是批判有加的，在阐释"信言不美，美言不信。善者不辩，辩者不善。知者不博，博者不知"时，著者指出，"言"的"信"与"美"、"善"与"辩"、"精"与"博"都是对立统一的，而老子在本章只看到对立，强调对立。

在特定的历史背景下，著者完成此书，书中所带有的批判色彩确实独树一帜。（张芳山）

老子笺

《老子笺》，王光前撰。高雄：前程出版社，1980年6月初版。

著者推崇老子所揭人性素朴、人人平等的和谐社会理想，亦深感《老子》书虽自古以来即受到重视，然老子的远大理想并没有得到相应的注意，因而产生一些偏颇的曲解误用。法家、兵家利用其术以制人，或为消极避世之人利用其术以养生成仙，大失老子法道自然无为，万物各安其所、各遂其生之冲和理想。为使一般读者于《老子》一书能明文达义，阐发思想，故有本书之作。

本书笺释以王弼注为底本，随其所分81章，先就重要文字训诂"笺释"之，再以白话"语译"之，以方便一般读者之阅读与理解。《老子》原是语录并无分章，从帛书《老子》不分章可得证明，著者随王注分81章以为笺释语译，亦不过是为了方便读者检索阅读罢了。

本书依各章先就经文予以笺释训诂以通共义、会其理，再辅以己心所体老子之意而加以白话语译，接引初学者登门入室，略窥堂奥。篇中笺释，所道皆有所本，博采众家，交相校诂，企得正解，以为白话语译，方便读者理解。

大体而言，本书笺释考证分明，语译文简意畅，有助于初学者领略老子思想之大要。（刘见成）

老子微旨例略·王弼注总辑

《老子微旨例略·王弼注总辑》，王志铭编。台北：东升出版事业有限公司，1980年10月初版。

王志铭，1961年生，台湾高雄人。台湾大学哲学研究所博士，现任淡江大学通识教育中心副教授。

根据编者自道，本书是1980年其就读于台湾大学哲学系二年级时收集资料所编。因当时牟宗三先生两度在台湾大学客座，故在全程听课后，也征得牟先生同意，将原收在《才性与玄理》（台湾学生书局1962年初版）第五章之《王弼之老学——王弼老子注疏解》全文编入本书中，以提供学人对《老子》

王弼注之整体认识与理解。

本书先有编者简短的自序、凡例、目录，之后正文基本上分为三个部分。第一部分影印自明《正统道藏》中王弼所著的《老子微旨例略》全文，文后附有三页引自严灵峰先生"无求备斋本"的《老子微旨例略校字》；第二部分则收录王弼注《老子道德经》上、下篇之全文，再以陶鸿庆《读老子札记》及严灵峰《老子王弼注勘误补正》二书之内容为根据，在王弼注每章之后一一加上二人校勘之内容、按语，编者也在极少数章句中，表达出对注释的不同理解；第三部分则放入牟宗三先生《王弼之老学——王弼老子注疏解》之全文五节及附录。

由于王弼注几乎可视为魏晋人对老子认识之最高代表，又因魏晋时期用语较晦涩艰深，王弼注亦是公认的难读，故本书编出后，经常有研究老子及王弼注之学者写作论文时作为参考用书。严格说来，本书应视为经严灵峰、陶鸿庆两位先生校勘考订过的《老子》王弼注资料之辑录，义理部分之诠释即是牟宗三先生将道家形上学解为"境界形态的形上学"之本来思路。（赖慧玲）

道德经发微

《道德经发微》，令尹耳著。台北：翰林出版社，1981年2月初版。

此乃著者于《道德经》发微之作。著者实有感于当时政局之纷乱多事，社会之扰攘不安，直陈《道德经》的帝道思想所彰显的道德修养乃从政者之所必要品格，否则纷乱无以化作清宁。政治乃管理众人之事，凡关涉众人之事者，宜有老子所指陈之道德修养，否则整个文明生活难望有圆满之发展。

本书以王弼注为底本，乃直接针对原文抛开诸注释家解义之羁绊，揭示老子帝道思想之玄思妙义。书分两大部分：《道德经》发微绪论、经文与发微。

第一部分《道德经》发微绪论。首揭王道、霸首之外的帝道之说，并论断老子《道德经》中所推衍的其实是一套帝道的思想，其精神遥接唐尧虞舜而来。著者引第十七章经文论述老百姓对于管理众人之事的统治者所持的反应，论断治道的优劣分为四个等级：一、"太上，下知有之"，此为老子所标举的"为无为，事无事，味无味"的帝道思想，"以百姓心为心"的"生而不有，为而不恃，长而不宰"，是最美好的政治；二、"其次，亲而誉之"，这是积极为人民谋福利的大有为政府，制礼作乐建立社会秩序，因而博得一般老百姓之美名称誉，是为王道之治；三、"其次，畏之"，统治者以权势制人用事，严刑峻法以遂己意，故人民畏之，是为霸道思想；四、"其次，侮之"，此霸道已沦为暴政又等而下之：政治型态，人民忍无可忍起而讨伐，是为"侮之"。老子推崇"下知有之"的无为政治，此帝道思想是"自知者明"的自明政治，其他三者皆为"不知常妄作为"的无明政治。

第二部分经文与发微。逐章随文阐发《老子》之微言大义，不拘泥古今众家之注解，直抒著者与《老子》经文印心之体认，皆显其对世道人心衰微败坏之深切关怀，彰显老子之帝道政治思想，依形上之天道智慧以安顿形下现实世间的纷扰，由此乃直陈《老子》一书应为从政者必读之书，作相应的道德修养，方可成就最美好的政局。此论虽不免有对老子思想价值高举过誉之嫌，然对当代扰攘不安的时局，仍有其重要的启发意义。"孔德之容，唯道是从"，而非"唯利是图"；"以百姓心为心"，而非"以权利欲为心"。（刘见成）

白话老子别裁

《白话老子别裁》，白光法师著，晨曦译。台北：武陵出版社，1982年8月初版。

白光法师（1926—2016），俗姓胡，名季林，四川新津人。曾任中国佛教协会咨议委员会副主席、中国佛学院副教务长等职。

著者之作本书实有感于现代人大多过于追求枝节的琐碎事物，反而忽略或遗忘根本而重要的真理，因而陷入生命的无边苦恼之中，深困尘网不得自由。著者以为老子是一个真正的自由人，其所揭橥之自然无为大道，是为吾人能够自由自在存活于天地之间的康庄之途，达到此境方显本真之生命存在。

著者长年浸淫《老子》经义之中，深有体悟，并有感于老子所提倡的生活方式乃当代文明之所需，故随取经文以己之体证阐发《老子》奥义，彰显其现代价值之启示。

本书分48讲，并未穷尽《老子》81章经文全盘予以解析阐述其义，共计讲解《老子》经文49章，自有新意，于现实社会有其启发意义。

著者于书中强调在老子言论中多有反语，所谓"正言若反"，故不可取其语言表意，否则易生曲解与错解，或只当作浅薄之常识解而失老子之微言大义，此提醒于深体《老子》奥义甚为重要，不可不察。

著者亦直陈，在研究老子思想的学者中，多有把老子视为消极主义者，实是一大误解。老子思想之究竟既非积极亦非消极，而是超越消极与积极之大道境界，是无对立分别的本真生命。呼应老子"上德不德""至誉无誉"之言，此解甚谛。

著者以"神"解"道"，虽著者于书中多有说明，其所称"神"之内涵大致而言实与"道"无异，然"神"之名称易使读者产生一些不当之联想，比知有位格之最高主宰，非"道"本有之义，不如回到老子"道可道，非常道"之强名为"道"，复其"道"家本色。（刘见成）

道德经释义

《道德经释义》，林雄著。台北：老古文化事业公司，1983年3月初版。

林雄，福建福州人。毕业于警官学校，历任刑警队长、警察局长，任内屡破重大刑案，功绩卓著，先后获颁"干城"勋章及警察奖章多座。

本书系基于修道者之立场，揭示老子之道落实于人生界时，正是人类思想行为的通路、途径、指标、方向、路线，诚为现实人生之所当从，"孔德之容，唯道是从"。若背道而驰则自遗身殃，故著者旨在以现代口语之方式复述老子古老金言，期以发挥警示世人、净化心灵、回悟前尘、长生久视之意义与价值。

本书依唐景龙二年（708）易州龙兴观《道德经》碑本校订，逐章释其经义，分经文、阐释、字义、校释。每章先引经文，再作义理阐释，字义部分则针对该章关键字词做出精要之定义，使读者更加精确掌握重要概念之意义，最后校释部分取景龙碑本为底本，并参校诸本加以考订，彰明经义。

老子论道有天道有人道，天道乃善利万物而不争、损有余以补不足的自然无为大道；人道乃人所行之道，既有孔德之容唯道是从的圣人之道，亦有背道而驰妄作凶的俗人之道。人生之正道即法道自然之道，即少私寡欲见素抱朴的知足知止之道。著者于各章所释义皆显老子去私欲以彰大公道心之意，直陈一种在生活中修道、在修道中生活的和谐人生。本书足为初学《老子》

者入道之津梁。（刘见成）

老子试读

《老子试读》，刘光弼撰。台北：台北商务印书馆，1983年12月初版。另有合肥：安徽人民出版社，2012年8月第1版。

刘光弼，1925年生，浙江兰溪人。历任报刊、期刊社长兼主笔，高校讲师、副教授、教授等。主要著作有《星光集》《东西方文化主流之融合及儒释道之比较》《基督信仰与中国文化》等。

本书章节内容依《老子》原有章节分81章节。每章节分三部分，第一部分为《老子》原文，第二部分为试读，著者直接逐句以白话翻译原文，第三部分为注释，针对原文难涩字汇加以补充解释。

著者以其现代文明人的生活体验，再经由其本身完全消化经文经句后，以最浅显易懂的白话语言阐述表达出老子思想，便于读者理解。

本书阅读方式可以依著者编著顺序，先看原文，次看试读之翻译，如从试读翻译中仍无法了解部分原文难涩字汇时，再看其注释内容。或是初学者完全未曾看过《老子》者，可先看著者试读部分，了解老子"道"的哲学思想后，再欣赏《老子》原文用词的美，最后再看著者的注释解译，融会贯通整个书本内容。

本书虽仅短短两百余页，却能采用现代人白话用语，详细讲述了老子哲学之精髓，如同一场精彩的老子哲学演讲，令读者印象深刻。（熊品华）

伦敦所藏敦煌老子写本残卷研究

《伦敦所藏敦煌老子写本残卷研究》，程南洲著。台北：文津出版社，1985年5月版。

程南洲，曾任教于多所中学及高校。其学术专长为经学、诸子学及诗学。主要著作有《东汉时代之春秋左氏学》等。

著者素来喜研老子，于斯坦因所得之敦煌《老子》写本残卷颇为喜爱，牧于暇时屡至"中央研究院"傅斯年图书馆手自抄录，以与王弼本、御注本、河上公本等相校，以探其异同，而撰作此书。

伦敦所藏敦煌《老子》写本，皆为残卷，共有15本。著者用以对校的版本为1920年浙江图书馆覆刻浙江书局本，此为王弼注本之最善者。伦敦所藏敦煌《老子》写本残卷，自第四章起至第八十一章皆有残存，第一至三章从缺，本书校正因此始自第四章。

本书还比对了多家版本之间的差异，并参考了包括马叙伦《老子校诂》、蒋锡昌《老子校诂》等前人著作及十种英伦《老子》残卷，交相比对，加以校正。（林翠凤）

老子浅释

《老子浅释》，陆元炽著。北京：北京古籍出版社，1987年2月第1版，32开，118千字，系"中国古代文化要览小丛书"之一种。

陆元炽，曾任人民出版社社长、总编辑。

著者自称，本书写作的目的旨在通俗浅显解说《老子》，让具有高中文化程度的读者，粗知这部中国古代文化名著的大意。基于这样的考虑，本书以中华书局1984年5月出版的陈鼓应《老子注译及评介》的《老子》校定本为依据，将各章要旨概要介绍，加上注释和解说，形成了一个比较通俗的读本。

在本书附录——关于老子讨论中若干不同意见的情况简介中，著者查阅了大量文献，就老子其人其书、老子阶级立场、老子哲学思想、老子社会政治思想及文化思想、老子思想局限性、老子研究方法等问题，对学术界的代表性看法予以介绍，有助于读者对《老子》一书形成的文化背景、思想内涵以及历史影响的了解。（张芳山）

老子诠证

《老子诠证》，李勉著。台北：东华书局股份有限公司，1987年4月初版。1987年10月2版。

李勉（1919—2015），家名李华表，字君勉，浙江缙云人。曾任教于台湾师范大学、成功大学、私立东海大学等多所高校。2005年起开始到北京大学、陕西师范大学、华东师范大学、浙江大学等校讲授宋词古唱。主要著作有《管子今注今译》《庄子总论及分篇评注》《诗经探义》《中国历代文学批评》等。

本书依王弼注本章句为序，著者强调其诠释原则乃"以老解老"，而非"以儒释老"或"以佛诠老"。句义注释之后，特附录严灵峰先生从《正统道藏·正一部·鼓字号》录出的《老子微旨例略》一篇，以为有助于老子真义之阐发。又列入张君房之《云笈七签·卷一总叙道德》一篇，以资参证。此二篇皆经严灵峰先生校勘，也收在其所编著的《经子丛著》第八册之中。此外，著者又论老子身世及其书，因老子身世扑朔迷离，其书亦颇多猜议者，故予分别辨证。又将后世发掘老子《道德经》之佚文予以补列，还附历代解老书目，以供世人参考。本书著者原考虑学严灵峰先生大胆改编《老子章句新编》之方式，使句与句间含义相属，易于会通，但最后仍老实训诂以诠释句义，采文献考证之研究方法完成此书。（赖慧玲）

老子释义

《老子释义》，卢育三著。天津：天津古籍出版社，1987年7月第1版，32开，292千字。

卢育三，1926年生，河南唐河人。天津社会科学院哲学研究所研究员，南开大学、河北大学兼职教授。

本书的《老子》校勘，以王弼本为底本，并参考河上公本等多种版本。其释义则"以老解老"，用《老子》文字和思想以及古代注本进行文句的解释。

著者虽言"以老解老"，但在释义过程中，展现了自身对于《老子》文句的理解。例如著者认为"道"可称为绝对精神，是一种整体思维，是"无有"的统一。又如著者认为"自然"这个概念是对无为的一种规定，也是无为的一种结果，说明道生万物没有意志，不待勉强，自然而然，对万物的存在不加干涉。

总体而言，本书对于《老子》文句多有考证，其释义则反映了著者对于《老子》及其相关注本的研判。读者可通过本书更加深入地理解《老子》的思

想与价值。（张芳山）

老子臆解

《老子臆解》，徐梵澄著。北京：中华书局，1988年3月第1版，32开，65千字。

徐梵澄（1909—2000），原名徐诗荃，梵澄为其笔名，晚年始用徐梵澄为通名，湖南长沙人。著名的哲学家、翻译家、印度学专家、书画家、诗人。曾任印度泰戈尔国际大学教授、中国社会科学院世界宗教研究所研究员等。主要著作有《孔学古微》《陆王学述》等。

本书正文由校诂文字和臆解义理两部分构成，而以后者为主。为什么取名《老子臆解》，著者这样解释："梵澄学殖浅薄，自愧读书不多。时值艰虞，遭家多难，自放于域外者，三十余年。以一九七九年归国，闻《老子》有帛书本，亟求得而读之，以惊以喜。遂就诸本斟酌，写成一定本，而亦未必定。越数年，以为说原文应是如此如彼，盖有其由，亦当说明之，遂就全部《老子》哲学为之解。文字既有拣择，句读稍异寻常，义理遂可批判。未肯全袭旧说，间亦稍出新裁，根据不丰，只名《臆解》。"

著者认为，对于宇宙本源问题，老子的意思不是不能说，而是根本无从晓得，因此不需要问。他没有一次说老氏学是"政治哲学"，而是说"精神哲学"，这个说法与他的学术传承有密切关系。他多次提到，《老子》一书为"侯王"而作，"侯王"就是"圣人"。《道经》首句中的"道"，在他看来，就是现世王者"化天下"之"道"。按著者的诠解也许可以断言，《老子》五千言的基本题旨或者说写作意图当是救济天下的政教之术。（张芳山）

老子秘义

《老子秘义》，黎子耀著。西安：三秦出版社，1989年1月第1版，32开，58千字。

黎子耀（1907—2005），湖南汉寿人。曾任教于浙江师范学院、杭州大学。

主要著作有《周易秘义》《周易导读》《论语秘义》等。

关于撰写本书的原因，著者是这样解释的：《老子》全书81章……其书章数取九之倍数，盖必有故。系据九畴而定，次序先后不可移易，否则失之毫厘谬以千里。历来注释《老子》者，皆未尝注意此事，可谓"明察秋毫而不见舆薪矣"。《易经》64卦，取八之倍数，《老子》81章，取九之倍数，两者之间，恐不能谓其毫无关系，这是值得研究的一个问题。《易经》《老子》俱道阴阳，则两书之间，自有其一脉相通之处。可知，著者是把两书联合起来对比理解的，这个是他的"创新之处"。为此，著者甚至从五行、八卦、阴阳等学说一一列举，互证互引。

本书体例为先列经文，次列"校"，再列"秘义"，而且，也不是完全按照《老子》一书的顺序注解，而是按照卦象理论把《老子》81章分解为各个卦，然后按卦象注解。著者认为，《老子》《易经》都有歌颂、鼓励奴婢起义的意思，只是不能明目张胆，只能使用隐语作为表达方式。"《老子》开宗明义以《易经》的坎卦描绘奴婢在阶级斗争中所处的战略地位，坎又名习坎，指其中安放弩机的陷阱。敌人来时，弩机一触即发，奴婢起义，被迫使然，犹如弩机之处于被动地位。"

本书最后还附录著者写的《〈史记·老子传〉辩证》。在此文中，著者再次指出"牝鸡司晨"是指奴婢起义，且认为"箭坚则毁之，箭锐则挫之。未言弓宽容于箭，不削于人，意即圣人宽容奴婢，可谓至极，博大真人乃月之隐语"。

当然也有不少学者对此解说持批判态度，认为还是应该遵照文本做文义解释，不能夸大解释，臆断解释。（张芳山）

老子《道德经》楚语考论

《老子〈道德经〉楚语考论》，李水海著。西安：陕西人民教育出版社，1990年1月第1版，32开，220千字。

李水海，1946年生，河南偃师人。曾任西安石油学院教师、江南大学副教授等职。主编《中国小说大辞典》（魏晋南北朝卷）、《世界伦理道德辞典》等，主要著作有《帛书老子校笺译评》《关尹其人暨〈大一生水〉研究》《老子新考论》等。

本书对老子《道德经》诸多古本中的"华""灵""泄""蹶""其"等51个楚国方言，一一进行考证，探索其起源、形成、演变，诠释《道德经》所用楚语和通语的异同，可谓别出心裁。

现存解老之作，唯朱谦之先生"特重楚方言"，然其所涉也不过十余个，而本书则对《道德经》古本所用楚方言进行了较为系统的考释。著者引据，也不是以多取胜，以繁示博，而是注意鉴别，重视剪裁，具有很强的说服力。

本书引证了大量切实有据的历史资料，对楚语形成、演变的地理因素、政治因素、社会风俗和古华夏吾本身发展变化的不平衡性等内外部条件，进行了精到的分析，并根据语言变化的规律，对《道德经》所用楚语与北方各地语言在语音、词汇、语法、吾义等方面的异同，做了深入研究，指出《道德经》所用楚语，在后世大多被统一为全国通语，这不但表现了汉语方言发展的历史必然性，也足以说明我们伟大祖国的民族文化是汇同全国各地各民族的贡献而融为一体。这些见解，无论对语言学研究，还是对民族文化研究，都极有价值。

本书对《道德经》所用楚语的解释，都服务于老子哲学思想和政治见解的阐发和研究。由于著者选取了从楚方言特定含义出发的新角度，在对老子思想的理解上也颇多创见。

本书不但在《道德经》楚语训释中创获颇多，而且对《道德经》的成书时代也提出新证。著者认为老子生活在春秋晚期，《道德经》一书至迟成书于春秋末年。

本书层次分明，熔校、训、注、解、译、释于一炉，汇辨析、说理于一书，充分表现了著者的研究功力和严谨学风。（张芳山）

老子新编校释

《老子新编校释》，王垶编释。沈阳：辽沈书社，1990年6月第1版，32开，350千字。

著者于前言指出："我认为老子'著书'之说不确。《老子》一书是随手写来，随时记录，东鳞西爪，汇集成册。因而就先天地存在着次序不顺、内容错乱的毛病。后人分的八十一章也好，七十二章、六十八章也好，都是按原来的顺序切割分段的，这就不可避免地保留了原有的缺陷，时而说东，时而说西，断断续续，条理不清。"基于此，著者一反前人对《老子》的编排次序，依明道、立德、喻理、善行、警世、治国、用兵、自述、残简等九类，重新予以编排，因为打乱了原有次序，故而书名标示为"新编"，倒也名副其实。

本书做了一些有益的工作，其中一点就是在正文之后，照录近十余年来公开出版的四种版本的《老子》原文。在此基础上，著者经过认真校勘，对36处错简，计563字做了增删和改动。此外，著者辑录历代名家名注，供读者参阅、比较。为了帮助读者理解，本书对辑录的资料加上按语，参照诸家之说，对关键性的30多个字，详加释解，提出新见。例如对"圣人被褐而怀玉"一句的解释，王弼说是"被褐者，同其尘。怀玉者，宝其真也。圣人之所以难知，以其同尘而不殊，怀玉而不渝，故难知而为贵也"。高亨认为是"求无人知，且以免祸"。本书著者则认为老子既不是"求无人知，且以免祸"，也不是"同其尘"，"宝其真"，"难知而为贵"，而是希望为人所知，"而人莫之能知"，因而慨叹"知我者希，则我贵矣"。这种解释，可谓独辟蹊径，让人看到了坦率、真诚、苦闷、怅惘、有血有肉的老子形象。（张芳山）

老子衍今译

《老子衍今译》，李申译注。成都：巴蜀书社，1990年6月第1版，32开，140千字，系"中国古代哲学名著今译丛书"之一种。

李申简介详见《道教洞天福地》提要。

《老子衍》是明末清初哲学家王夫之所著。顾名思义，《老子衍》，就是顺着老子的思维逻辑，把老子思想展开，使它发展，贯彻到底，看能得出什么结果。王夫之《老子衍》自序称：进入老子营垒，掌握其所有，暴露其根据，从而发现他的缺点。基于这种目的，《老子衍》的行文，表面上看似乎只是在阐发、说明老子的思想，但实际上几乎时时处处都渗透了王夫之对老子的批判，寄寓着王夫之对老子哲学的褒贬。

为了让人读懂《老子衍》，此前有王孝鱼撰《老子衍疏证》，著者在此基础上写作本书。

本书分为四部分：《老子衍》今译序、《老子衍》自序、《老子衍》今译、《老子衍》原文。其主体部分先列出王夫之原文，续以著者的解读。由于王夫之原文是对《老子》的解读及批注，本书便是对《老子》解读的再次解读。

本书对王夫之的思想把握比较准确，对其思想脉络、理论逻辑的发展都有合乎语境的理解。但著者的其些主观判断仍值得商榷。（张芳山）

老子译注

《老子译注》，冯达甫译注。上海：上海古籍出版社，1991年5月第1版，32开，152千字。

冯达甫（1909—1997），一作达福，自号绥之，四川广安人。退休前是广安第一中学语文老师。退休后，专注于老子研究，本书系其多年努力的成果。

著者指出：溯自韩非《解老》《喻老》以来，历代《老子》注家之众，几比于儒家《论语》。而各代政治气氛不同，汉初尚黄老之学，崇"无为"而治，后汉唯"思老氏之玄虚"，魏晋则大扇玄风，老子"玄之又玄"的真谛，谈得真玄之又玄了。往后，老子哲学的性质是唯心的还是唯物的，以从言之异路，则代有殊见，迄至今日，仍无定论。今天，有初持唯物主义转又以唯心主义论老氏者；有说老子的形而上学的性质是混杂的；有说老子是第一个提出神秘主义的直觉主义者；也有人把老氏学说全部肢解，把《老子》书全部改编的。

著者认为：排除一切争论，直截玩索原书旨趣，其对宇宙万物的探原，对人世纷繁问题的指向，《老子》的第二十五章里揭出了"人法地，地法天，天法道，道法自然"这一条贯串着天地人的大法则。只要理解这一法则，结合实际问题印证，全书就未必难读了。因为老氏对待一切事物，总是告诉人要明了它们发展变化的规律。认识了事物的发展规律，循其规律行事，就合乎"道"，便没有办不了的事，可以"没身不殆"。否则"不道早已"，食恶果是咎由自取。这是全书主旨，是读此书始终必须在意的。

有感于1949年以来解老者学科壁垒森严的情况，本书著者希望能够从比较广阔的视野来诠释老子思想。他认为，自新中国成立以来，从事哲学研究的很少涉及文学，而从事文学研究的也很少涉及哲学。本书则属于边缘交叉学科研究，把哲学与文学结合起来进行探索，因而能够发现一些新的问题，提出一些新的观点。著者看到，历史上大多数著名的道家学者本身就具有很高的文学修养，而许多著名的文人也信奉道家思想。因此厘清道家与文学的关系，不仅有利于深入研究道家和确定道家在文化史上的地位，也有利于进一步理解文人的思想、生活和厘清文学发展的脉络，对道家研究和文学研究都具有重要意义。正是基于这样的认识，本书以河上公和王弼的注释为蓝本，加上著者的理解构成了译文，其解读注重文学性表达，有其独到之处。（张芳山）

帛书老子校注析

《帛书老子校注析》，黄钊著。台北：台湾学生书局，1991年10月初版。

黄钊简介详见《道家思想史纲》提要。

本书概括帛书《老子》的珍贵处有三：一、帛书《老子》有助于恢复原本《老子》的完整体系，二、帛书《老子》有助于订正今本《老子》字句的讹误，三、帛书《老子》有助于全面评价《老子》的思想。

帛书《老子》并非《老子》原本，它只是众多抄本中的一种手抄本，著者归纳其不足之处有四：一是脱烂之处需要校补，二是同音假借字需要训释，三是衍字漏字需要删增，四是错别字需要纠正。基于以上，因此需要参阅今本，对之加以校勘。

历来研治《老子》的学者，大多以校订本文为首要之务。本书校正文以马王堆汉墓帛书《老子》甲、乙本为底本，主要参阅河上公本、王弼本、傅奕本等流行较广的诸本，也适当参阅其他有关版本，校文在力求保存帛书风格的前提下，择善从之。

帛书《老子》甲、乙本均不分章，为研究方便，本书仍按81章之次序，分章进行校注及简析。校注采用分段的方法，一般是先校后注或校中夹注。简析部分注重剖析《老子》的哲学思想，意在从微观上揭示其思想内容，从宏观上把握其基本精神。校注及简析均吸收了古今注家的研究成果，包括许抗生、张松如、陈鼓应等学者的论述精华。

帛书《老子》甲、乙本上篇为《德经》，下篇为《道经》，与今本相异。著者认为应是《道经》在前，《德经》在后，既符合《老子》"道生德"的思想，也符合古往今来人们称老子学派为"道德家"的历史传统，不应该轻易改移。故本书仍依今本惯例，将《道经》列为上篇，《德经》列为下篇。

本书从文献的史源考订入手，资料收集之齐备、文字校正之谨严、词语诠释之细密、义理阐说之精微，以及善取众家之长的宽容态度，均有其独到之处。（林翠凤）

《老子》研读须知

《〈老子〉研读须知》，严灵峰著。台北：正中书局，1992年4月初版，系"文史哲丛书"之一种。

严灵峰简介详见《老子宋注丛残》提要。

本书分为上、中、下三卷。上卷为研读《老子》的基本知识和步骤，透过文献学的校勘（又析为避讳、讹字、脱文、衍文、通用、假字等16种类型）、错简（本文、注文错简以及注文混入正文、正文混入注文等4种）、考证老子其人其书、义理学（注疏、集注、辑佚等）、重要参考书目（本文、校理、考异、音义、索引等项）、诸子学、小学等视角立论；中卷为老子学说简介，介绍老学的道论、道的自化与规律性、视"德"为"道"之显现与作用、人生观、治国之理、用兵原则、知识论、正言若反、无为观等重要思想；下卷附录研究《老子》的基本资料，收录帛书《老子》、唐代写经碑、敦煌写卷及著者之《老子章句新编》，另附《老子哲学中若干重要问题》《老子书中的"天道""人道"和"圣人之道"》《老子思想对孙子兵法的影响》《老子"正言若反"的逻辑及其历史渊源》《老子的知识论》《老子主张"寡欲"是对人类"好生"的肯定》《先秦道家哲学中的科学影子》《易经和道家中之"相反相成"原理》8篇老学论文。

本书为著者89岁所著。通观全书，著者在多种研究方法的基础上，提出初学《老子》者应理解的基本知识，并使其得以对老子重要学说思想有所认识，进而以出土文献、今人专论相搭配，具有极丰富、扎实的内涵，堪称当代老学著作中，不可多得的一种。（李建德）

老子全译

《老子全译》，任继愈译注。成都：巴蜀书社，1992年6月第1版，32开，120千字，系"中国古代哲学名著全译丛书"之一种。

任继愈简介详见《中国道教史》提要。

著者早在1956年便有《老子新译》问世，本书乃是在"新译"基础上进一步扩展而成的。

著者指出，"道"是天地万物的本源，老子就是较早从哲学方面有意识地、明确地否认天帝的思想家。老子在《周易》的基础上，进一步阐明"道"是天地万物的本源。老子的"天道自然观"，在当时有很大的进步意义，它打倒了宗教的天帝，否认了鬼神的威灵。当然，老子的"道论"刚从传统的宗教解放出来，还未能完全摆脱宗教的影响；他的自然决定论，使人完全听命于自然，轻视了人对自然界的反作用，后来有的哲学家把它发展为定命论，危害颇大。

著者认为，老子的"道论"，基本上可概括为"天道自然观"。所以老子的人生哲学和政治哲学基本上是人当法道，顺其自然。至于如何治理国家呢？他认为最好是采取"无为而治"的办法，让人民去过自由自在的生活，用无所作为听其自然发展的办法，来达到治理好国家的目的。在老子看来，人类社会不要"圣智""仁义""巧利"，国家就大治了。这三种东西不足以治国，最好的办法是，使人们着意于"朴素"，少有"私欲"，不求知识，就可以没有忧患了。

在概括了老子的主要思想之后，著者批评老子的社会历史观是不现实的，认为老子为了反对当时的剥削制度，从而反对一切社会制度。为了反对剥削阶级的文化，从而反对一切文化。为了反对欺诈，从而反对一切知识。这是他消极的一面。老子以为只有抛弃了智慧，人民才有百倍的利益，只有抛弃了文化学问，才能免于忧虑，这种"愚民政策"，也被后世的统治阶级所利用。

著者还指出，老子初步意识到量的积累可以引起质的变化。他说过，大树是由细小的萌芽产生的；九层的高台，是由一堆泥土筑起的；千里的远行，必须从脚下的第一步开始。当然，老子的自然辩证观是直观的、原始的、朴素的，缺乏科学论证。尽管如此，《老子》一书中的这些光辉的思想火花，是很值得我们珍视的一份历史遗产。（张芳山）

老子指归全译

《老子指归全译》，王德有译注。成都：巴蜀书社，1992年7月第1版，32开，224千字，系"中国古代哲学名著全译丛书"之一种。

王德有，1944年生。中国大百科全书出版社原副总编辑、编审。主要著作有《老子智慧：知白守黑的无为人生》《列子御风：无拘无束的自在人生》《庄子神游：退隐不争的生命哲学》等。

本书由张岱年先生作序，略述《老子指归》著者、年代及其思想。在自序中，著者主要从"由无生有的宇宙演化论""以无为本的本体论""万物自生自化"等三个角度来考察和分析严遵《老子指归》的思想内容。随后对目前仅存七卷的严遵《老子指归》进行了白话翻译，并全录原文，且予以字词性注释。在附录中收有历代古籍文献关于严遵生平事迹的记载、书目著录、历代学者之序跋提要。（张永宏）

道德经注解

《道德经注解》，震阳子撰。大连：大连出版社，1993年5月第1版，32开，230千字。

震阳子（1908—2002），原名曹信义，河北肃宁人。白云观道长。曾任中国道教协会理事会理事。

本书注解体例主要有：经文、字解、章解、演说。经文遵循传统的81章编排；字解主要是针对经文中的难字进行注释；章解是著者对于经文的理解；在演说中，著者结合出家经历以及自己对道家、道教思想的理解，来谈他对《道德经》的领悟和认识。

关于《道德经》的思想主旨问题，著者将之总结为一个"中"字。他说：

"予谓头一个道字，就是先天无极大道，生天生地之母。这个母亲，就是中。中也者，乃天地之母，是人之正中，不偏不倚，人之大本，也就是天地之大本。""无极就是中，中内含着阴阳为中。"由"中"引出了虚空的理念，于是他又说："五千字字珠，识破色空是我徒。万物芸芸谁为主，往来二气系荣枯。"著者以七言诗的形式来解说《道德经》的思想内涵，这与元代道门的许多解经法度颇为类似。

如何评估《道德经》的价值？著者云：道德五千真言，涉及面广，大无不包，细无不含。东训尼父，西化金仙。百王取则，累圣攸传，道非常道，玄之又玄。数千年来，一直是中外专家哲学研究的重要课题。这个评述基本上是合乎历史情形的。

著者自谓研习《道德经》一辈子，并且身体力行于道家道教的宣传、推广。他的解说体现了一个道教信仰者对《道德经》的热爱、推崇，甚至神化。对教外的人士而言，这似乎不可思议，但就教门来说却是遵循传统的表现。（张芳山）

老子道德经河上公章句

《老子道德经河上公章句》，王卡点校。北京：中华书局，1993年8月第1版，32开，207千字，系"道教典籍选刊"之一种。

王卡简介详见《道教史话》提要。

本书前言中，就河上公章句的著者与年代、主要思想内容、传世版本等进行了考察和说明，认为河上公章句乃是"后汉桓帝或灵帝时黄老学者伪托战国时河上丈人所作"，"其主要内容是以汉代流行的黄老学派无为治国、清静养生的观点解释《老子》经文"。

本书以《四部丛刊》影印宋本为底本，参校敦煌唐写本、《道藏》诸本、《天禄琳琅丛书》影宋本及其他唐宋典籍中摘录或引述之河上公注文，以"校勘记"的形式进行点校，具有重要的学术价值。

附录部分录有河上公章句佚文、《老子道德经序诀》及河上公章句版本提要等，具有一定史料价值。（张永宏）

新译老子解义

《新译老子解义》，吴怡著。台北：三民书局股份有限公司，1994年2月初版。2008年5月再版，系"古籍今注新译丛书：哲学类"之一种。

吴怡，1939年生，祖籍浙江青田，生于浙江嘉兴。现任美国加州整体学研究学院亚洲比较研究所教授及哲学系主任。主要著作有《禅与老庄》《中庸诚的哲学》《哲学演讲录》《公案禅语》等。

本书正文即分列《老子》81章原文，每章均以《老子》同一章句之关键字为标题，以方便检寻；又81章原文均加上注音符号，以便于初学者阅读；且每一章后面，均附白话之"语译"及详细的"解义"以说明义理。

本书认为与《老子》书相关的注解与著述之书籍颇多，虽为后人之丰富资产，但其中纷纭复杂的考证和妙绝言诠的玄谈，往往易使初学者望而却步。且许多注解《老子》的学者，在遇到字句难解或字义模糊时，又常常以改字或改句的方法，来达到所谓合理的解释目的。如此原文诠释似乎变得通顺，但又可能陷入另一种曲解的陷阱。因此本书不轻易改动《老子》书之原有字句，且跳脱一般古籍的注释形式，以直接的白话语译和丰富的解义，透过不断自问的方式，将问题一层层地剥开，且试图通过老子的提示，来思考及面对现代人的各种问题。因著者擅于哲学理路之分析，并不另从事精确的考证及章句的注解，故读者阅读时虽可整体把握每章义理，但若哲学思路完全不同者，也可能对其解义产生歧义。又其哲学的论证分析，在许多新出土资料发现后，势必会影响原文之诠解。故此书较适合不擅哲思或文言文阅读能力不佳之初学者阅读。（赖慧玲）

老学新探——老子与华夏文明

《老学新探——老子与华夏文明》，杨炳安、吴士英、宋育文、王崇献主编。郑州：中州古籍出版社，1994年3月第1版，32开，415千字。

杨炳安，1925年生，河南南阳人。主要著作有《〈孙子〉会笺》《善的启示：中国古代名人道德轶事》《政治伦理学》等。

吴士英，1935年生，河南荥阳人。撰写、主编、参与主编的书籍有《中州古代思想家》《中州古今科教文化名人》《北宋哲学史》等。

本书正文分上、下两卷。上卷《老子新诠》，着重对81章做了新的诠释。下卷《老子新论》，阐述了关于老子哲学的各方面的问题，总共涉及14个论题，如：老子的领导决策思想及其时代价值、老子的政治思想及其影响、老子师法自然的管理思想、老子的社会历史观、老子与中国哲学等。而这些问题，皆是老子研究极为重要的问题。其论述虽深浅不一，但都各具新意。例如，对于老子师法自然的管理思想，即从多个方面予以了探讨，分别论述了老子尊重自然、师法自然的管理原则，把握自然、师法自然的管理策略，顺应自然、师法自然的管理方法，归属自然、师法自然的管理要求。

张岱年为本书作序，即肯定此书，指出："魏晋以来，关于《老子》的注解甚多，近代学者参考西方古代哲学思想，从哲学史的观点对于《老子》进行诠释，达到了新的理论高度。河南省是老子的故乡，最近河南省的学者对老子进行了新的探索，杨炳安同志等撰写了《老子新探》一书，对于前人研究的成就做了一次总结，提出了一些新的见解。"并称赞："此书内容丰富，探赜索隐，辨惑显真，可谓老学研究的新成就。"（江峰）

帛书老子校注

《帛书老子校注》，高明撰。北京：中华书局，1996年5月第1版，32开，272千字，系"新编诸子集成"之一种。

高明（1926—2018），字诚之，天津人。曾任中国古文字研究会理事、中国殷商文化学会理事、中国文字博物馆专家委员会委员、中国秦文研究会学术顾问。主要著作有《中国古文字学通论》《古文字类编》《古陶文汇编》《高明论著选集》等。

本书选用王弼本作为勘校帛书《老子》甲、乙本的主校本，另选用敦煌写本、道观碑本及历代刊本共30余种为参校本。帛书《老子》甲、乙本，是目前《老子》已发现的最早古本，校勘此书的目的是"勘正今本为误，澄清其中是非，以恢复老子真旨"。

正文按照帛书《老子》篇次，分为《德经》校注（第三十八至八十一章）及《道经》校注（第一至三十七章）。参照今本章次，分别句段，顺序勘校。按帛书甲、乙本与王本之先后次序，将三者经文分别句段抄录于下，以便相互勘校和比较。经文校注可分作四项内容：帛书甲、乙本与王本勘校，主校本与参校本互相比较，异文辩证及解释经义。

书后附帛书甲、乙本《残卷实录》与《勘校复原》各一本，残卷中之残字均用□符号表示；复原本是根据上述勘校和辩证，将原有之衍文脱句、误字误句、残文坏字以及所用之古字借字等，考据订正，予以复原，以便参考。本书严谨细致，能让读者对帛书甲、乙本的原貌有一定的了解。

本书是著者在1978年发表的《帛书老子甲乙本与今本老子勘校札记》一文后，对帛书《老子》做的更进一步的考释。本书学术性强，选择主校本和参校本，对帛书甲、乙本进行了详细分析，将甲、乙本及今本同时列于注校文之前，令人一目了然，又呈现出甲、乙本清晰的面貌，便于学者深入研究。张岱年在序中评价此书："考校之细，勘察之精，俱超过近年同类的著作，对于许多疑难问题提出自己独到见解，可谓帛书《老子》研究的最新成就，这是值得赞扬的。这是对于先秦古典研究的新贡献，值得向读者推荐。"（杨琳）

老子道德经通解

《老子道德经通解》，清宁子注解。厦门：鹭江出版社，1996年11月第1版，32开，102千字。另有北京：宗教文化出版社，2010年1月第1版，系"厦门朝天宫道教文丛"之一种。

清宁子，原名詹石窗，简介详见总主编简介。

本书不仅从文化史视角，而且从宗教学视角对《道德经》一书展开诠释，认为《道德经》既是道家学派的开山之作和奠基性著作，也是中国历代统治者治国理政的宝典，内容包罗万象，所涉领域宽广，见仁见智，而历代学人之不懈注释、发挥、应用，更是造就了斑斓多姿的"道德经学"文化景观。本书还从哲学视角论述了《道德经》之"道""无为"等，从养生学视角论述了《道德经》养生、修身与治国之关联等，著者本着古为今用的文化承续原则和构建和谐社会使命，着力开挖《道德经》的时代价值和意义。在正文中，著者以《道德经》传世通行本为据，并参照他本加以校释，分上篇《道经》（第一至三十七章）、下篇《德经》（第三十八至八十一章），每章先引原文，次则注释，后则意解，不仅严格遵循学术规范，而且在注释和意解中又多有推进和创新。在注释中，著者多方参引校释，又以扼要用语，对《道德经》之重要概念范畴和命题做出精当诠释。在意解中，著者打破门户之争，融贯儒释道三教之说，突破三世之局限，对《道德经》每节章旨做出意蕴隽永而又回味深刻的解读，使读者跨越时空，既体验到古典文献的宗义要妙，又得到当下的身心安适。而在书末附录中，著者对老子生平资料和全国部分宫观道山的介绍，既有一些新的观点，也扩充了道教文物资料，对于扩大读者眼界不无裨益。本书可以说是近年来诠释《道德经》的一部难得力作。（张韶宇）

《老子》译注

《〈老子〉译注》，崔仲平、崔为注译。长春：吉林文史出版社，1996年11月第1版，精装，32开，350千字。

崔仲平，1934年生，北京人。曾任长春中医学院教授、全国医古文研究会常务理事。主要著作有《古典医籍千字释》等。

崔为，1965年生。长春中医药大学基础医学院教授、硕士生导师，对医古文、古代汉语、中国传统文化等均有研究，先后承担省部级、国家级等项目多项，主编和参与编撰十多部著作。

本书选用《老子》河上公本为底本，注解则选河上公、王弼、魏源三家，目的在于为研究《老子》者提供线索。在《道经》题解中，著者认为《道德经》包括《道经》和《德经》两部分。其中，《道经》为第一至三十七章，主要论述了道的本体和功用；《德经》为第三十八至八十一章，认为"德"是一个颇为难解的哲学概念，以"德"为"得"，为万物和人之本性。在《德经》题解中，著者强调道是高度抽象，无形无象，是绝对客观，属"无"的范畴；德是具体，万事万殊，形态各异，属"有"的范畴。合言之，德是道反映到万事万物和人身上的具体表现，即道作用于万物和人的反映。在正文每章解读中，著者先以题解形式集中阐释章旨，并援引原文；次以注释形式对原文字句展开诠释；最后对原文进行现代翻译，译文力求尊重原文，在众说纷纭的问题上择善而从，而不拘泥于一家之言。此外，文中所择《庄子》《韩非子》《淮南子》等书中有关老子的论述，也为读者提供了参考资料。（张韶宇）

《老子》注译

《〈老子〉注译》，孙以楷、杨应芹注译。合肥：黄山书社，1996年11月第1版，32开，110千字，系"安徽古籍丛书萃编"之一种。另有合肥：黄山书社，2014年9月第1版。

孙以楷（1938—2007），安徽寿县人。著名道家学者，中国哲学史专家、安徽省首批国务院特殊津贴获得者、安徽大学资深教授。曾任安徽大学哲学系副主任、主任，安徽大学道家文化研究所所长，安徽省朱子研究会常务副会长，中国哲学学会理事，中国墨子研究会理事等。主要著作有《老子通论》《庄子通论》《披云集》《道家哲学研究（附录三种）》等。

杨应芹，1943年生，安徽巢湖人。曾任安徽大学中文系教授、博士生导师，安徽大学出版社总编。2004年受聘为省政府参事。合作整理《施愚山集》等。

本书包括前言、《道经》、《德经》，以及附录：马王堆汉墓帛书《老子》甲乙本释文、老子简传等。

本书以《四部丛刊》河上公本为底本，主校以马王堆汉墓帛书本，适当吸收前人和时贤研究成果。正文包括《道经》和《德经》两部分，按河上公本81章之序进行注译，每章先引原文，次校注，最后是今译。在校注中，著者所引文献除帛书本《老子》外，还引有敦煌本、王弼注本、严灵峰《老子达解》、高亨《老子》注本等，力求简明扼要。今译则直译、意译兼顾，力求通达晓畅，文从句顺。附录一：马王堆汉墓帛书《老子》甲乙本释文，则直接引用马王堆汉墓帛书整理小组整理、北京文物出版社1974年和1976年出版之排印本。附录二：老子简传，著者多方引征材料，以老子为春秋时期宋国相（今安徽涡阳）人，并对老子生卒、家世、经历、为学、传道等问题展开考辨，多有所据。（张韶宇）

反者道之动——老子新说

《反者道之动——老子新说》，杜保瑞著。北京：华文出版社，1997年4月第1版，精装，32开，200千字。

杜保瑞，1961年生，台湾人。曾任华梵大学哲学系副教授、华梵大学文学院院长等，现为上海交通大学特聘教授、人文学院哲学系教授、继续教育学院老子书院院长。主要研究中国哲学史、道家哲学、禅宗哲学、宋明儒学等。主要著作有《基本哲学问题》《北宋儒学》《南宋儒学》《中国哲学方法论》等。

本书分上、下卷。上卷介绍老子的哲学观念，包括第一章形上学与老子形上学研究的工作观念、第二章老子形上学的抽象思辨之认识进路、第三章老子形上学的实存律则之认识进路、第四章功夫理论与老子的功夫论观念、第五章境界理论与老子的境界论观念。下卷为《老子》的篇章义疏，分上、下两篇。

本书上卷以老子哲学观念的体系建构为基础，以形上学、功夫理论、境界理论等三个基本哲学主题为论纲，全面阐释了《老子》一书的哲学理论进路和思维特质，指出《老子》哲学的基本问题意识就在于《老子》思想的形上学、功夫境界理论和政治哲学三个部分。以此为出发点，著者在下卷精心对《老子》81章分别展开义疏，每章既援引《老子》原文，又点出每章观念主题，且对每章文句认真义疏和诠释。著者尝试将道家老子学的理论以一套有体系的推演架构铺陈开来，立足现代哲学思维理路，对《老子》哲学进行现代解构和解读。（张韶宇）

无为自化——重读老子

《无为自化——重读老子》，杨鸿儒著。成都：四川人民出版社，1997年8月第1版，32开，224千字，系"思想大师重读系列"之一种。

杨鸿儒，1927年生，四川邛崃人。曾任四川省地方志编纂委员会编审、四川建材工业学院教授、《四川地方志》主编、华夏地方志研究所研究员等职。主要著作有《修辞知识》《当代中国修辞学》《细述金瓶梅》等。

本书主要包括上篇老子哲学现代阐释、下篇原著重读。

本书在上篇中首先对老子哲学进行现代性诠释，重点对《道德经》一书的真实性、成书问题、核心思想、版本情况及老子本人定位等问题展开阐释，论述了老子哲学中"道""德""无为""自然"等诸多范畴；并对老子之社会、政治理想给予界说，论及老子的处世哲学、辩证思想、无神论思想等。其次，本书还对老子作为道家学说创始人的道学之传承、演变展开再认识，重点介绍了老庄学派、老子嫡传、稷下学派、申韩学派、黄老学派等内容。随后，著者还以"老子对传统文化影响之再认识"和"全世界掀起'老子热'之再认识"为题，对《道德经》一书之历史地位和影响进行论说。在下篇，著者主要对《道德经》原著进行重新解读，以《道德经》原文81章为序，分《道经》新译和《德经》新译两部分，每章先引原文，次则译文，译文力求简明扼要，要言不烦。最后，著者又专辟一章：章句异同简考，以《道德经》不同版本的句式、标点、读法等不同对其每章之断句、字词异同等问题进行简考，所引材料较为翔实，各种论点不乏创见。而著者之谓"重读"实则不止于此，其于《道德经》之再认识和解读可谓论证充分有力，新解迭见层出，可谓当代研习《道德经》的一篇上乘之著。（张韶宇）

老子直解

《老子直解》，刘康德撰。上海：复旦大学出版社，1997年12月第1版，32开，197千字。

刘康德，1952年生。复旦大学哲学学院教授、博士生导师。从事中国哲学教学与研究多年，在两汉哲学、魏晋哲学领域独具建树，尤集中于道家思想之探讨，沉潜有年，涵养深享。主要著作有《魏晋风度与东方人格》《阴性文化》《淮南子直解》等。

本书是对《老子》的注译与评析。著者为解说《老子》，于数十家刻本、抄本中精心选定明代华亭张之象所刊王弼注本（浙江书局本）为底本，并参阅其他版本等，对《老子》一书进行注释、训解、评述等，期以达到导读解释的宗旨。本书正文共81章，每章内容包括：一、解题，勾勒《老子》81章中每一章的主题思想，并梳理它们之间的内在逻辑；二、原文，分章摘录，并加以标点；三、今译，在忠于《老子》原意的前提下，将每章原文译成现代汉语；四、注释，用简洁的语言，对原文中出现的古朴深奥的字、词、句进行解释；五、评述，在综合古今注疏家诠释的基础上，对《老子》每一章的旨意做深入的评述。本书资料翔实，文句流畅，通俗易懂，是一部具有可读性的《老子》读本。（张韶宇）

老子征文

《老子征文》，蒙文通著。台北：万卷楼图书有限公司，1998年9月初版，精装。

蒙文通（1894—1968），原名尔达，四川盐亭人。曾任教于河南大学、北京大学、四川大学、东北大学、华西大学等校，并曾担任四川省图书馆馆长。其著述原由哲嗣蒙默教授先以《蒙文通文集》方式整理编出，现又重编成《蒙文通全集》，2015年5月由四川巴蜀书社重新出版。

本书著者于1957年左右即完成初稿，因认为世传《老子》各本字句差异颇大，欲汇集唐开元前各家引文作为探究古本《老子》之资料。而正文主要以傅奕《道德经古本篇》为底本，参以范应元《老子道德经古本集注》本，择善而从。为检索方便，正文按傅奕本分章，但因编集目的纯为比较各本异同，故一般不出校语、按语。又认为坊间各种河上公注《老子》及王弼注《老子》皆经后人窜乱，非河、王所用原本，故并不征引，而仅征引唐、宋所见河、王之本。由于1973年湖南长沙马王堆汉墓出土大量西汉早期帛书，中有《老子》甲、乙二种，此乃真古本，但著者已于1968年过世，对于其原本想探究古本《老子》资料之努力，可谓十分遗憾。故本书序言，实即蒙默先生后来将本书又与《老子》甲、乙二种帛书再作比对所写的后记补充，且认为帛书之出固大有助于研究《老子》，然帛书之与传世诸本仍互有短长优劣，认为其先君所搜集开元前异同引文一千数百条，于世之治《老子》者仍有裨益。由于著者读书擅于从本源寻找立论的根基，并逐条分源各派进行深入剖析，且辨其前后承接及延续，故本书可视为帛书《老子》出土前，以《老子》傅、范本为底本之精校本，但若欲检寻型态内容更接近古本之《老子》书，则仍

须另寻他本。（赖慧玲）

老子新译义疏

《老子新译义疏》，黄士吉、王丽艳撰。大连：大连出版社，1998年12月第1版，32开，180千字。

黄士吉，1943年生，辽宁辽阳人。任大连大学中文系教授。主要著作有《古剧九歌今绎》《元杂剧作法仑》等。

王丽艳，1972年生，任教于大连大学中文系，发表论文多篇。

本书认为《老子》不仅演宇宙根本，含天地变化，蕴鬼神应验之密，而且论处世之方，含人事进退之术，蕴长生久视之道。其《老子》底本以通行本81章为主，订正则参以傅奕本、华亭张氏本、王弼注本、马叙伦注本等。每章由译文、原文、义疏三部分组成。译文以诗歌形式表达，力求反映《老子》本意，既有丰富的学术内容，又具有可读性，寓教于乐，加深了人们对《老子》一书的理解。注释又广加征引，既有学术的，又有文学的，更有政界、军事界的等等，内容颇为丰富。义疏之后，著者又附以《老子论道、修身、圣人》一文，对《老子》经文要旨进行归纳、整理，以"道法自然""反者道之动""修之身，其德乃真""老子论圣人"等为题阐释《老子》要义，有利于读者对《老子》主旨的多维度认识。（张韶宇）

楚简《老子》柬释

《楚简〈老子〉柬释》，魏启鹏著。台北：万卷楼图书有限公司，1999年8月初版。另有成都：天地出版社，2010年1月第1版。

魏启鹏，1944年生，重庆人。曾任四川大学历史系教授、四川师范大学文学院教授、华中师范大学历史文献学博士生导师、四川省书法协会副主席、四川省老庄学会副会长。主要著作有《苏诗禅味八题》《马王堆汉墓帛书〈德行〉校释》《简帛五行笺释》等。

本书正文由三大单元组成，即楚简《老子》柬释（又分甲、乙、丙三组来注释）、楚简《太一生水》笺注、研究札记（有两篇："大成若诎"考辨——读楚简《老子》札记之一、《太一生水》札记）；随后为附录两篇：帛书《道原》注释、《管子·水地》新探；接着是通假字汇解、部首检字、本书所用考订书目、楚简《老子》摹本、楚简《太一生水》摹本等工具或参考资料部分。

本书是1993年10月湖北省荆门市郭店楚简出土，并在1998年正式公布后，较早针对其中有关《老子》原典进行考查比对的学术论著，主要探索楚简中某些《老子》异文的历史文化内涵和在老学史上可能的意义。为避烦琐，著者主要侧重与帛书本和河上公本、王弼本对校。著者颇擅于利用新发现的文献与出土材料，或者在传世文献清理中发现问题，并以文献学的角度对许多失传多年的佚籍进行全面的诠释。而在本书中，著者以荆门市博物馆1998年编、由文物出版社所发行的八开精装本《郭店楚墓竹简》为底本，将整理本竹简编号用阿拉伯数字逐次列入行间，并用内外证结合、参照发明、对楚简之《老子》章句进行较详细笺释之研究方法，让我们除了看到目前为止距老子本人年代最近的一本《老子》书原貌外，也进一步了解其中之内涵与意义，故本书实有很高的文献学参考价值。（赖慧玲）

哲思众妙门——《老子》今读

《哲思众妙门——〈老子〉今读》，姚淦铭编著。天津：百花文艺出版社，2001年1月第1版，32开，135千字，系"传统文化现代视野"之一种。

姚淦铭（1948—2019），江苏苏州人。曾任江南大学文学院教授、博士生导师、古代文献研究所所长，兼任苏州市语言学会副会长。主要著作有《老子与百姓生活》《再说老子与百姓生活》等。

本书导言部分，指出《老子》一书影响深远，至今仍有极大的挖掘的空间，肯定了道家思想的现代性，推崇其生态智慧，赞美了其在新时代的价值和意义。同时对《老子》其人其书、基本主张、思想内涵、注本流传等方面进行了系统介绍，认为在儒道互补的中国文化中，不能忽略道家文化的深远意义。

本书采用《老子》通行本对老子的经典语句进行分类。正文受篇幅限制，节选部分经文，并将其中意义相近、互补的内容归纳起来，汇编为29个主题，顺序上基本按照通行本的章次排列。主题主要涉及道论、无为、有无、审美、人格、治国、祸福、外交、生存、处事、兵法、守柔、守慈、不争等方面。每个主题由标题、经文、注、译、讲五部分构成。在翻译上主要采用直译，简明清晰，保留了《老子》的行文风格，使读者更容易了解本书的思想、特点。经文讲解位于每篇主题末尾，分析篇章涉及的相关概念，并拓展到现代生活、中外文化的范围中，阐发了著者的理解，拓宽了读者的视野，进一步挖掘了《老子》中蕴含的现代意义。

本书视野广阔，反映出著者对传统文化尤其是道家文化的准确把握，思及古今中外相关领域，对《老子》及其当代意义有独特思考。语言生动优美，逻辑鲜明完整，用现代视野解读《老子》，是一本很好的当代《老子》读物。（杨琳）

《道德经》精粹解读

《〈道德经〉精粹解读》，陆玉林编著。北京：中华书局，2001年8月第1版，32开，219千字，系"中学生文化素质提高丛书"之一种。

陆玉林，1966年生，安徽人。现任中央团校（中国青年政治学院）党委副书记、常务副校（院）长。主要著作有《中国学术通史》（先秦卷）、《传统诗词的文化解释》等。

本书重新编排通行本《道德经》顺序，自拟主旨，把《道德经》相关章节融贯其中，认为《道德经》熔哲理、诗情、玄言于一炉，蕴藏着大智慧，虑大而思精，影响深远。

本书以王弼注本为基础，参校以其他版本，精选出《道德经》中的主要篇段，辅之以《庄子》中的精彩故事，将二者比较互证，以充分理解老子和庄子思想之异同，从而对整个道家思想有概略了解。本书共分28篇，每篇先引《道德经》相关章节原文，次则翻译为现代文；然后又引《庄子》相关章节原文，次则加以注释、点评、想一想、今译等。每篇对《道德经》《庄子》原文做了简要、通俗的注释和白话翻译，同时还从现代角度给予了精当的点评。尤其独到的是，每篇后面都结合社会人生提出问题，请读者自答，以活跃创造性思维。

本书融知识性、趣味性、时代性于一体，结构新颖，内容丰富，图文并茂，通俗易懂，具有较强的针对性及可读性，适应当代中学生阅读，是一部领略古代智慧和历史文化名著的课外读物，也是提高人文素养的入门向导书。读之不仅可对《道德经》思想内涵有一定了解，而且对提高文言文的阅读能力、提高文化素质具有较大的帮助。（张韶宇）

老子章句解读

　　《老子章句解读》，[菲律宾]陈永栽、黄炳辉著。上海：上海古籍出版社，2001年12月第1版，32开，265千字。

　　陈永栽，1934年生，福建晋江人。自幼随父母到菲律宾谋生。菲律宾商界传奇人物，著名商人。

　　黄炳辉，1931年生，福建泉州人。曾任教于厦门大学，退休后远渡重洋，成为陈永栽的私人老师，并与之共研文史哲，写了大量的著作，弘扬中华文化。主要著作有《唐诗人才漫话》《唐诗学史述论》《国学研究论稿》《文史经典解读》等。

　　本书正文共81章，每章先引《老子》原文，随之用简要的数语概括该章的主旨和新意，最后是解读。每个章句的解读，有话则长，无话则短，有以《说文解字》为据，参诸《道德经》不同版本，兼引用道家之言加以发挥，或引用儒家之言加以比较；有的还引用《周易》、兵书或史料加以印证和衬托。对《老子》之"道""德""有""无""有为""无为"等诸多解读不仅具有哲理性，且极具文学性和感染力，论理深刻平易兼具，文字小学功底十分扎实，释义较为顺畅准确。书后又加以附录，从现代哲学视角出发，从系统论、结构论、审美情趣等方面论述了《老子》不同侧面的丰富内涵；又从语言文字学出发，论及《老子》一书的语言艺术；此外，著者还比较了老子与孔墨诸学的异同，认为老子之学由力排孔墨诸学而得以传布。（张韶宇）

老子今析

　　《老子今析》，李先耕著。北京：中国社会科学出版社，2002年7月第1版，

32开，292千字。

李先耕，1944年生，四川犍为人。现为黑龙江大学文学院教授、中国古典文献学博士生导师。主要著作有《疑信集——语言文献论集》《汉语新论》等。

本书以武英殿聚珍本王弼注《老子〈道德经〉》81章为底本，校勘众本（主要是郭店楚墓竹简本和马王堆汉墓帛书本），由是录入《老子》原文81章，另加标点，并于每章第一个注释中标明通行河上公本的篇名，每章结构由原文、注释、译文、韵读四部分组成。著者认为，《老子》是中国古代哲学的一部伟大著作，全书虽仅五千多字，但它蕴含的独特而深刻的思想、极富启发性的人生体验、精辟而富有诗意的语言，在两千多年的历史进程中，对中国的思想文化产生了巨大影响，使人们始终怀着极大的热情和兴趣对这部著作进行解读和阐释。本书在解说分析中，反对用西学方式或阶级学说解构《老子》，而是立足中学本源，力求还原《老子》产生的时代环境。著者从文本的每一字出发，力求综合运用今天的文字、训诂、音韵、语法等知识来全面理解，对每一章文句的解释既注重文句本身，又强调其整体性；既注重《老子》思想源流及其影响，也对老子与中国古代其他思想家或近现代思想家加以比较，阐明其特色。（张韶宇）

老子现代读

《老子现代读》，东方桥著。上海：上海书店出版社，2002年11月第1版，32开，174千字，系"传统经典现代读"之一种。

东方桥，1931年生，本名唐华。台湾地区知名学者。台湾政治大学教授，主授逻辑学、哲学史和先秦诸子。主要著作有《中国原儒哲学思想史》《中国易经变化哲学原理》等。

本书共分三章。第一章理想社会的设计，认为老子《道德经》从形而上之"道"，叙述至形而下之"器"，最后又回到形而上之"道"。这是老子主观的理想设计。至于老子其人其事，著者也加以讲述，并从哲学宇宙观、历史观，从政治、社会等视角对老子之学加以认知。第二章《道德经》上篇内容归纳分析，分别从形而上的大设计、修身治世的大道、绝三学、用刚用柔之道四方面展开论述，认为老子是位大设计师，他以"道""名""无""有"

四范畴作为其"形上形下"的理论基础，试图创出一个"小国寡民"的理想社会制度；指出老子设"道，可道，非常道"为首章，设"道，常无为，而无不为"为首章第一结论；并对老子所论"美丑善恶""无为""道""刍狗""谷神不死""上善"等范畴或命题进行阐释。第三章《道德经》下篇内容归纳分析，共有形而上的德、道的领悟、国家学、教育学、小国寡民的理想社会等五节内容，认为洞晓宇宙大道的人就是真正的大智慧者，然而社会知识广博就会导致"知识的障碍"，求得外在知识的广博并非真知和大智慧者。为此，著者对"道"与"德"、"有为"与"无为"、"为学"与"为道"、"有"与"无"、"荣"与"辱"等相反相成的诸范畴展开诠释。合言之，本书透过其独特的视角与方式教人如何以恬淡平和的心态，处理好人与社会、人与自然以及各种其他关系，以深入浅出的笔触、幽默智慧的情趣、恬淡流畅的文笔，将古奥深邃难懂的典籍展现给世人，乃至教人跨入一种老子所追求、赞美的洒脱的精神境界。（张韶宇）

《老子》辨析及启示

《〈老子〉辨析及启示》，严敏著。成都：巴蜀书社，2003年6月第1版，32开，360千字。

本书第一部分为《老子》的注释翻译及说明。第二部分为《老子》辨析揭谜与启迪评述，包括第一章"道"指什么、第二章老子之"道"是什么、第三章老子的自然观及其意义、第四章老子的军事观及对后世的影响、第五章老子政治观之辨析及其影响、第六章老子思想对发展经济的启示、第七章老子思想对人生处世的启示、第八章"辅万物之自然"指导育人、第九章老子思维及表述的特点与效果。

本书从自然科学角度解读《老子》，认为《老子》一书是道家重要的经典著作，它玄奥的思想、深邃的哲理、辩证的智慧，对中华文化的发展以及中华民族思维方式的形成，产生了极为深刻的影响。本书以《老子》王弼注本为蓝本，参照校以帛书及楚简《老子》诸本，在《老子》正文每章解读中，先引《老子》原文，次则注释，再次则今译，之后加以说明。每章首先从文字训诂角度，对《老子》经文的传统解释提出自己的不同看法，做出了与传统诠释完全不同的解说。在新的解说基础上，进行全新的翻译，之后还进行了说明。在说明中，通过对传统解释的辨析，从而更进一步说明著者的观点，给人们以一个全新视角，深化了对《老子》经文的理解。在第二部分中，关于老子之"道"，著者从现代物理学角度展开研究，不但角度新而且开阔了视野，既否定了"道"是精神实体的结论，又认定"道"是物质性的。此外，著者还从宇宙论的角度去探索"道"，揭示了"道"的极为丰富的内涵，从而给"道"赋予了新的意义，使之具有时代感。本书除了注释、翻译和辨析说明之外，还用了大量的篇幅，羊细分析论述了《老子》书中的"道"和老子的自然观、军事观、政治观以及它们的影响，并论述了老子思想对经济发展和人生处世的启示以及老子的思维模式等等。在论述这些问题时，著者也绝不是人云亦云，总是有自己的心得和独到的见解。如传统的观点认为，老子的政治理想是"小国寡民"及主张"愚民政策"等等，著者都运用充分的证据进行了详细的分析和有说服力的辩驳，在辨析中树立了自己新的见解。（张韶宇）

唐代《老子》诠释文献研究

《唐代〈老子〉诠释文献研究》，董恩林著。济南：齐鲁书社，2003年6月第1版，32开，255千字，系"中国典籍与文化研究丛书"之一种。

董恩林简介详见《唐代老学：重玄思辨中的理身理国之道》提要。

在引论中，著者概要性地论述了中国老学史暨历代《老子》诠释史，重点讨论了唐代《老子》诠释的分期与整体特征。他认为"唐代对《老子》的研究与诠释大约可以分为三个阶段"。"第一阶段从高祖时起，至武则天时代止，以刘进喜、蔡子晃、成玄英、李荣等人为代表"，具有援引佛学理论以增强道教经典理论性的特色；"第二阶段是唐玄宗开创的政治化诠释时代"，注重发挥《老子》中的政治思想；"第三阶段则是晚唐强思齐、杜光庭等人试图对有唐一代的《老子》诠释事业进行一番总结与集解工作，意在纠正唐代前期将《老子》宗教化、中期将《老子》世俗化两种极端倾向，还《老子》哲学思想论著的本来面目"。

正文共四章，著者分别从著述源流、研究状况、思想理论特征等角度细致考察了成玄英《道德经义疏》、李荣《道德经注》、唐玄宗《道德经注疏》与杜光庭《道德真经广圣义》等四部具有代表性的唐代《老子》诠释著作，达到一定的理论深度和高度，具有一定的学术价值。

最后，著者附录了敦煌唐写本《道德经》，以及20世纪唐代老学研究论文简目，具有一定的文献价值。（张永宏）

老子详解——老子执政学研究

《老子详解——老子执政学研究》，杨鹏著。北京：中国文史出版社，2003年7月第1版，16开，430千字。

杨鹏，1963年生，云南昆明人。中国经济体制改革研究会公共政策研究中心常务理事。主要著作有《成为上帝》《东亚新文化的兴起——东亚经济发展论》《为公益而共和——阿拉善SEE生态协会治理之路》等。

本书在篇章安排上仍依通行本《老子》，在文句上主要依据帛书本、楚简本、王弼本，参考河上公本、傅奕本等且加以重新校订而作详解。

本书认为，历来对《老子》存在不同理解，乃至分歧，由此形成了老庄和黄老两个方向。老庄注重个人，黄老注重政治。有鉴于此，作为执政学研究的本书自然是从道家黄老学的角度出发和展开，注重对道家关于执政治国方面思想的研究。在《老子》正文81章详解中，著者于资料引用和选材上，尽可能坚持以《老子》注释《老子》，以中国历史注释《老子》，并且通过对比周朝—儒家思想来诠释《老子》，尽可能回避用西方哲学概念和佛学概念注释《老子》，以避免不必要的混乱。（张韶宇）

《老子》研究新编

《〈老子〉研究新编》，李尔重著。武汉：华中科技大学出版社，2003年7月第1版，32开，305千字。

李尔重（1913—2009），原名育三，河北丰润人。曾任中共河北省委书记兼省长，被毛泽东同志誉为"我们的作家和才子"。1983年离休后任武汉大学中文系教授、华中师范大学中文系教授、华中理工大学文学院名誉院长、湖北省经济管理大学名誉校长等。其著作结集为《李尔重文集》，共20卷。

本书收录著者研究《老子》的三组作品，按内容分由上、中、下三编构成。上编集中研究了郭店《老子》与六种重要传世本《老子》的异同，对文字、词句和内容进行了比较分析，认为《老子》一书非一人一时之著，实由多人执笔。其81章之编次乃后人续辑而成，而其间之错讹则由来已久，故而完全厘清《老子》正文本来面目殊非易事。中编收录著者对《老子》研究的新收获，从哲学内容、社会观、修身养性、治国谈兵等方面进行了有益的探索，以《老子》为中国哲学史上最古老的哲学，且从本体、方法、社会观、伦理观、军事思想等视角对《老子》展开解读。下编是对老子与先秦诸子的比较研究，其中不乏创见。本书内容丰富，新见迭出，精辟之论时显，在不少方面开拓了《老子》研究的新领域。（张韶宇）

《老子》注释三种

《〈老子〉注释三种》，孙以楷注释。合肥：安徽人民出版社，2003年7月第1版，32开，120千字。

孙以楷简介详见《〈老子〉注译》提要。

本书以今本河上公本《老子》为底本，以之与帛书甲、乙本及郭店楚简本分章对照列出，共81章。每章先引各本原文，次则校注，再次分别附录《文子》《淮南子》《庄子》《韩非子》等文献中引《老子》相关文句加以佐证，最后为今译。著者认为，在帛书本和楚简本出土前，人们对传世本《老子》（王弼本、河上公本、傅奕本等）的研究依托精审的考证、渊博的知识，虽取得不菲成果，但讹误衍脱依然不少，如是则不利确切把握老子思想。而近年出版的《老子》有关研究著述虽结合帛书本和楚简本，然大多注重于文字学和文献学，对思想史研究则略显不足。是以，本书初衷是在不改动三种类型《老子》原貌的基础上，使读者可以同时看到今本、帛书本以及楚简本三种类型《老子》各自的正与误。读者可以通过对照研读诸本，也可以通过今译看到著者对《老子》诸本的看法和见解，便于进行比较判断。著者对各本所作简明校注为文精当，处置较为适宜，所引材料裁制得当；译文也较为精确，意蕴丰满。且三本对照而出，在各章校注时又多互相出校，使研究老学者省却不少心力而颇为受益。附录中所引文献与三本相互印证，亦从中可见著者为学之一丝不苟和治学功力。（张韶宇）

郭店楚简《老子》研究

《郭店楚简〈老子〉研究》，聂中庆著。北京：中华书局，2004年2月第1版，32开，268千字，系"中华文史新刊"之一种。

聂中庆，1960年生，吉林通化人。1978年考入东北师范大学中文系，1986年考入东北师范大学古籍整理研究所中国古典文献学专业，获历史学硕士学位。2000年考入复旦大学古籍整理研究所中国古典文献学专业，获文学博士学位。现为山东大学威海分校文化传播学院教授。

本书是著者在复旦学习期间，经吴格教授指导完成的博士论文。本书正文分六部分：第一章郭店楚简《老子》与老子其人其书，第二章关于郭店楚简《老子》的文本构成，第三章《老子》简本、帛书本、通行本比较研究，第四章简本《老子》异体字、古今字、通假字、同源字考释，第五章郭店楚简《老子》研究评述，第六章郭店楚简《老子》校释。正文后有附录：郭店楚简《老子》原文、郭店楚简《老子》点校本、郭店楚简《老子》词典、主要参考文献。著者还将《郭店楚墓竹简》（文物出版社，1998年）图版的《老子》部分摘录附于书末。

本书介绍并评说了学术界围绕着郭店竹简《老子》所讨论的问题，将其归结为五个方面：关于郭店一号楚墓的年代问题，关于墓主人的身份问题，关于如何认识早期儒道两家关系问题，关于郭店《老子》中的"有""无"关系问题，如何认识郭店《老子》甲、乙、丙本的文本构成及其与五千言《老子》完本的关系问题。梳理了1998年以来学术界对郭店《老子》的研究成果。解析了郭店《老子》的甲、乙、丙三种文本构成，认为："楚简《老子》不只是甲、乙、丙本之间存在着历时性差异，而且在甲、乙、丙本的内部，包括组与组、同组内的文字聚合同样存在着历时性的差异。"并进一步提出楚简《老子》应以墨钉间的文字聚合为基本文本单位，为学者重新审视楚简文本提供了全新视角。本书还对郭店竹简《老子》的标志符号、异体字、古今字、通假字、同源字做了较为详细的考释，显示出著者深厚的学术积淀和较强的研究能力。

许抗生评价本书"是一部具有很高学术价值的专著，是近年来郭店楚简《老子》研究中的一个可喜的新成果"，本书进一步推动了学界对郭店《老子》研究向纵深的展开，对郭店楚简及老学的研究都有较大的促进意义。（杨琳）

北宋《老子》注研究

《北宋〈老子〉注研究》，尹志华著。成都：巴蜀书社，2004年11月第1版，32开，252千字，系"儒道释博士论文丛书"之一种。

尹志华简介详见《道教旅游指南》提要。

本书系著者的博士论文成果。主要内容包括：绪论、道论、有无论、性命论、无为论、三教融通论、诠释方法论、从西方诠释学看北宋《老子》注。第一章绪论，分析了北宋人对《老子》的重视及其时代原因，考察了北宋《老子》注文献，论述了北宋主要《老子》注本各自的思想特征以及北宋《老子》注的整体特征，阐明了北宋《老子》注的历史意义；第二章道论，论述了道是否可道，诠释了道的内涵及道与德、理、气、物的关系；第三章有无论，重点论述了有无与道的关系、有无之间的关系以及有无并重论；第四章性命论，论述了性与天道的贯通、性素朴论、性同性异之辨、复性论、穷理尽性以至于命；第五章无为论，论述无为内涵的诠释、无为有为之辩以及因时乘理、唯变所适；第六章三教融通论，论述儒道融通、援佛解老；第七章诠释方法论，论述"六经注我"、立足时代、知人论世、以意逆志、以经解经诸诠释的系统方法论；第八章从西方诠释学看北宋《老子》注，探讨了其中的"意义"的生成问题、"先见"的问题、语法阐释与心理阐释相结合的问题、"诠释的循环"问题、诠释有无限度的问题等等。

本书的出版反响很好。葛荣晋对之评价甚高："这篇博士论文在选题上是新颖的，它填补了学术研究的一个空白，是道家思想史研究领域取得的一项值得重视的新成果。"由于著者有扎实的文献基础知识，对文本有细致的思想梳理工作，因而，"作为一种断代经典诠释史的研究，这篇博士论文应该说是做得比较成功的，它对中国老学史、北宋哲学史的研究都做出了重要贡献"。（江峰）

走近老子：《道德经》章秩重组注译

《走近老子：〈道德经〉章秩重组注译》，严健民著。武汉：湖北人民出版社，2006年2月第1版，32开，211千字。

严健民，1932年生，湖北天门人。湖北省十堰市太和医院主任医师。主要著作有《中国医学起源新论》《远古中国医学史》等。

本书正文包括绪论、《道经》、《德经》几部分内容，书后有附录7篇。

"章秩重组"是一个大胆的设想。著者在对《老子》进行精心研究且给《道经》和《德经》分立定义后，将传世本之章秩打乱，再根据定义对原章秩进行重组，如《道经》仍维持37章，分作自然规律之道、社会规律之道、玄妙之道，将《老子》各章原文之"道"解释为各类事物之客观规律；《德经》仍44章，分依德治国、用兵之德、劝施之德、其他等。每章先引原文并注释，次则提要，最后进行今译。其中各章提要部分，可谓著者匠心独具。著者还从老子的思维方式与认识论角度探讨《老子》一书，力求走近老子，认识老子。著者认为老子之依德治国，是利用他所掌握的天文、历法、物候、动植物特性，风、雨、水、土特性，人之生理特性以及诸多社会规律用来劝解当政者们"以百姓之心为心"，"无为"而治。在《道德经》的许多章节中，都贯穿着"正德、利用、厚生"思想，著者认为只有采取"正德、利用、厚生"等一系列德治方针，才能获得"地平天成……万世永赖"的巨大成功。附录所论《道德经》成书、为学主旨、天道观等问题，亦言之有据，论之有依，不失为一见。（张韶宇）

《老子》"早期传本"结构及其流变研究

《〈老子〉"早期传本"结构及其流变研究》，宁镇疆著。上海：学林出版社，2006年5月第1版，32开，230千字。

宁镇疆，1972年生，山东郯城人。现为上海大学历史系主任。出版专著及古籍注译二部。

本书正文内容有五章：第一章导论、第二章结构研究的前提——对相关材料的再讨论、第三章《老子》"早期传本"分章研究、第四章《老子》"早期传本"章序研究、第五章余论。附录三篇：《老子》"同文复出"现象的初步研究、从简本看今本《老子》的形成——兼论帛书本在《老子》文本流传过程中的地位、博士论文评审意见书。

在著者看来，《老子》的结构是指《老子》一书的分章、章次、分篇以及篇次，今本《老子》结构的上述诸元并不是一蹴而就的，它有一个长期的演变及形成过程。本书因此将今本形成以前的、尚处于发展演变阶段、结构上与今本存在或多或少差异的《老子》传本，名之为《老子》"早期传本"。而关于《老子》的篇章安排，本书仍遵从通行今本，同时又以郭店楚简《老子》和帛书本《老子》的个案研究为依托，对《老子》"早期传本"之分章、章次、分篇、篇次等结构方面的表现形态及演变，进行了深入的研究。从文献学的角度而视，本书对于《老子》这部古书的结构上的特征及其形成过程做了一次较为新的、深入的研究，既对《老子》结构研究所依据的材料（包括传世本、帛本、简本等）性质进行辨疑，又强调古书之"章"最原始和突出的特征在于其"单位性"，即相对独立而单纯的"意义单位"，且由此而构成"自然章句"的关键条件。在文句上，以帛书本、楚简本、王本为基础，以河上公本、傅奕本、景龙碑等文本为重要参考，重新进行了校订，并认为"早期传本"在分章上都遵循"以类相从""同类集结"原则而基本保留"自然章句"的痕迹。而且，本书由于掌握有新的资料，并吸收了学界近年研究中提出的一系列新的研究方法和概念；又兼在资料运用和处理上的严谨和细致，以及由为分析《老子》"早期传本"结构问题而提出的诸多新的概念所表现出来的逻辑上的缜密性和系统性，在诸多问题上都较前人有所创进，也给人以很深印象。（张韶宇）

《老子》究竟说什么

《〈老子〉究竟说什么》，郭世铭著。北京：红旗出版社，2006年6月第1版，16开，330千字。另有北京：华文出版社，1999年、2000年版。

郭世铭（1946—2000），天津人。曾任北京大学哲学系逻辑教研室副教授。

多年来除研究符号逻辑外，也用逻辑分析方法研究中国传统文化，发表《老子逻辑初探》《谈〈红楼梦〉年表》等文章。

本书主要包括绪言——我为什么要重新解释《老子》、《老子》正文81章分析，以及附录：《史记·老子传》、王弼注《老子》、王弼传、帛书《老子》甲本残文、帛书《老子》乙本残文。

本书立足王弼注本《老子》，参校以帛本，在不改动原文基础上，使用逻辑分析和语言解构的研究方法剖析《老子》81章的逻辑和语言结构特点，从《老子》字里行间探求老子思想，力求使其所得结论既合乎逻辑又合乎情理，以达到确定、完整、一致的含义。著者还参阅了马王堆汉墓出土的帛书甲、乙本，汲取考古新成果，自成一家之言，具有一定的学术价值，可供研究老子思想、对老子思想感兴趣的人以及在校大中专学生参考阅读。但著者所使用的研究方法实际上就是人们阅读科技著作和科技论文的方法，至于把它用于中国传统文化的研究上是否合适、是否有效，所得出的结论是否可以认为就是《老子》一书本来的思想，则需要由读者自己做出判定。（张韶宇）

敦煌本《老子》研究

《敦煌本〈老子〉研究》，朱大星著。北京：中华书局，2007年8月第1版，32开，350千字，系"浙江大学古籍研究所中国古典文献学研究丛书"之一种。

朱大星，1972年生，江西莲花人。2005年6月于浙江大学古籍研究所毕业后留所任教。主持"敦煌本《老子》研究""《洞霄图志》等九种文献点校""敦煌诸子文献与汉唐社会"等省部级项目。

本书主要内容有六章：第一章敦煌本《老子》叙录、第二章敦煌本《老子》的文本特征、第三章敦煌本《老子》的传本系统、第四章敦煌本《老子》注疏、第五章敦煌本《老子》的流传、第六章从敦煌写卷看《老子》的成书。

本书以敦煌藏经洞所发现的《老子》汉文写卷白文本和注疏本为研究对象，详尽阐述了敦煌本《老子》的文本特征、传本系统、注疏、流传及成书，并借此对《老子》之成书做了论述和分析。在著者看来，敦煌本《老子》不仅有白文本、注疏本和其他相关写卷，而且其在纸张行款、书法字体、抄写符号等方面有不同文本特征。关于敦煌本《老子》的传本系统，著者从篇章、字数等方面展开研究，认为敦煌本《老子》传本系统大致可分为五千文本（包括甲、乙、丙、丁四种）和非五千文本（包括甲、乙二种）。关于敦煌本《老子》的注疏，著者主要梳理了《老子河上公注》《老子想尔注》、李荣《老子注》和其他《老子》注疏本。关于敦煌本《老子》的流传，著者分别从"敦煌写卷的来源""敦煌本《老子》的流传""敦煌本《老子》与《十戒经》"等层面展开阐释，认为敦煌本《老子》的流传受时代背景影响，不仅有社会政治因素，而且与宗教信仰紧密相关。其流传形式既有政府颁赐，亦有道教自身传承传抄；既有作为学校教材而流布，也有因民间求福弭灾等需要而传抄。至于敦煌本《老子》与《十戒经》之关联，著者也论述自己的观点，认为《十戒经》之成书不晚于唐初，且受儒道思想影响，尤其是《老子》的影响不可忽视。此外，著者还以敦煌写卷本结合《老子》帛本、楚简本、传世诸本，论述了《老子》的成书，认为《老子》一书从出现到定型经历了一个漫长而变动不居的过程，诸本字数有随着时间的推移而递增之趋势。总之，本书对敦煌本《老子》研究从文献学、宗教学、历史学等不同角度展开，有助于探讨《老子》一书之形成、篇章结构、流传等问题，也是对敦煌本《老子》研究的比较全面的总结，其学术价值颇高。（张韶宇）

古老子文字编

《古老子文字编》，徐在国、黄德宽编著。合肥：安徽大学出版社，2007年8月第1版，精装，16开，724千字。

徐在国，1966年生，山东新泰人。现为安徽大学中文系教授、汉语言文字学博士生导师，安徽省"皖江学者"特聘教授。主要著作有《隶定"古文"疏证》《战国文字编》等。

黄德宽，1954年生，安徽广德人。历任安徽大学副校长、校长、党委书记，现任清华大学出土文献研究与保护中心主任。主要著作有《汉语文字学史》《汉字阐释与文化传统》《古汉字形声结构论》等。

本书主体由正编、合文、附录三部分组成。正编分14卷，其后有古老子文字编合文及附录一传抄《老子》古文辑说、附录二《老子》文本之古今字与通假字考察等。

本书以收录古《老子》文字为主，包括出土古《老子》和传抄古《老子》文字。本书从文字学视角，尤其是纯粹字形角度，把不同时期《老子》抄本的文字形体收集到一起，将各种资料相互比较，追寻其异同变化及演化进程，认为传抄《老子》古文不仅来源有据，而且相当可靠。在引用资料上，本书广征博引，力求全面，从郭店楚简《老子》本、马王堆汉墓帛书《老子》本、宋代《汗简》、元代古文《老子》碑等到明清有关著述，可谓翔实精当。正编部分按《说文解字》一书之顺序排列，《说文解字》中不见的字则按偏旁部首附于相应各部之后。"合文"主要见于郭店战国楚简《老子》甲、乙、丙本。每个字头下所收录的字形，按照郭店楚简《老子》、传抄古《老子》、马王堆汉墓帛书《老子》本的顺序编排，其中传抄古《老子》部分又以时代先后顺序编排，且于每一字形下均注明出处，可见著者治学之严谨和扎实。本书可以说是今日学者从事研究工作的典型示范，也是研究古文字学的重要参考资料和经典依据。（张韶宇）

老子译注

《老子译注》，辛战军译注。北京：中华书局，2008年6月第1版，32开，200千字，系"中国古典名著译注丛书"之一种。

辛战军，河北师范大学教授。常年从事古典文献、国学研究，对《老子》研究颇有建树。

本书以王弼本，傅奕本，马王堆汉墓出土的帛书甲、乙本，荆门郭店战国墓出土的竹简本，以及景龙碑本为参照，著者反复对比，逐句推敲，斟酌损益，形成基础文本，而后进行翻译和解释。各章包括原文、章旨、校勘、注释、译文五个模块。

著者认为，作为中华文化的经典著作，《老子》一书为历代学者所关注。然而，长期以来，"仁者见仁，智者见智"，各种解读相差甚远。唯有弄清楚老子的立言宗旨，才能正确解读《老子》一书，通达其文义。著者指出，老子其人的思想观念正是春秋时期社会政治、经济、文化等不断发展变化与影响的产物，老子立言的目的在于：通过宣传道德论，教诲君王改变思想观念，促使君王少私寡欲、清静无为、顺其自然、循守大道，进而实现社会和谐与天下大治。

　　本书给读者展示了一个广阔的学术背景，让读者能够对照相应版本，引发积极思考，提升阅读兴趣。（张芳山）

老子四字经

　　《老子四字经》，李德深、李洪编著。北京：中国社会出版社，2008年9月第1版，32开，50千字。

　　李德深，祖籍山东平度。曾任中共吉林省委秘书、副处级巡视员，吉林省社会科学院《现代交际》杂志社社长、副编审，中央党校中国马克思主义研究基金会副秘书长、教授等。主要著作有《文艺美学》《社会主义建设与改革方针概述》《中国十年改革概览》等。

　　李洪，1955年生，吉林辽源人。曾任世界华人慈善基金会执行会长、世界老子同道会秘书长、老子研究学院常务院长。主要著作有《谈经论语》《释理泓言》《经略百科》等。

　　本书由中国道教协会任法融会长题名，著名学者李中华教授作序。全书正文包括：论道、《道经》篇（第一至三十七章）、《德经》篇（第三十八至八十一章）。其中"论道"从立道、开道、蕴道、研道、勤道、著道等22个方面，叙述老子生平经历、为学宗旨、为道大用、为经流布、为教传承等情况，而加以"四字经"形式阐释各节之旨。《道经》篇和《德经》篇则依据通行本《老子》81章之序，每章先原文，次则注释，之后则"四字经"，最后为感言。注释是针对《老子》各章疑难字词句进行解释，力求简明。所谓"四字经"就是以四字形式对章旨进行扼要阐释。感言是著者从主观角度阐述自己的认知。本书从老子道学文化中提炼出"道学十八观""二十四德""三十六道"等相关理念，深入浅出地诠释演绎出老子道学理论的深邃内涵，对于传承和弘扬国学文化、凝聚和振兴中华民族精神具有一定的积极意义。著者企盼超越以往诠释《老子》的传统，以通俗的语言和"四字经"的形式解释或体会老子，有利于推动老子思想及道家经典的普及，同时也为古往今来几千种《老子》的解释增加一种新的形式。（张韶宇）

老子译注与解析

《老子译注与解析》，张松辉著。长沙：岳麓书社，2008年12月第1版，32开，210千字。

张松辉，1953年生，河南唐河人。湖南大学岳麓书院教授、博士生导师，四川大学"'985工程'宗教与社会研究创新基地"访问客座教授。主要著作有《老子研究》《庄子考辨》《先秦两汉道家与文学》《人生儒释道》等。

著者以通行本王弼《老子道德经注》为底本，适当参校以其他版本，对《老子》进行译注和解析。本书开篇为导读，对老子生平、思想及对后世影响，做了简要介绍。其次是正文部分，以王弼《老子道德经注》81章为序，每章分为四个部分：原文、注释、译文、解析，其间不囿于成说，本着以老解老的基本原则，尽量提出更为圆通、更为符合老子思想原意的解说。其中，"解析"部分，引证内容丰富，析理透彻，不乏创见。书末附录三篇论文：一、《老子是道、物（气）二元论者》，论及老子万物生成理论，并对老子哲学的最根本问题加以探究；二、《老子的循环论是正确理论》，阐释了老子的循环论思想，强调循环论是老子的万物发展观；三、《重评老子的"小国寡民"思想》，主要论述了老子的社会政治思想。在附录中，著者讲述和阐释了老子思想中最为重要的问题，也提出了与传统观点截然不同的新看法。总而言之，著者在一个新的视域中，评介与解读《老子》和老子思想，给读者提供了一条深入浅出的路径。（张韶宇）

细说老子

《细说老子》，傅佩荣著。上海：上海三联书店，2009年1月第1版，16开，280千字。另有北京：国际文化出版公司，2007年版。

傅佩荣，1950年生，祖籍上海。曾任台湾大学哲学系主任兼哲学研究所所长，荷兰莱顿大学、比利时鲁汶大学客座教授，现任台湾大学哲学系教授。近年来专心注解传统经典，已出版《论语》《孟子》《老子》《庄子》《易经》

解读著作多种，对于经典的当代诠释有重要影响。主要著作有《哲学与人生》《智者的生活哲学》《孔子的生活智慧》《解读庄子》等。

本书主要分为上篇和下篇两部分。著者认为《老子》作为道家思想的源头，研究它是一门博大精深的学问。在绪论中，著者认为《老子》所强调的是"道"，即"究竟真实"，宇宙万物跟人合起来看就是真实，这也是道家所要强调的。那么一切的背后是充满变化的，人生的各种遭遇也是充满变化，只有"真实"原则是永远不变的。这一切来之于"道"，又回归于"道"。由是《老子》强调以智慧取胜，智慧是一道门槛，无所谓高低，只看能不能跨过去。老子以"无为""不争"的态度来为人处事，其道理在今天仍然适用。著者还特别提出，《老子》并非完全都在谈论抽象、玄妙的观念，它也谈体验"道"之后能产生的很好效果，以便作为今人的向往。此外，著者还对老子与韩非、孔子之关系以及《老子》版本、历代注解等问题展开阐释。在对《老子》原文的解读中，著者先以《老子》各章首句为章题，次则引原文，再次为全章的白话译文，最后为著者对本章内容的详细阐释。由是，著者突破传统经学训诂思维模式，运用现代白话解读翻译阐释《老子》章句，颇有新见。

（张韶宇）

老子点津

《老子点津》，文心工作室编著。南宁：广西人民出版社，2009年2月第1版，16开，230千字，系"中文经典100句"之一种。

编著者文心工作室的人员由台湾师范大学、东吴大学、中正大学、淡江大学等高校知名学者组成。

本书从《老子》中摘取100句经典名言，每句首先引原文，即"名句的诞生"，次则加以阐释，阐释由"完全读懂名句""名句的故事""历久弥新说名句"构成，逐字逐句解读翻译。书中的点评旁征博引，重在挖掘老子哲学对人的"智能"培育，因此将全书划分多个篇章，如在政治管理领域，老子主张"无为而治"的领导管理智慧；在圆融处世上，强调"守柔曰强"的圆融处事智慧；在性命修为上，主张"无欲无私"的知足快乐智慧；在个体修养上，开示养生之道则在于"顺应自然"，强调立身待人需"自知者明"，指出"美言市尊"方能诚恳说话。本书又糅合了最新资讯和现代行文风格，以活泼的笔法加入趣味故事和背景小常识，真正做到了引人入胜，宜古宜今又不失原本风味，让古文阅读变得轻松起来，受到了读者的一致好评。（张韶宇）

《道德经》新译与道论

《〈道德经〉新译与道论》，宫哲兵著。广州：中山大学出版社，2009年9月第1版，16开，393千字。

宫哲兵，1949年生，山东蓬莱人。武汉大学哲学学院宗教学系教授、博士生导师。主要著作有《千家峒运动与瑶族发祥地》《女书——世界唯一的女性文字》《女性文字与女性社会》等。

本书从政治学角度对《道德经》进行诠释，强调弘扬中国文化的道统与学统，从"以道治国，以德治国"视角揭示《道德经》的政治经典理论。全书分上、下两部。上部《道德经》新译，论述了以道治国、以德治国及其相互关系，强调德治以道为根本，道治高于德治；阐释了圣人治国的必要性和原则，且对当权统治者王侯治国展开奉劝与告诫；强调道家思想治国，批评儒、墨、法家思想治国。下部《道德经》道论，首先厘清了道、道家、道教之关联和区别；其次，从现代视角阐释了道论、唯物论、唯心论等问题，对中国古代唯物主义、先验论、反映论、经验论和唯理论、辩证法与形而上学斗争史等进行质疑，着重论证了陆象山不是唯心主义哲学家；最后，梳理《道德经》辩证法的历史形成与逻辑发展，论述了五行相杂说到五行生胜说、阴阳动因说到阴阳相合说，他和、否和与中和，尚一说到不两说，范畴演进的历史与范畴内在的逻辑，晚周辩证思维的发展、辩证的逻辑与历史的进程等问题。

在著者看来，老子之伟大在于《道德经》之伟大，《道德经》之伟大则在于它以短短五千言而让后人以实在说不清有多少万言的文字去诠释它，而且永远言犹未尽。《道德经》没有西方古典哲学的那种逻辑的严密和语言的思辨，没有同为东方古典哲学的佛学那种有如身临其境的虚幻和浪漫，也不似同为国学经典的儒学那么现实和直截了当。它是以一种独特的思维所做的独特的哲学表达，它"大似不肖"。因此，在老子生前和老子死后的相当历史时期内，《道德经》都不如儒学和佛学那么彰显。总体而言，著者对于《老子》的理解

有所推进。（张韶宇）

老子及其遗著研究——
关于战国楚简《老子》《太一生水》《恒先》的考察

《老子及其遗著研究——关于战国楚简〈老子〉〈太一生水〉〈恒先〉的考察》，谭宝刚著。成都：巴蜀书社，2009年11月第1版，340千字，系"儒道释博士论文丛书"之一种。

谭宝刚，1969年生，湖南洞口人。曾为许昌学院文学院教师，主要从事先秦道家文献和道家思想研究。近年来，在《史学月刊》《中国史研究动态》《管子学刊》等刊物上发表学术论文多篇。

本书在前人研究成果的基础上，继承王国维先生的"二重证据法"，通过对传世典籍和出土文献的综合梳理，以郭店战国楚简《老子》《太一生水》和上海博物馆藏楚简《恒先》为主要探讨对象，采用义理与考据相结合的方法，考察老子之行事、老子思想渊源与流变，以及《老子》称"经"的时间。其中，在导论——学术史回顾及本书研究旨趣中，分别就从《庄子·天下》看老子的思想和著作、郭店楚简出土前老子其人及《老子》一书研究述评、战国楚简道家文献概况及其研究现状述略、目前学界相关研究存在的问题及本书研究旨趣等几个方面论述了老子学说有关问题，展现了著者的问题意识。之后，著者又通过老子其人、其思想源流及《老子》称"经"问题，郭店楚简《老子》思想探微，《太一生水》探索，《恒先》考论等章节对老子其人其事、学说、思想流变加以考证；且立足郭店楚简《老子》对《老子》一书的分篇和分章，与今本、帛书本《老子》的关系，以及郭店楚简《老子》与传世本《老子》有关思想承续问题进行研究；立足"太一"篇文本，对"太一"出现的时间、思想内涵及其发展演变，楚简《太一生水》"一块一盈"解，郭店楚简《太一生水》"托其名"思想探微，《太一生水》乃老聃遗著等问题提出了自己的看法；立足《恒先》篇文本，对《恒先》文本、重要哲学概念、宇宙生成论展开考察，认为上博简《恒先》是老聃的又一珍贵佚文。

总之，本书寻证《老子》一书形成的真相，寻找从简本到帛书本再到今本《老子》某些文句的变化所蕴含的思想演变的轨迹，探讨老子的其他著作

如《太一生水》和《恒先》，力图更全面地再现老子之思想，解决目前学界对老子其人及老子著作悬而未决的问题。（张韶宇）

老子研究

《老子研究》，张松辉著。北京：人民出版社，2009年11月第1版，16开，354千字，本书系"国家'985工程'四川大学宗教与社会研究创新基地学术丛书"之一种。

张松辉简介详见《老子译注与解析》提要。

本书从中国文化尤其是道家文化的历史实际出发，进行系统观照和深入考察，在充分吸收和考辨前人研究成果的基础上，有理有据地提出自己独到的学术见解。全书正文共分上、中、下三编。上编老子身世及《老子》版本，包括第一至五章，主要考辨了有关老子身世的各种传说、老子的出身及师承、老子是陈人及其与陈文化关系、老子归隐故乡等问题，同时又对流行本《老子》与竹简《老子》、帛书《老子》的关系展开比较研究，指出不能轻易否定流行本《老子》可靠性的观点，强调简本、帛本《老子》只能视为《老子》的变种本或异本。中编老子思想研究，包括第六至二十章，重点对后人关于《老子》思想和命题有分歧的观点谈了自己的看法，也可谓一家之言。著者认为先秦道家属中原文化的产物，判定老子是道、物（气）二元论者；以为老子的"无"并不是道，且认为老子的循环论是正确理论；主张老子是第一位主张性善论的人，强调老子的社会发展观揭示了人类的知识和道德呈正负发展，其绝圣弃智的主张是救世方略，认为老子的"小国寡民"思想利大于弊，可以推迟人类衰落；并对老庄的仁义观、道家万物平等观与儒家人类中心观、老子的礼学思想、老子"无为而无不为"命题、道与言的关系、老子对中国教育的贡献、老子的处世思想、老子学派的传承等都阐释了自己的观点，其中不乏新解。下编老子对后世的影响，包括第二十一至二十四章，分别从"从先秦、汉唐盛世看老子对政治的影响""老子对儒家的影响""先秦两汉时期道儒关系考""老子与道教""佛教对老子思想的吸收和尊重"等角度展开论述。本书许多富有启发性的意见，不仅对深化道家文化研究具有重要的学术价值，而且对重新认识道家与中国古代思想文化之关系也具有重要意义；无论是理论的阐释，还是文本的注译解读，其学术贡轪和创新特色更值得引起我们充分的关注。在导读部分，著者罗列了本书提出的19条新观点，如"先秦道家属中原文化""道不能直接生出万物""老子的循环论是正确理论""老子是第一位主张性善论的人""以老子为首的道家社会发展观是：人类的知识和道德呈正负发展""老子的'小国寡民'主张应该基本肯定""老子堪称礼学大师""老子是首创私学的人"等等。有些观点可以说是发前人之所未发，甚至可以说，在许多有关老子思想的重大问题上，本书都提出了全新的看法。（张韶宇）

老子道德经注

《老子道德经注》，〔三国魏〕王弼注，楼宇烈校释。北京：中华书局，2011年1月第1版，精装，32开，172千字，系"中华国学文库"之一种。

王弼（226—249），字辅嗣，三国魏山阳（今河南焦作）人。中国古代经学家、哲学家，魏晋玄学的代表人物及创始人之一。主要著作有《老子指略》《周易注》《周易略例》等。

楼宇烈，1934年生，浙江嵊县（今嵊州市）人。当代国学大师。曾任北京大学哲学系东方哲学教研室主任，北京大学宗教研究院名誉院长，北京大学学术委员会委员，国务院学位委员会学科评议组成员（第三届，1992—1997年），国家古籍整理出版规划小组成员（1981年起），全国宗教学会理事、副会长（第三届，1988—1995年）等。对传统文化颇有建树，精研儒释道三教要义，著作颇丰，主要编著有《中国的品格》《东方文化大观》《人间佛教思想文库》《中外哲学交流史》《温故知新——中国哲学研究论文集》等。

本书内容包括：校释说明、《道德经》上篇（第一至三十七章）、《道德经》下篇（第三十八至八十一章）、《老子指略》辑佚。本书以浙江书局刻明华亭张之象本为底本，参校数十种重要版本及相关征引著述，对王弼所作《老子》注释进行多视角反复比较参究和精心阐释，认为魏晋时期流行的《老子道德经》文本，与唐宋以后通行本不完全一样，且以帛书《老子》为依据，借此说明王弼《老子道德经注》所用文本是一个古老的版本。故而，在校释者看来，王弼《老子道德经注》是以比较古老的《老子》文本为底本，注文同时保存了某些老子古意，并代表三国魏晋玄学思想，因此是《老子》一书最重要的注释本之一，也是研究王弼思想的重要著作。可以说，本书是目前唯一，也是最精审的有关王弼《老子道德经注》校勘注释本，也是我们研究《道德经》和王弼哲学思想的重要参考文献。（张韶宇）

郭店楚简老子集释

《郭店楚简老子集释》，彭裕商、吴毅强著。成都：巴蜀书社，2011年11月第1版，480千字。

彭裕商，1949年生，四川人。历史学博士，四川大学历史文化学院教授、中国古文字研究会理事、四川省历史学会常务理事。主要著作有《殷墟甲骨断代》《文子校注》等。

吴毅强，1981年生，山西平陆人。现为四川大学历史文化学院特聘副研究员。主要从事商周青铜器及古文字研究。在《考古与文物》《古文字研究》等刊物发表论文多篇。出版了《鸟虫书字汇》（合撰）。

著者认为，《老子》一书，为学者所熟知，是重要的古代典籍。书中深邃的辩证思想，往往使人耳目一新，故对本书的研究，名家辈出，成果蔚然，见仁见智，各抒己见。尤其是郭店竹简出土以来，学者做了大量的研究整理工作，取得了重要的学术成果。然而诸家之说散见于各处，收罗不便。著者有感于此，为便于读者了解目前的最新研究状况，以本书汇集众说，并参以己见，对竹简本《老子》文本进行全面详细的阐释和整理，由此以考察道家思想的源流及《老子》文本流传演变的情况，为读者提供尽可能全面的相关材料，有利于更为深入地展开《老子》的研究。

本书收罗各说力求详尽，"凡不同说法，不论其说之当否，均予收录，以广见闻"。应该说，本书不仅是郭店楚简难得的研究成果，也为郭店楚简的老学研究梳理、集录了一批很好的参考文献资料。（江峰）

老子新论

《老子新论》，郑良树撰。上海：上海古籍出版社，2011年11月第1版，精装，32开，399千字，系"中华学术丛书"之一种。另有台北：台湾学生书局，1997年版。

郑良树，1940年生，字百年，祖籍广东潮安，出生于马来西亚。曾任马来西亚大学中文系讲师、副教受、系主任，香港中文大学中文系教授。主要著作有《续伪书通考》《淮南子校理》《孙子校补》《战国策研究》等。

本书分上、下两编。上编为《老子》新校，包括：整理说明、序论——帛书与西汉《老子》传本、《老子》1—81章、校勘记；下编为《老子》论集，包括：整理说明、黄序、《论帛书本〈老子〉》、《敦煌〈老子〉写本考异》、《敦煌〈老子〉写卷探微》、《论严遵及其〈道德指归〉》、附录、校勘记。

本书上编是著者在20世纪70年代发表的《老子新校》的基础上，参考20世纪70年代以来各种《老子》新校新注加以审定改写而成的，广涉《老子》历代传本、帛书本及今人著作。对校众本，不逐句出校，遇有重要异文，方悉心校录，用功甚深。下编主要收录著者在20世纪七八十年代撰写的有关《老子》版本研究的四篇重要论文。著者依据当时的条件，对马王堆帛书本、严遵《指归》本及敦煌诸写卷本《老子》的版本状况做了详尽的描述和细致的研究，有很高的校勘学价值。尤其是《敦煌〈老子〉写本考异》《敦煌〈老子〉写卷探微》二文，在20世纪80年代初大型敦煌文献尚未结集出版、敦煌《老子》资料分散难见的情况下，搜罗、汇集了当时能够经眼的几乎所有敦煌《老子》文献，与今本进行对勘，这对于敦煌《老子》写卷的刊布、流传，方便学者的研究使用，无疑有着极大的促进作用。（张韶宇）

张其成全解道德经

《张其成全解道德经》，张其成著。北京：华夏出版社，2012年1月第1版，16开，350千字。另有北京：华夏出版社，2017年6月第2版。

张其成，1958年生，安徽歙县人。现任北京中医药大学管理学院院长、教授、博士生导师。近年来致力于传播中华国学、构建精神家园，发起设立"张其成国学基金"。

著者强调老子《道德经》常读常新，永远读不尽、读不透。所以著者一直边阅读、边思考，除保留并修订自己原有《大道之门：张其成讲读〈老子〉》一书全部内容外，增加了近一倍的内容。

正文前的导语以"打开智慧的大门"为题，主要讲述其研究老子《道德经》的考辨、心得，内容包括：老子姓什么、老子生在什么时候、《老子》的版本等等。对老子其人其书，著者也有自己的评价，认为老子是道家的创始人，是中华民族智慧的最高代表，为我们打开了一扇智慧大门；他的《道德经》为道家奠定了理论基础，是道家的开山之作，更是一部充满智慧和哲理的经典。

正文解老81章，每章按关键句为题，分原文、语译、解读。解读所占篇幅较大，体现学术性、通俗性、全面性。学术性是说此书的解读忠实于原典，忠实于历史，在汲取前人成果的基础上，与当今时代相联系，古为今用，推陈出新，使古老的智慧在新的时代熠熠生辉；通俗性是说此书以通俗流畅的现代语言，用历史的故事、现实的事例阐发《道德经》中的微言大义，深入浅出地让读者能真正读懂《道德经》，并学会运用《道德经》中的智慧，以帮助自己的人生旅途一帆风顺；全面性是说此书对《道德经》里的每一个字、每一句话都做了解读，解得透彻，解得详细，揭示每一章中所蕴藏的智慧，以及给我们做人、做事的启示。书中还配有大量的古代山水人物图与著者专门为本书题写的书法图片，以增进读者对《道德经》的理解与阅读情趣。（江峰）

《道德经》释疑

《〈道德经〉释疑》，曹音著。上海：上海三联书店，2012年2月第1版，16开，115千字，系"读懂经典"丛书"曹音经文释疑书系"之一种。另有上海：上海三联书店，2015年9月第2版。

曹音，1952年生，北京人。主要著作有《大学中庸释疑》《周易释疑》《诗经释疑》等。

本书无论是著者对原文所作的考疑诠释，还是书稿体例上的架构都自有特点。著者在前言之后，先按原81章节顺序释疑，又将这81个章节按叙述内容进行总结归纳，创造性地编为论道篇、循道篇、论德守德篇、无为篇、为人处世篇、政治理念篇和老子之感叹篇七个篇章，按篇章进行专题分类解读。

本书的亮点就在于按新篇章进行专题分类解读，这尤其体现在每章的导读部分。例如"论德守德篇"导读为：形而上的"道"是我们人类的感官知觉所不能直接接触到的，但是当"道"作用于万物时，就借万物的有形显现出它的规律，这种规律就足以成为我们人类行为的准则。所以说，当形而上的"道"作用于我们人生时，便可将它称之为"德"。这样的导读既便于读者理解著者的总结归纳，也便于读者对《道德经》的理解。

本书论道简明，说理深刻，行文通俗。虽有一些观点带有主观性，如说老子的政治理念是希望"回复到自然无为的古代社会"，但本书许多设想都对当代人们理解《道德经》颇有启迪。杨宏声评说"曹音经文释疑书系"的学术用意，认为释疑特重文字和思想含义的考释，恰如哲学诠释之"追问"；隐设了一个根本性的历史性的结论，即："六经"乃文、武、周公之书，其中尤以周公的贡献为大；"曹音经文释疑书系"之作，"先立其大体"，具体的研究与设想之间总是保持着一定的距离，形成张力；采用直解方式，解说"疏朗澄明"。（江峰）

汉字学视域下的"老子"

《汉字学视域下的"老子"》，何铁山著。杭州：浙江大学出版社，2012年3月第1版，32开，346千字。

何铁山，1963年生，湖南衡阳人。先后撰写和出版了近十种书法字帖和字库。他的《隶书研习入门》《楷书研习入门》《草书研习入门》被全国数百所学校选为书法教材，另有《隶书字帖》《铁山硬笔行、楷、隶〈新华字典〉》等字帖和教材出版。

本书从文字学入手，结合当代哲学、自然科学、历史学、古典文学、语言学等学科，对《老子》的用字特点、语言意义及其所蕴哲理进行了全面的梳理与探索，颠覆了不少传统解读，解决了前人没有解决的一些问题，对研究《老子》的学者也提供了一个新的思考维度。

本书前有引言、老子及其思想简介、怎样看"读通《老子》"、《老子》的"人本"思想，正文依据《老子》81章分章解读。著者认为汉字是汉语言的基本要素，所以要弄懂汉语言的基本含义，必须先从单个的汉文字开始。《老子》的创作，带有明显的神话思维特点，而至今仍保有象形象意特点的汉文字，则为这种思维方式提供了得天独厚的条件。为了不受前人影响，避免先入为主，著者对《老子》五千言的释读，基本依据《汉语大字典》全部独立完成。对全篇几乎所有汉字的初文（最原始的汉字构形），著者都做了必要的探究、诠释，并有不少新的发现。

著者强调，读《老子》，能与当代哲学、自然科学贯通。认为在汉字学视域下解读《老子》，能够很好地解释那些《老子》中看似前后矛盾的地方。而对汉文字的多义项选择要经得起反复推敲，而释义更要做深入分析。

本书探讨了《老子》的"人本"思想，著者认为，《老子》肯定了"人"在社会发展中的"主体""主导"地位，强调了"人"的发展必须遵循社会发展规律。

本书解字颇为详尽，且往往富有灵性、悟性和创意。正如陈庆江所肯定的，本书"基于文字学的研究，应有助于人们阅读、探究《老子》；就老学的继续发展而言，亦具某些方法论的意义"。（江峰）

《老子》研究在美国

《〈老子〉研究在美国》，彭振利著。新北：花木兰文化出版社，2012年3月初版，精装，16开，系"中国学术思想研究辑刊"之一种。

彭振利，1962年生，台湾云林人。台湾云林科技大学国际汉学研究所硕士。

本书以论述美国地区学者的《老子》研究论著为主，其中包含顾立雅、孟旦、成中英等23位学者的33篇作品。本书共分为七章。第一章绪论，说明本书的研究动机、目的、研究方法与范围内容。第二章《老子》研究在美国之缘起及概况，介绍美国汉学研究概况及《老子》研究在美国的缘起及概况。第三章《老子》研究在美国述要，依出版的先后顺序，将23位学者的33篇作品分成四个部分予以摘述，作为本书讨论的依据与基础。第四章《老子》"道"之"体"研究在美国述论，本章从"自然""道与德""有与无"这三组概念来探讨上述美国汉学界有关《老子》的研究成果，做一客观的述论。第五章《老子》"道"之"用"研究在美国述论，本章依"无为""虚静""弱道"这三个概念来探讨上述美国汉学界有关《老子》的研究成果，并做一客观的述论。第六章《老子》之其他观点研究在美国，美国学者的《老子》研究，除了《老子》的自然思想之外，还有些其他的议题，如道家的分类、《老子》的圣人观、《老子》的神秘主义、《老子》语言学分析等，可以更完整地呈现出《老子》研究在美国的整体风貌。第七章结论，作为本书所作研究之综合性叙述，并依此提出美国汉学界对《老子》研究的回顾及美国《老子》研究的未来展望。

本书的学术贡献：一、能够简明扼要呈现美国学界的《老子》研究成果，可作为国内学界研究《老子》时的参考，并有他山之石可以攻玉的效果；二、能够呈现美国汉学界的《老子》研究之新观点或发掘新的问题，可提供新的学术研究方向或论题。（郭正宜）

道德经释义（修订版）

《道德经释义》（修订版），任法融著。北京：东方出版社，2012年7月第1版，32开，63千字。

任法融，1936年生，甘肃天水人。我国著名的易学专家，海内外著名的道教界人物。本书出版时任世界宗教和平会主席、全国政协常委、中国道教协会会长、陕西道教协会会长等职务。主要著作有《周易参同契释义》《黄帝阴符经·黄石公素书释义》等。

古今中外，从各个角度研究和注释《道德经》的人不计其数，本书的最大特点就是采用道家的方法和观点，基于其本来意义对《道德经》做出精要阐释，希望将其中的精髓挖掘出来并发扬光大，促进中华振兴以及人类文明进步。本书观点新颖，言简意赅，适用面广，当代科技、教育、军事、经济、政治、文化等方面都能在书中找到可资借鉴之处。

本书主要由总论、正文、附录组成。著者在总论中描述了众多学者对《道德经》片面理解的现象并分析了原因——未从"万有"中超脱出来，均从侧面理解"道"，并用常识的观点予以说明，因此偏离了《道德经》的本意。而著者历经多年修身养性、修炼研道，根据自己钻研顿悟所得，超脱"万有"，用数千年来道家真传的正统观点注释了《道德经》。他认为《道德经》主要内容为无极图、太极图。解释了无极图主要内容是"道"和"德"，太极图内容是"可道"和"下德"，并说明了两者的关系。正文分为上、下两篇。前37章是《道经》，为上篇；后44章是《德经》，为下篇。本书在遵循《道德经》本意的基础上，针对这五千文进行了逐字逐句的详细推敲、解释，并且剖析了每章的主旨大意。附录部分，在充分理解领悟《道德经》的基础上，著者归纳了"道"的十大特征，即"虚无""自然""清净""无为""纯粹""素朴""平易""恬淡""柔弱""不争"。

本书一经出版就受到了国内外道教界的重视，韩国金仙学会已翻译出版了本书的韩文本。有学者言此书是"最符合道教意志的专著"。樊光春指出：在本书中，著者把老子的重要论断与《周易》相对应，解释了"道"的起源和发展，解决了老子思想与中国上古哲学思想的衔接问题。另外，还促进了与其他国家的文化交流，弘扬了道教的传统文化。（江峰、曾晗）

老子译注

《老子译注》，罗义俊撰。上海：上海古籍出版社，2012年8月第1版，16开，167千字，系"国学经典译注丛书"之一种。

罗义俊，1944年生。曾任上海社会科学院历史研究所研究员。主要从事经学、中国思想文化的研究。主要著作有《〈老子〉入门》《汉武帝评传》《钱穆学案》《评新儒家》等。

本书是著者在吸收前人研究成果的基础上，博采《老子》诸本之长校定而成。全书主要由上篇37章、下篇44章组成。著者称，本书作为译注，注释采取开放形式，异说并存。经文注释后附今译，取直译，偶补译意以明之。

著者在前言中强调："国学一词，必须注入价值观念，其底线必不以否定中国文化的价值为旨，正面说即表现了中国文化的价值或重要价值或核心价值，对其研究亦然。"由此引出可以确定国学成立与否的四个重要观念或重要条件：一是必与中国历史文化长传统相连。这个事实性条件，其实含有一"渊源"的概念，即它渊源于自身存在的文化传统，简言之，它有一个中国文化源。二是轴心时代的，与《六艺》关联，亦必与《六艺》相连。此后，或与《六艺》相连，或与诸子相连。三是于内圣外王，或一或俱，必有其用。国粹派所谓国学也者，虽重外王而忽内圣性命之旨，其知"用"则未错。四是它自身在中国文化中已形成，且必在其中形成一个含价值意义的长传统，即为中国人自然而然地接受。此四项，为国学之当有。而以此衡量《老子》，则无不皆然：其思想背后有一个历史文化的长传统，而为其哲学创造的资粮和渊源；其形成了一个长传统，其思想对朝廷政治、知识分子的社会、民间社会，也就是说对传统中国社会上、中、下三层，对国族生命和历史事业（内圣外王），都有深远的影响和作用，其自身也流传悠远；《老子》是中国历史文化长传统的产物，是中国文化的匡学宝典。

本书注释精详，译文流畅明白，并对一些重要问题进行辨析，提出了自己独到的见解。虽其中解老也有一些意不尽然之处，但是可以为读者理解《老子》思想义理提供诸多富有价值的参考资料和宝贵意见。（江峰）

《道德经》章句排序研究新编

《〈道德经〉章句排序研究新编》，陈之峰编撰。南宁：广西人民出版社，2012年11月第1版，32开。

本书上卷为道，包括第一篇道说、第二篇知说、第三篇行说；下卷为德，包括第四篇德说、第五篇圣说、第六篇政说、第七篇治说、第八篇兵说。每篇包含诸多"简"，为便于读者使用，书后附有原文"章"与新编"简"序查对表。

本书不仅以多年的思索形成《老子》各章的八篇新序次展示编撰者的探索精神，而且在每篇各简编撰的原文—注释—译文—浅识模式中，尤以"浅识"和每篇的结语，最能体现编撰者的慧悟。例如，第一篇道说，一简的"浅识"：老聃开篇提出"道"的概念，全章内容也只是概念，所以本章犹如今人著作的"纲领"。而"道"字是老聃思辨哲学中使用的专用名词，故"道"是全书的总纲。"无"和"有"同出于"道"，即"道"是"无"和"有"的本原，意谓"道"从无形之质向有形之质转化而显示。

本书每篇皆有结语。例如，第一篇道说的结语：全篇提示，"道"字是老聃书的总纲，是思想灵魂，不解"道"字的义理，等于盲人摸象，白看《道德经》。第二篇知说的结语：知者，知"道"理之谓。以"道"的理念为言行规范，是谓"道"理（真理），是人类生存行为的正确方向、准则。第三篇行说的结语：动物的生存本能是觅食与求偶，其思维没有认识和意识，也就无欲望和意志。人之为人正在于有认识的功能，因而也就有意识和意志，这就是人的欲望行为。人初时期，劳动工具原始，生产力低，必须群体劳作才有收获和安全保障。生产力发展后，人分化独立生存，进入等级社会，人的行为也就改变，从过去的平等变为不平等。权力阶层的存在是否合理？老聃辩证"道"的原则，以阐发人的行为品质，论证圣人的品格，以定性治国者的行为准则。行——指侯王的行为而言，这是关系邦国兴亡与自身生死的行为。这些结语，足见编撰者的研究功力，颇有画龙点睛之功效。

尽管本书的章句排序新编不一定是大家都认同的，但其所体现出来的探索研究传统文化的精神，无疑是可贵的；尽管每简的"浅识"不一定都是大家所认同的，但其反映出来的对传统文化的慧悟，也无疑是值得肯定的。（江峰）

老子《道德经》释解

《老子〈道德经〉释解》，王凯著。北京：人民出版社，2012年12月第1版，16开，330千字，系"山东省社会科学规划研究项目文丛·一般项目"之一种。

王凯，1958年生。现为青岛大学文学院教授、研究生导师，中国墨子学会副会长、常务理事，国际美学学会会员，中华美学学会会员，山东省古代文学学会常务理事，青岛市美学学会副会长兼秘书长。主要从事西方哲学、中国美学和中国古代文学研究。主要著作有《自然的神韵——道家精神与山水田园诗》《逍遥游——庄子美学的现代阐释》。

本书由导论、正文81章、参考文献、后记构成。著者对《道德经》这一中华文化的经典之作在历史上不同时期的注本，进行了综合性研究，在历代学者丰富的研究文献的基础上，着重对《道德经》一书做了逐章、逐段、逐句、逐字的细微考据和反复斟酌，并力图对其基本的思想和内容进行新的拓展性研究。其中，原文部分，目的是要为读者提供更为可靠的文本，以便于读者了解《道德经》的原典及系统文本；注释部分，目的是要为读者扫除阅读障碍，释疑解惑；今译部分，目的是要为读者提供理解原文的参照，以便于读者更为清楚地理解原典的相关内容；分段解读，目的是要为读者提供层次清晰的导读线索，以便于梳理原典的内在逻辑关联；阐述部分，目的是要对老子《道德经》各章的主旨进行准确的概括，对每章的基本内容进行深入的解读和阐发，对一些学界有争议的问题做出客观公正的评价。

著者对老子幽深的智慧有着敏感的领略和体悟，对老子精湛的语言有着深刻的洞察和品味，对老子博大的精神有着独到的分析和见解。与其他老子《道德经》的注释类著作相比而言，本书有一个鲜明特色，即其以原文、注释、今译、解读、阐述的不同层次构成，由浅入深地引导读者逐层进入到老子《道德经》的幽深之境，从而也使老子所言说的本真世界，更为澄明、敞亮。因此，可以说，著者最终奉献给读者的，是一部内容丰富，思想深刻，融哲理、诗情、玄言于一体的文本诠释著作。（江峰）

老子

《老子》，饶尚宽译注。北京：中华书局，2013年1月第1版，32开，90千字，系"中华经典诵读"之一种。

饶尚宽，1942年生，陕西城固人。现为新疆师范大学教授。主要从事古代汉语、训诂学和古代文化史的教学科研工作。主要著作有《古历论稿》《古籍语义阐释学》《训诂学通论》《春秋战国秦汉朔闰表：公元前722年～公元220年》等。

本书采取原文、注音、注释和译文相结合的形式，每个章节前还有题解。原文以权威底本为依据，采用醒目的楷体大字，全部加注规范的汉语拼音。注释力求细致精准，不仅解释疑难字词，交代出处典故，还对疑难的句子予以串讲。对原文中的字有对应繁体字的，在其下面一行用小号字体标出其规范的繁体字。以此利用少年儿童记忆力强的特点，为他们今后阅读繁体版国学经典提供方便。

本书的特色主要有四个方面：一是细致入微的编排、译注，通俗的话语形式，体现了译注者传播传统文化的强烈的历史使命感与社会责任感；二是扩大了《老子》在当代人尤其是当代少年儿童中的影响，力图释放出《老子》巨大的正能量，因而在一定程度上发挥出了《老子》的教育功能；三是传递出译注者以人为本的人文关怀，如以大号楷体字编排原文，以便对诵读者视力以保护，这正是从诵读者身心健康出发的一种用心良苦的考量；四是透映出译注者兼顾诵读者长远的可持续发展的睿智，如通过一定量的繁体字标注，使与传统文化存在着语言文字割裂、阻隔的当代年轻人，有一个渐进式的补益，以达到对传统文化的亲近与深度融入。应该说，本书不失为适合当代少年儿童诵读的不可多得的经典读本。（江峰）

老子通读

《老子通读》，张其林编著。郑州：河南人民出版社，2013年1月第1版，32开，230千字。

张其林，1963年生。长期从事文化机构管理工作。

本书一改惯常《老子》解读著作采用的注释和直译方式，力图避免注释的烦琐和直译的词不达意，体现出一个明显的特点，即从意译、解读、评析三个层面，较为通俗、详尽地诠释老子的哲学和思想要义。由于彰显老子哲学，需要顾及老子的逆向思维、老子的与众不同、老子的"正言若反"，因而此书的意译、解读、评析三层统合模式，对于当今广大读者来说，应该说是提供了参详《老子》、通往老子哲学和思想殿堂的一条捷径：意译重在尽可能以现代语言让读者了解《老子》各章的内容；解读重在更为详尽地解释其各章节内容，让读者理解更为全面深刻；评析重在对《老子》一书的哲学观点、政治思想、经济和军事观念进行价值挖掘，提出《老子》对今人何以具有启示意义的见解。

本书按照《老子》81章设计架构，每章选取本章文本中的关键语句为主题，后附以《老子》原文和《老子》原文精要。《老子》原文以陈鼓应《老子今注今译》中的"老子校定文"为蓝本，同时参考任继愈《老子绎读》等解老著作，并加入自己的见解整合而成。《老子》原文精要是指《老子》原文中最能体现老子思想要义的精华语句集合，将其单独辑录，目的是让读者能够更为便捷地学习老子哲学和思想。它不同于老子语录，可以为理解老子思想精华提供语言环境方面的参照，避免只言片语式的老子语录可能会造成的对于老子哲学和思想的断章取义。

著者力求为那些对老子哲学和思想有兴趣却又没有太多时间研读《老子》的读者，提供一些有益的帮助，可见他对实现传统文化精华的现代价值转化

的一种可贵的历史使命感和责任担当。可以说，此书的出版，在某种程度上的确是实现了著者本人著书的承诺。（江峰）

老子译注

《老子译注》，贾德永译注。上海：上海三联书店，2013年2月第1版，16开，50千字。

贾德永，1987年生，山西朔州人。研究领域为先秦文献、儒家文献。

本书主要由解老81章组成，分上、下两篇。正文每章由原文、注释、译文、解析四部分组成。本书原文以中华书局据华亭张氏所刊王弼注本为主。对于王弼本有错误的，再据河上公本、傅奕本、唐代多种碑本、敦煌残本及宋范应元本，做了一些适当的校正。而关于字句的解释，尽可能利用历代专家学者的研究成果。译文以直译为主，兼用意译，力求准确、顺畅。

本书每章末尾的解析最具点睛特色。例如，第二十一章，其解析为：老子认为道是无形体的，人类的感官不能察觉，但在深远暗昧之中，有它的实质，有它的形象，有它的精祥，有它的信验。它在恍惚窈冥之中产生了天地万物。所以大德之人的行动，都遵循道的规律。又如，第二十七章，其解析为：本章是对自然无为思想的引申。不仅指出了有道者顺其自然以待人接物，而且表达了有道者的心怀是不会弃人弃物。他们对于善人和不善的人，都能一律加以善待。特别是不善的人，并不因为其不善而抛弃他，一方面要劝勉他，诱导他，另一方面也能作为他人的借鉴。诸如此类，足见译注者对《老子》的用心体悟和研习功夫。（江峰）

《老子》今读

《〈老子〉今读》，孙以楷著。合肥：安徽大学出版社，2013年3月第1版，80千字，系"走进传统文化"之一种。

孙以楷简介详见《〈老子〉注译》提要。

书前的引言部分是《老子简传》，其中较为集中地表述了著者对老子其人其书的一些基本的看法和观点。主要包括：老聃建构了中国第一个完整哲学体系，是中国哲学之父；《老子》是由老聃撰写的中国最早的一部哲学经典；老聃吸取了《易经》《尚书》中的观念，提出了创生与规定宇宙现实世界存在的最高范畴，即"道"；老聃提出了道德、有无、阴阳、中、气、心、美、善等基本哲学范畴。

正文是著者对81章《老子》分篇研读的成果。每章前录《老子》原文，随后是著者对本章内容的解释和阐述，文字通俗易懂，道理深刻明白。其中一个重要特点，是著者能够从《老子》的经典原文中，领悟、揭示与古今中外哲学大家直通的哲学奥理。例如，第四章的解读中，著者体会到：老子用"冲""不盈""湛""或存"这些词极力描述道，是告诉人们道是非具体物质实体。又如，第六章的解读中，著者感叹：本章是一首生命的赞歌，一首伟大母性的颂歌。道是天地万物的母亲，道创造了一切。老子的母亲至上观与儒家男尊女卑观，形成了鲜明对立。诸如此类，这些解读，都凝结着著者的心血和灵智，能够让读者从老子哲学中吸取文化的精华，发人深省。（江峰）

轻叩众妙之门

《轻叩众妙之门》，周高德著。北京：线装书局，2013年3月第1版，16开，360千字。

周高德，1961年生，湖北石首人。现为中国道教协会副秘书长、中华诗词学会会员、北京市道家书画艺术委员会委员。主要著作有《道教文化与生活》《溯源·论道——走近道教圣典〈道德经〉》《道教的精神》等。

本书以西汉文帝时之《老子道德经河上公章句》本为蓝本，同时参照战国时之竹简本、汉初时之帛书本以及三国时之王弼本等古本，并借鉴历代学者之研究成果，经过反复推敲而加以校定。全书81章，依据河上公本排出，帛书本与之不同者加以说明。对较为难懂的字、词均进行注释，其中，对有争议的字、词则参考历代名家之注释并予以说明。对原文阅读中容易把握不准的字，标示了汉语拼音。各句大意，采取直译和意译相结合的方式，力求通俗易懂。文中主旨，对全章的主要意义做了概括总结。每一章最后附有札记，重点介绍了著者对河上公本之该章标题的见解和对该章的分析，以便读者拓展视野。

本书解老释老，而体现的诸多"新得"就在于：一是每章都有对古今解老注老的梳理；二是在注解中还多引有一些典故、引证；三是每章注后多有富有新意的札记。例如在第八章中，他分析："老子关于'居善地''动善时'的思想，在中国文化中具有很强的哲理性。自古至今对人们所从事的生活、农业生产、军事、政治、医学养生等各项实践活动，都有重要的指导意义。如古代的'孟母三迁'，流传的'良禽择木而栖，贤臣择明主而侍'，安居中的风水科学等都体现了'居善地'的思想。又如，三国时期诸葛亮的'借东风'，农业生产中的经验'春种、夏长、秋收、冬藏'，我国北方的农谚'白露早，寒露迟，秋分种麦正当时'，养生所说的'春捂秋冻''睡子午觉'等，都体现了'动善时'的指导思想。几千年来，成为我们遵从自然规律而平安生存的行为准则。"这些分析和引证，在本书中随处可见，足见其学识和理论功底。

著者探索《道德经》本义，不囿于他说，并参以己见，力争使其阐释符合当今社会的进步要求。正如他自序所说："笔者怀着一颗虔诚的心，走近'众妙之门'，欲寻觅老子那'玄之又玄'的思想境界，故试着对老子《道德经》进行探索性的注释和分析。其旨在：弘扬老子思想，汲取太上智慧，提高道德素养，利益天下众生。"在这个意义上，著者努力做到了。（江峰）

道德经讲义

《道德经讲义》，王孺童讲解。北京：中华书局，2013年4月第1版，精装，32开，80千字，系"国民阅读经典"之一种。

王孺童，佛教居士，现为中国佛教协会理事、中国佛教协会居士事务委员会委员、民建中央文化委员会委员、全国青联委员、全国青联宗教界别工作委员会秘书长、中央国家机关青联委员、中国佛教文化研究所特约研究员。主要著作有《比丘尼传校注》《智顗净土思想之研究》《释迦佛出世图注译》《百喻经译注》《坛经释义》等。

在其自序中，著者认为，先秦诸子百家的著述，并非纯粹的抽象哲学，或是空泛地谈论人生道理，它们大多是给当时统治者提供治国安邦的策略和方法。因此，著者强调，一定要将经典放回到其所处的时代背景中，加以研读、揣摩，才能把握其思想的实质，真正达到与古人神交的境界。

本书主体是对《道德经》81章的讲解，先配原文，而后着重讲解重要之处。此书的一个鲜明特点，就是对每一章中诸关要之词予以讲解与阐发。例如，第一章，就选取了"道可道""名可名""道""无""其""玄"等逐一解读阐发。其讲解"道可道"："第一个'道'字，指根本法则，第二个'道'字，指言语描述。如果说作为本原的'道'能够被描述出来，或以某种方式被界定、表征出来，那它就不是永恒之'道'。'常'是永恒不变的意思。"

书后附：中华道统，三教合流——浅谈儒、道、佛之和谐共生发展，是著者对儒、道、佛三教融合发展予以深入探讨和梳理的研究成果，在此书中所占篇幅有47页之多。著者以为，中华民族特有的内在品德，使得由各种文化间之差异性而引发的思想冲突与碰撞，没有进一步恶性发展到你死我活的斗争，反而转化成一种类似于"不打不相识"的共生发展，呈现出中华文明百家争鸣、百花齐放的繁荣景象。

著者梳理三教合流的历代态势，把握中华道统的文化脉动，立足于宏阔的视域，给读者展现出一条中华文明各自"和而不同"的和谐共生发展之路。（江峰）

老子

《老子》，陈鼓应、蒋丽梅导读及译注。北京：中信出版社，2013年8月第1版，16开，60千字，系"中信国学大典"之一种。

陈鼓应简介详见《老子今注今译及评介》提要。

蒋丽梅，1980年生，江苏靖江人。北京师范大学哲学学院副教授、硕士生导师。主要研究领域为老庄思想、魏晋玄学。主要论文有《王弼〈老子注〉对"道"的诠释》《王弼"情"思想研究》《王弼〈易〉注用〈庄〉论》及《王弼老子注的"崇本息末"思想》等。

本书前有陈鼓应作《〈老子〉导读》，分析了老子其人其书、老子思想及老子之道。认为老子的道可由"可道之'道'"与"不可道之'道'""有无相生""为无为""道法自然""柔弱胜刚强"等相关概念组成。从儒道对比的视角看，"儒家是通过社会规范的建立来提高的道德价值，道家是通过哲学精神的建立来提升人的心灵境界"，"儒家在中国政治社会中成为显文化及官方哲学，而道家则成为潜文化及民间哲学"，两者各成一家，相互推动着中国文化的发展。

本书在研读原典、综合辨析的基础上，对通行版《老子》进行了导读及译注。正文以通行本《老子》81章为序，每章由导读、原文、注释、译文、赏析与点评等五部分构成。每章开头的导读，总括介绍该章内容，简述其主旨及立意。相比传统注疏版本，本书注释进行了拣择，翻译以忠实经文的直译为主，同时注重贴近当代社会生活，拉近了经典与生活的距离，保有学术严谨性的同时具有较强的可读性、通俗性及时代性。赏析与点评能够准确把握经文本意和内在关联，注意与其他篇章关涉，结合当代社会实际情形，尝试从老子的思想体系中进行建构及阐释。后附名句索引，可按笔画方便查询《老子》中的名句。总体来看，本书较为适合对《老子》感兴趣的初学者学习。（杨琳）

老子古注今译

《老子古注今译》，萧登福注译。香港：青松出版社，2013年9月版，32开。
萧登福简介详见《周秦两汉早期道教》提要。

著者指出《老子》一书，有治国理论，有修身及处事哲理，有万物生化的道体论，奠定了道家思想的初基，影响了法家的韩非，也促使汉魏六朝佛教译经师大量引用道家本体论及无为、自然之说，使得佛教成为具有中国思维与特色的中国佛教，而有别于印度佛教。

本书以《四部集要》子部王弼注本《老子》为底本。先依章次列出经文，各章经文之后，再分章旨、版本异同、注释、今译、引释等项，来诠释《老子》。

本书用以校雠的本子，以郭店竹简本，马王堆汉墓甲本、乙本，河上公注本等为主，其他刊本、注本为辅。所采用的主要古注有河上公注、王弼注、成玄英注、李荣注、唐玄宗注、宋徽宗注，又参考《文子》《关尹子》《列子》《庄子》《韩非子》及屈原《楚辞》、刘安《淮南子》等，均对老子哲学有所发挥，本书皆将之采入引释中，胪列相关文字，作为参考。（林翠凤）

（二）《庄子》注译与研究

庄子故

　　《庄子故》，马其昶著。合肥李氏《集虚草堂丛书》本，清光绪三十一年（1905）版。

　　马其昶简介详见《老子故》提要。

　　本书初稿完成于清光绪二十年（1894），八卷本。本书卷首自序认为古来注《庄子》百余家，"独郭象注最显"，成就也最高，此后诸本，"各以己意为说"，不能契合《庄子》本意。本书择选晋朝以来向秀、郭象、支遁、司马彪、崔譔、陆德明、成玄英、朱熹、陈景元、罗勉道、归有光、德清、方以智、顾炎武、宣颖、俞樾、姚鼐、章太炎、严复等80多家注解，旁征博引，尤其注重桐城派注家成果，但只是引述，而不加评论。对于历代无解的地方，才加以自己的按语，大致而言倾向于从儒家和理学角度予以解释。书末附有采缀自诸书中的《庄子》佚文，以及李国松所撰后跋。

　　本书保存了大量桐城派注家的学术成果，这为其他庄子学著作所不多见，具有一定的学术价值。其自注也多有新意，可备一家之说。本书在治学风格方面集合桐城派义理、考据、辞章之精髓，堪称代表之作，诚如钱穆在《庄子纂笺》中所论，认为本书"得桐城家法，能通文章义趣"。此后，胡远濬《庄子诠诂》、叶玉麟《白话译解庄子》等多依据本书，钱穆《庄子纂笺》亦以本书为蓝本，由此皆可见其历史影响。（张永宏）

庄子补释

　　《庄子补释》，宁调元著。1909年版，系《太一遗书》之一种。另有长沙：湖南人民出版社，2008年版，系杨天石、曾景忠编《宁调元集》之一种。

　　宁调元（1883—1913），字仙霞，号太一，笔名辟支、屈魂等，湖南醴陵人。先后加入华兴会、同盟会，主编《帝国日报》，创办《民声日报》，1913年在武昌英勇就义。作品多写于狱中，主要著作有《太一遗书》《宁调元集》等。

1909年5月，著者在狱中研读《庄子》，所撰札记汇编而成《庄子补释》。在自叙中，著者介绍了其研读《庄子》的经历，认为"西学之未必尽裨实用也"，研究《庄子》《离骚》诸书，乃是为了"通人情世变之原，证今古文字之异"。自认为本书"虽未必尽美善，自信于前人解释之讹、断句之谬、传写之误，所订正处亦不无一得之愚，足以质诸古人也"。对于王闿运《庄子注》予以批驳，认为其观点有抄袭之嫌，且体例不对。

本书并非全注《庄子》，而是择取其中部分经文，予以札记性质的注释，主要就经文重要字句予以解释，对前人观点予以分析辩驳，较为简略，但具有一定的思想性。（张永宏）

读庄穷年录

《读庄穷年录》，秦毓鎏著。1916年抄本，现藏于上海图书馆。另有1917年铅印本。

秦毓鎏（1880—1937），又名念萱，字晃甫，号效鲁，晚号天徒、坐忘，江苏无锡人。1901年考入江南水师学堂。1902年东渡日本，参与革命活动。1911年在无锡发动起义。1913年"二次革命"时被捕入狱。1916年出狱后，继续从事政治活动。主要著作有《天徒自述》《坐忘见闻》等。

本书乃是著者在江苏狱中所撰。在自序中，著者说："余少年时即好其书，跋涉山海，未尝弃置。"在陆军监狱三年中，"斗室幽居，日如年永，借治此书以自遣"。著者认为，庄子其人"负绝世之知而兼过人之情，处乱世而不自得，高言放论以自快其意"，其思想既不是宗老，也不是宗孔，而是"发前人之所未发，卓然成家，而为神州哲学之宗"。

在例言中，著者认为《庄子·齐物论》"为其学说中枢，实为全书纲要"，如果读通了该篇，"则全书迎刃而解矣"。他提出，解释《庄子》，当以庄解庄，这是因为《庄子》"内外各篇往往有互相发明者"。

本书共择录《庄子》原文365条，对每条予以思想性解释，每每有新意。正如其在例言中所说，庄子思想"间有与西方哲学说相符者"，故而在解释中多进行中西比较，如将《齐物论》"有无也者"解释为："谓一切虚幻者。案西国哲学，有唯物、唯心二派。有有，即唯物之说也；有无，即唯心之说也。"

颇令人耳目一新。

本书来自著者切身体会所得，故而多有深意，具有一定的思想价值。铅印本出版时，蔡元培、钱基博为之作序，更增其影响力。（张永宏）

庄子发微

《庄子发微》，王传燮撰。北京：国家图书馆出版社，2011年12月第1版，系方勇主编《子藏·道家部·庄子卷》之一种，据1916年排印本收录。

王传燮，字蘧园，安徽怀远人。民国初"办学皖垣"，后因赣皖之乱，学款中辍，郁郁归里。成舍我称其人"负奇致""激昂磊落"，曾著小说，后专心哲学。

本书卷首有广东澄海蔡卓勋《庄子发微序》、江苏常熟钱育仁《敬题蘧园先生遗著庄子发微后》、六合张树屏《读庄子发微题词兼以志感》诗二首及著者自序、后序，书末为成舍我跋。

本书分上、下两编。上编为庄子教案，为《庄子》之综合性介绍，分导言、庄子小史、庄子教义等。而于"庄子教义"部分，萃取《庄子》所论之主题，如庄子之大道说、庄子之大宗师说等凡20篇，并以英文字母记每篇之次序。著者认为"庄子教义"中第二至十诸篇为"教义中之特色，乃老教所未曾有者"。下编为书后与附录。前者为内、外篇中各篇及杂篇中《天下》篇之书后。内、外篇各篇之后还有内篇总书后、外篇总书后。附录包括庄子之说大、庄子之说命等八则内容。

本书编撰纲目分明，条理清晰。著者于后序中称："所列教案教义，阅者或疑之。"因时人认为庄子属道教而疑其称庄子为庄教之论，可见本书观点独树一帜。本书之庄子学思想特点包括：

一、本书以现代学科思想治《庄子》。本书上、下编之各纲目，以现代哲学范畴分类法将《庄子》所论之主题分为天、仁、乐、性、无为、大同、生死等等不同的主题。"庄子行谊"中认为《庄子》中有植物学、动物学、声学、空气学等。再如著者径用现代哲学范畴称《庄子》在思想上系"玄理派而兼唯物派"。此类表明著者系从现代学科观念出发研究《庄子》的。

二、本书系中西和会之产物，颇见时代思潮风貌。本书将《庄子》置于中西文化的背景中阐发其奥义，以求其同异，其论往往有独到之处。如"庄子教义"中以群治、政治等范畴论《庄子》，颇令人耳目一新。所论《徐无鬼》篇中去害群之马之观点，与赫胥黎进化论思想合于一辙，于此亦可见本书系西风东渐之产物。而所论大同、改制等主题，似是对康有为大同、改制等思想之回应。

三、本书过于强调各流派思想之和会而轻于分别。本书认为，"庄子师于子夏之徒，而归宗于老子，故其教义实为道儒之合冶的，既不得强谓之为儒教，更不得固谓之道教也。且其持论思理，多与佛耶二教暗合，而轶出道儒之外"。《庄子》似穿梭于儒、释、道、耶之间而无独立之地。（周天庆）

齐物论释

《齐物论释》，章太炎著。北京：国家图书馆出版社，2011年12月第1版，系方勇主编《子藏·道家部·庄子卷》之一种，据1917年浙江图书馆刻《章氏丛书》本收录。另有上海：上海人民出版社，2014年版，系《章太炎全集》之一种。

章太炎（1869—1936），名炳麟，字枚叔，号太炎，浙江余杭人。清末民初革命家、思想家、学者。主要著作有《文始》《新方言》《国故论衡》《訄书》等。

据著者弟子王仲荦先生考证，在1905—1910年期间，著者对佛教经论多有研究，"开始用法相宗的教义，来解释《庄子·齐物论》，探讨两者思想的共同之处"。大致而言，本书写定于1910年之前，1911年之后又进行了订正，出版《齐物论释定本》。

在序中，著者认为《庄子》全书只有《逍遥》《齐物》二篇最为重要。其中"《齐物》文旨，华妙难知，魏晋以下，解者亦众，既少综核之用，乃多似象之辞"。佛教学者也深受《庄子》影响，"僧肇、道生，摭内以明外，法藏、澄观，阴盗而阳憎"。但是后世三教之争，皆因为门户之见，"达观者以同出览玄"，倡导通融三教的"达观"，以此来理解《庄子》。

本书除了采用传统的文本处理方式就《庄子·齐物论》的字句进行注释疏解之外，还借助佛学的名相分析，将包括道家在内的先秦诸子百家学说、佛学、科学、哲学与宗教等思想融于一体，进行思想性的发挥。如关于"天籁""地籁"的解释，著者认为："《齐物》本以观察名相，会之一心。故以地籁发端，风喻意想分别，万窍怒号，各不相似，喻世界名言各异，乃至家鸡野鹊，各有殊音，自抒其意。天籁喻藏识中种子，晚世或名原型观念。非独笼罩名言，亦是相之本质，故曰吹万不同。"将庄学、佛家唯识学、西方哲学进行了融会贯通。又如用西方科学的细胞学知识、热病学说以及佛教唯识学比量、现量概念、西方哲学原型观念等来解释"恶乎然，然于然，恶乎不然，不然于不然"，均具有重要学术意义和思想价值。

著者的方外好友乌目山僧宗仰在后序中对本书予以高度评价，认为"今太炎之书见世，将为二千年来儒墨九流破封执之局，引未来之的，新震旦众生知见，必有一变以至道者"。此外，梁启超、蔡元培、胡适等知名学者和社会名流均予以高度评价，后世学界均重视本书的思想价值（尤其是融通庄学与佛学），从各方面对其思想内容予以分析考察。

本书以其融通性和原创性而达到很高的思想水平，具有重要的学术价值，产生深远的历史影响，在庄学史和中国思想史上占有崇高地位。（张永宏）

庄子补注

《庄子补注》，奚侗著。北京：国家图书馆出版社，2011年12月第1版，系方勇主编《子藏·道家部·庄子卷》之一种，据1917年江苏省立官纸印刷厂排印本收录。

奚侗简介详见《老子集解》提要。

本书共四卷，414条，校论疑义，人称"解《庄》自郭氏以下殆无有善于此者"。本书以《庄子》前六篇为第一卷，第七至十四篇为第二卷，第十五至二十三篇为第三卷，第二十四至三十三篇为第四卷。本书未录《庄子》原文，而是按篇次顺序单独列举个别原文进行讲解。每句原文顶格，其后提行空一字为著者注解，皆以'侗案"起始。书前有高潜序及著者自序，书末有戚扬作跋。

本书内容以考据辨疑为主。比如著者不认同俞樾将"冥灵""大椿"作为人名，认为这样才能与后文彭祖相匹配。他提到"《列子·汤问》篇载此文，下云：朽壤之上有菌芝者生于朝死于晦，春夏之月有蠓蚋者因雨而生见阳而死"，认为按照俞樾的说法，那菌芝和蠓蚋都可解释为人了。

总而言之，本书广征博引，逐字考据，对《庄子》的注解详细全面。（杨丽璇）

庄子解故

《庄子解故》，章太炎著。北京：国家图书馆出版社，2011年12月第1版，系方勇主编《子藏·道家部·庄子卷》之一种，据1917年浙江图书馆刻《章氏丛书》本收录。另有上海：上海人民出版社，2014年版，系《章太炎全集》之一种。

章太炎简介详见《齐物论释》提要。

本书所知最早连载于《国粹学报》，据胡道静先生考证，著者于1908年在日本向朱希祖、钱玄同、沈兼士、周启明等弟子讲授《庄子》，所据版本为日本明善堂铅印版《评注庄子》上册，起自《逍遥游》，迄于《天运》。著者在原本上多有批注，后将这些批注稍加整理而发表于《国粹学报》。此后又为浙江图书馆刊行，收入《章氏丛书》。据著者弟子朱季海先生考证，《章氏丛书》所收本书对《国粹学报》所载内容稍有删正，且补充了其他一些释条。

本书旁征博引，主要从音韵、文字、训诂学的角度梳理和诠释《庄子》字句的词义，具有重要的学术价值。正如著者在书中所言，"余念《庄子》疑义甚重，会与诸生讲习旧文，即以己意发正百数十事，亦或杂采诸家，音义大氐备矣"。至于《庄子》思想内容，著者认为"微言幼眇，别为述义，非《解故》所具也"，没有进行太多解释和发挥。（张永宏）

庄子诠诂

《庄子诠诂》，胡远濬著。1917年版，铅印本。另有上海：商务印书馆，1931年版，铅印本，系"国立中央大学丛书"之一种；合肥：黄山书社，1996年版，系"安徽古籍丛书"之一种。

胡远濬简介详见《老子述义》提要。

本书由序目、序例、诠诂三部分组成。在序例中，著者自谓其书乃是根据马其昶《庄子故》之义例，略言"余曩读乡前辈马通白先生《庄子故》，见其训诂精详，画章明确，又时于古今通人述庄之微言大义，附注尤征宏识，其博采各注，自具炉捶，意非深于文者莫能也"，于是"大体依马，而略加变通，取其义故并发，题曰《庄子诠诂》"。

序例共有12则，概要性地说明《庄子》思想的意蕴和旨趣，认为"《庄子》乃是体道之书"，于老子旨意多有发挥。同时，著者十分看重《庄子》思想与儒学相通的地方，认为两者虽"立词不得不异，而其旨实同"，"庄子救世之情与孟子同"。此外，著者还认同杨文会、章太炎等人援引佛学理论注释《庄子》的做法，认为"均能补诸家所未及"，倾向于佛道融合。又，著者特别强调《庄子》与现代科学相通，认为"近世诸科学，于读《庄》实为切要"，具有一定的科学精神。

正如序例所言，"仅从多闻阙疑之义，取前贤论文，并订正语，附疑书眉，而篇次一仍郭旧"，尤其对于不能确定之义，由于真伪难分，故而不专取一家，而是博收并蓄，"多闻阙疑"，公允众说。对于《庄子》语义之诸家注释，皆置于眉端，计有欧阳修、王安石、苏轼、苏辙、朱熹、刘须溪、刘熙载、归有光、姚鼐、刘大櫆、吴汝纶、马其昶、章太炎、陈寿昌等28家，尤其属意于桐城派诸家的著述，具有鲜明的治学特色。

本书旁征博引，注释简要，行文流畅，说理清晰，具有一定的学术价值。诚如钱穆先生对本书的评价："是书所集，又多逸出于郭、王、马三书之外，极便初学。"认为本书乃是进入《庄子》的门津。（张永宏）

读庄子札记

《读庄子札记》，陶鸿庆撰。北京：国家图书馆出版社，2011年12月第1版，系方勇主编《子藏·道家部·庄子卷》之一种，据1919年待晓庐排印《读诸子札记》本收录。

陶鸿庆（1859—1918），字瘰石，号艮斋，江苏盐城人。主要著作有《读诸子札记》《读通鉴札记》《左传别疏》《读礼志疑》等。

本书以浙江书局校刻明世德堂本为底本，卷末有盐城同乡孙人和跋。

本书系对《庄子》及后人注解之考辨。章太炎于《读诸子札记》序中言"观瓘石说《庄子》'不谋士'，引《说文》'士，事也'；'以每成功'，引贾赋'品庶每生'……皆与余同"，对此书有所推许，亦于此可见陶氏之训诂考辨颇有根底。本书训诂考辨呈如下特点：

一、还原王弼、郭象注解老、庄之依据。卷末孙人和跋称：本书"多用注语以正原文，盖欲推还王郭所据"。故是书多引王弼尤其郭象注解《庄子》之语，并多引先秦两汉之著作及相关注解，将郭注与之对照，以证相关文字及应有之义。如注《齐物论》中"圣人怀之"一句，陶氏认为其中"怀"字当如《淮南子·览冥训》中"怀万物之怀"，其义如高诱注云"犹囊也"，而非怀念之怀。如此溯源，对深入理解郭象等的《庄子》注解颇有意义。

二、考辨细致，时有创见。篇中有"虽重圣人而治天下，则是重利盗跖也"一语，对此句中"重利"之"重"字，郭注云："所资者重，则所利不得轻也。"著者认为，郭注将此"重"字视作"轻重"之"重"殊泥，认为"重利是增益其利也"，并引《汉书·文帝纪》中"是重吾不德也"一语中之"重"字，证"重"字之义应为"增益"也。并云："字义各有当，注未晰。"此处将同一字在不同语境中的含义也作辨析，其考辨可谓细致入微。此外是书对《庄子》及后世之注中字词讹夺、脱略、颠倒、音韵等的校注订正，大多持论有据。

三、是书对清代同类注解成果利用有限，仅征引俞樾等少数乾嘉学者的成果，且少数地方如孙人和所语"尚有待于校补者"。（周天庆）

庄子浅训

《庄子浅训》，蒋兆燮著。北京：国家图书馆出版社，2011年12月第1版，系方勇主编《子藏·道家部·庄子卷》之一种，据1919年上海新民图书馆排印本收录。

蒋兆燮，字梅笙，江苏宜兴人。国学家，诗人。主要著作有《国学入门》《诗范》等。

本书以册划分内容，著者认为虽然"唐以前书皆名卷"，但现今"册而不卷久矣"，如按照旧例以卷行文是"俗流之失也"，故此本浅训按册划分。在每篇起始之前，著者会作序文总结自己对本篇的理解。如内篇《逍遥游第一》，在正文开始前他写道"身居尘网，系缧桎梏……思想自由，言论自由，兹篇发其端矣"。在每篇结尾后，著者会把文中词语或句子单独列出释义，如"海运""天池"等。

著者认为庄子之旨和老子之旨一样，不过"无为自化，清静自正"八字。"博引繁称"不过是"枝叶也"，反而造成注愈精而本文愈晦的后果，无益于揭明本旨。关于养生，他认为不似后世所云"夺造化，逆生理"，对长生不死有着不切实际的期望，而是要"损智外物，纯任自然"，才能够终其天年。

总的来说，本书浅显易懂，著者把晦涩名词都单独列出来做了解释，符合其"以简浅之语释之"的初心。（杨丽璇）

庄子经说叙意

《庄子经说叙意》，廖平撰。北京：国家图书馆出版社，2011年12月第1版，系方勇主编《子藏·道家部·庄子卷》之一种，据1921年四川存古书局刊《新订六译馆丛书》本收录。

廖平（1852—1932），初名登廷，字旭陵，号四益，继改名平，字季平，号四译，晚号六译，祖籍湖北麻城，其先祖于明洪武二年（1369）迁蜀，辗转定居于四川井研。清末民初著名经学大家，早年治宋学，后转治汉学，专研经学之今古文问题，旁及岐黄、堪舆之术。清光绪十五年（1889）进士。历署龙安府教谕、射洪县训导、绥定府学教授、尊经书院襄校，以及嘉定九峰书院、资州艺风书院、安岳凤山书院山长等职。1911年任大汉四川军政府枢密院院长，1913年后任四川国学学校校长。1921年兼任成都高等师范学校、华西协合大学教授。主要著述被辑为《四益馆经学丛书》，后又增益为《六译馆丛书》。

著者提出以孔学包罗一切，由此形成庞大的"孔经哲学"体系。本书从儒学视域，以儒解庄，指出包括庄学在内的诸子学说皆源出六经，学理上为六经之枝叶。本书篇幅不长，仅一卷，细分为尊孔、宗经、砭儒、六经分天人、各经疆域时代不同等19个章节进行具体分析，指出庄学以儒为宗、以圣道为本的思想旨趣，以孔学为纮摄，兼容一切，以学术文化的观念建构"保教""保国"

的现实目标，体现出著者振兴民族、强国兴邦的深切愿望。（周睿）

庄子天下篇新解

《庄子天下篇新解》（又名《庄子新解》），廖平撰。北京：国家图书馆出版社，2011年12月第1版，系方勇主编《子藏·道家部·庄子卷》之一种，据1921年四川存古书局刊《新订六译馆丛书》本收录。

廖平简介详见《庄子经说叙意》提要。

本书仅一卷，六页，每句重要字词皆作详解，于原文后加注，注解内容多少不一，有的数句话，有的仅几个字。如首句"天下之治方术者多矣"，于"天下之治方"下加注内容为"方生方死方可方不可，指地域因方异术，与方言之方同"，于"术者"下加注内容为"《史记》：百家言黄帝，其文不足驯，按字母书皆方言土语，宜其不足驯，东方曼倩、董江都、太史公皆常读其书"。第二句"皆以其有为不可加矣"，于"皆以其有"下加注内容为"彼此相反"，于"为不可加矣"下加注内容为"各是其是"。

著者一生的学术思想经历了六次较大变化，初变平分今古，二变尊今抑古，三变分小大之学，四变分人学与天学，五变融天人大小为一，六变则愈益玄远神妙。其中第四次变化在其学术生涯中具有举足轻重的意义，本书便成稿于这个阶段。这次变化将孔经分为人学、天学，认为孔学中不仅有治中国、治世界的小统、大统之学，即人学，而且有治天地神鬼和未来世界的天学。本书以天人、神人、至人为天学三等，以仁、义、礼、乐为人学四等，六合之内圣人为尊，六合以外则为天人、至人。

本书虽仅至"道术将为天下裂"，并未详解全篇，但仍充分体现了著者以儒解庄的思想主旨，以经学为纲，融合儒庄，曲折表达由学术而社会变革的诉求。（周睿）

庄子内篇章义浅说

《庄子内篇章义浅说》，胡朴安著。北京：国家图书馆出版社，2011年12

月第1版，系方勇主编《子藏·道家部·庄子卷》之一种，据1923年国学研究会排印《国学汇编》第三集收录。

胡朴安（1878—1947），学名韫玉，字仲民、颂名，号朴安、半边翁，安徽泾县人。著名文字训诂学家、南社诗人。曾任教于复旦大学、东吴大学、暨南大学、上海大学、持志大学等。主要著作有《中国文字学史》《文字学丛论》《中国学术史》等。

本书未录《庄子》原文，内容为著者读《庄》之体悟。他认为初学庄者难明其旨趣，是"未明章义故也"，并且以为《庄子》的精华在内篇，故作此七篇章义浅说。

著者认为逍遥一说，无关大小之辩。鹏虽一飞九万里但必待羊角之风，无可谓之逍遥，反观蜩与学鸠，无所待而飞。同样也无法比较鹏与斥鷃谁更自在，斥鷃"断不知鹏之乐"而"鹏自乐其乐，不羡斥鷃"，有濠上之辩意味。而真正逍遥是物我两忘，无用故也，而无用之用在于忘。"用我者希，则我之用全矣"，这才是逍遥的极致。

总的来说，本书篇幅短小精悍，言简意赅，主要为梳理《庄子》内七篇的内容大意。（杨丽璇）

庄子浅说

《庄子浅说》，林纾撰。北京：国家图书馆出版社，2011年12月第1版，系方勇主编《子藏·道家部·庄子卷》之一种，据1923年上海商务印书馆排印本收录。另有台北：华正书局有限公司，1985年版，据木刻本影印。

林纾（1852—1924），字琴南，号畏庐，别署冷红生，晚称蠡叟、春觉斋主人等，福建闽县（今福州）人。清光绪八年（1882）举人。近代文学家、翻译家。代表译作有《巴黎茶花女遗事》《迦茵小传》等名著；诗文成就亦丰，文有《畏庐文集》等，诗有《畏庐诗存》等，小说有《京华碧血录》等。

著者终其一生重视古文，在古文中尤重《庄子》，研究成果主要体现在《庄子浅说》和《左孟庄骚精华录》中。1917年在北京组织古文讲习会，讲解《左传》《庄子》等，听者近百，这段经历与本书的成书不无关系，书中自序"因积三年之力，自己未讫辛酉，成《内篇浅说》四卷"。其书应主要撰写于己未至辛酉（1919—1921）这三年间。

本书仅解内篇《逍遥游》《齐物论》《养生主》《人间世》《德充符》《大宗师》《应帝王》七篇，每篇后均有"附识"或"附见"，表达著者对该篇的艺术特征的评点。这些评点具有鲜明的个人特征，不同于前人重音韵训诂、引征释义的解读方式，著者尤重《庄子》的篇章结构、语言特征、行文节奏以及奇幻色彩。各篇亦采取分段释义方式，间有题解，题解少量引用前人旧注、多数为著者自己观点，故掺杂了许多个人的人生感悟，加之文辞精妙，深得读者追捧。在前人的旧注中，著者尤重郭象的《庄子注》，认为郭注"玄妙""最精""微妙""妙绝""极通"等，在行文中不吝美辞。作为笃信孔孟程朱的儒家知识分子，著者在诠释《庄子》时也自然呈现出调和儒道的倾向，这也是对郭象庄注思想的延续。（周睿）

标点注解庄子校释

《标点注解庄子校释》，支伟成著。上海：泰东图书局，1924年4月初版。

支伟成简介详见《标点注解老子道德经》提要。

本书由上、下二篇构成。上篇研究之部，介绍了庄子的生平事迹、《庄子》一书及其历代注释情况，从宇宙论、生物进化论、人生哲学、论理学、修养论五个方面考察了庄子的哲学思想。著者认为庄子哲学扩充了老子"道论"，其"万物自然而生自然而化"的思想颇与现代科学进化论相符合，其齐物论具有逻辑学的价值——攻破儒墨名法诸家的逻辑学说而自成一家之语，而其修养论乃在于随顺自然，"心气恬静而知不荡"。下篇解释之部，对《庄子》内、外、杂共33篇予以解释，主要从字句释义、段意总结、思想发挥三个方面予以展开，其中不乏真知灼见，具有一定的学术价值和思想意义。（张永宏）

逍遥游释

《逍遥游释》，孙至诚撰。北京：国家图书馆出版社，2011年12月第1版，系方勇主编《子藏·道家部·庄子卷》之一种，据1924年排印本收录。

　　孙至诚，1900年生，字思昉，河南人。章太炎的关门弟子。后投笔从戎，曾任教育部图书审查委员会委员，河南淮阳县、安徽桐城县县长，河南省公署秘书长等职。主要著作有《老子政治思想概论》《孔北海集评注》等。

　　本书开卷介绍了庄子《逍遥游》的成文背景、《庄子》一书的编写形式（寓言、重言、卮言）。著者将《逍遥游》全篇分为八章。第一章乘化，阐明庄子的宇宙观，认为看待天地万物应合于自然，以天均、天倪为归宿，庄子教人、言学、议政都秉持天倪的原则。第二章齐物，以齐物论及生死，以破时间；以齐物论及大小，以破空间。突破时间和空间的局限，就是真正的逍遥，这就是《齐物论》真正的意义所在。第三章无待，阐明了逍遥的真正含义。第四章在宥，是庄子的政治之学，庄子言法，以无为为本，与老子言无为而治是一个道理。第五章肱名，阐明了庄子树立教化的根本。第六章明知，阐明庄子的认识论。本章列举《秋水》篇中惠子和庄子在濠上关于“鱼之乐”的辩论，阐明庄子的唯识之义。第七章善用，阐明庄子为学的宗旨。庄子的善用，是在明白逍遥之理的基础上，学会变更现象，逍遥与否，在乎人心的选择和取舍。第八章无用，阐明庄子的无用逍遥的人生观。

　　总体而看，在特殊的时代背景下，著者认为儒家和墨家在拯救人心之时皆是有待之用，虽然有用，但并不周全圆满。而庄子是真正的无待，有无用之大用，具足一切妙用。所以著者著书释义《逍遥游》，以经解经，拯救人心。

　　民国时期，中西文明与古今文明之间的碰撞诞生出绚烂的思想火花，本书著者以西方哲学与当时流行的唯识学为基础，解释《逍遥游》，成为同时期阐释道家经典之典范，可谓开创道家经典诠释之先河。（丁倩梅）

庄子选注

　　《庄子选注》，沈德鸿著。北京：国家图书馆出版社，2011年12月第1版，系方勇主编《子藏·道家部·庄子卷》之一种，据1926年排印《学生国学丛书》本收录。

　　沈德鸿（1896—1981），字雁冰，笔名茅盾，浙江嘉兴人。中国现代著名作家、文学评论家、文化活动家以及社会活动家。代表作有长篇小说《子夜》、短篇小说《林家铺子》等。国学研究著作尚有《楚辞选注》《淮南子》等。

本书是著者为中学以上学生研习国学而编撰。注释时取《庄子》宏旨精华，去其繁文末节，以便学生纵览思想全貌，把握文字精华，又加以翔实注释，谆谆教诲之心不可不谓深沉。

本书共收录庄子著作如《逍遥游》《齐物论》等共12篇。每段后加以注释，大多是短短的几句话。如《秋水》"是故大知观于远近"一句，著者注为："知，同智。言大智者远近并观，不尚一隅之见。"寥寥数语，拨云见雾，笑尽天下自寻烦恼之士。又如《齐物论》一文"为是不用而寓诸庸，庸也者，用也"一句，著者注道："庸，即庸言庸行之庸，即世俗所通行通用者。"既见著者之超脱，又解尽庄子无为而为之思想，巧言巧思，一字恰如潮起之风，虽不见形，然气势恢宏，力透纸背。

著者对庄学评价极高，曾言"庄子的文章如龙在云中，有时见首，有时忽现全身，夭矫变化，不可猜度"。庄子之文章，于思想上逍遥肆意，纵览天地，有超然物外的视野并浑然天成的气质，行文洋洋洒洒，瑰丽奇幻。庄子之文，加诸著者之注，直而不拙，朴而不俗，既明庄学天人合一，圆融无碍之全貌，又彰道学超然物外、不为世俗拘泥之态。是品《庄子》的重要文献。

总而言之，本书篇幅虽小，通篇不过百余页，但言简意赅，内容翔实，对《庄子》的注解简单易懂，是不可多得的文献经典，任时移世易，仍值得人们仔细品读。（陈婉娇、宋野草）

庄子天下篇释

《庄子天下篇释》，方光撰。北京：国家图书馆出版社，2011年12月第1版，系方勇主编《子藏·道家部·庄子卷》之一种，据1927年惠阳方山山馆排印《国学别录》本收录。

方光，号南华居士，斋名方山山馆，广东惠阳人。清末学者。著名历史学家、客家学的奠基人罗香林曾称赞他"学问道德为时贤所佩服"。其学术成就主要在于经学研究，主要著作有《荀子非十二子篇释》《淮南子要略篇释》《史公论六家要指篇释》等。

本书为著者多年研究之所得，原本只是用于教育自家子女的书稿，没想公开出版。由于亲友恳请他分享流传，因而此书被刊印出若干册，随后其精要内容又被《海潮音》等报刊所转载，遂引起南北学界的重视。时人认为，此书发前人之所未发，对学界形成很大启迪。从文章结构来看，本书没有划分章节，只有一卷，对《庄子·天下》篇的原文内容逐一做出解释。每一句原文后面，都有注解，注解的内容大多先是引用古代学者的注解，然而加上著者本人的解释。

著者认为《天下》篇虽然是《庄子》的末篇，但它可看作是《庄子》的序言，其主要思想贡献在于，对当时天下的各家思想进行了精辟的总结。《天下》篇认为：由于各家各派执着于对古圣先贤的"道术"所形成的片面理解，因而各种相互攻伐的"方术"充斥于当时的社会中，以致社会民众对"圣有所生，王有所成，皆原于一"的"内圣外王之道"越来越缺乏了解。《天下》篇极力主张恢复"道术"，在追溯战国时期各类"方术"的基础上，努力剖析各派思想学说的优劣之处，希冀将它们统一起来，还原成完整的"道术"，使古圣先贤的"内圣外王之道"重现于世。

总而言之，著者对《庄子》的思想精髓有着精准的把握，在旁征博引的基础上，对《天下》篇的主旨进行了深刻的分析，为后人研究《庄子》奠定了很好的基础。（祝涛、马姣）

庄子天下篇讲疏

《庄子天下篇讲疏》，顾实著。上海：商务印书馆，1928年8月初版。另有台北：台北商务印书馆，1980年版；北京：知识产权出版社，2015年版，系"民国文存"之一种。

顾实（1878—1956），字惕生，江苏武进（今常州）人。古文字学家、现代著名学者。曾在国立东南大学、无锡国专等校任教。主要著作有《汉书艺文志讲疏》《大学郑注讲疏》《中国文字学》《重订古今伪书考》《中国文学史大纲》等。

在自序中，著者推荐了阅读《庄子·天下》篇的"四法"：一、熟读《庄子》全书，二、遍读群经百家之书，三、识字即训诂方法，四、通文即辞章方法。与此同时，为了方便读者阅读他的讲疏，著者又介绍（同时也是要求）了"十事"（"五明"和"五正"）：一、明哲学之观念，二、明古学之源流，三、明诸子之道术，四、明名家之方法，五、明文法之优异，六、正句读之错误，七、正注解之违失，八、正传本之讹乖，九、正家法之淆乱，十、正时贤之附会。认为只有这样，才可以读懂他的讲疏。

随后，著者将《庄子·天下》篇分为七章予以详细的讲疏。这七章分别为：一、原一，二、墨翟、禽滑釐，三、宋钘、尹文，四、彭蒙、田骈、慎到，五、关尹、老聃，六、庄周，七、惠施。在扎实的文献学、考据训诂学和辞章学的基础上，主要考察了《庄子·天下》篇的文旨句义，同时探讨了以《庄子》为核心的先秦学术思想史。

书末有《附考六家诸子拟年表》，较为细致地考察了《庄子·天下》篇中所叙及的墨翟、禽滑釐、庄周、公孙龙等14人的生平事迹，颇见其学术功底，具有一定的学术价值。

总体而言，由于著者以小学名家，故而本书以详赡而睿智的风格梳理了《庄子·天下》篇文句的旨意，同时又因其深厚的文献学功底，使得其讲疏大致勾勒了先秦时期的学术脉络，产生了一定影响，在中国庄学史上有一定地位。（张永宏）

庄子琐记

《庄子琐记》，刘文典著。北京：国家图书馆出版社，2011年12月第1版，系方勇主编《子藏·道家部·庄子卷》之一种，据1928年上海商务印书馆排印《三余札记》本收录。

刘文典（1889—1958），原名文聪，字叔雅，笔名刘天民，祖籍安徽怀宁，出生于安徽合肥。学识渊博，长于文史，精于校勘学、版本学、目录学。曾任教于北京大学、清华大学、西南联合大学等。主要著作有《淮南鸿烈集解》《庄子补正》《说苑斠补》等。

本书虽然篇幅不长仅16页，但其中仍可看到著者之于庄学的精彩见解。著者先后对《庄子》原书内篇、外篇以及杂篇中的不少篇目进行了概述，极为精练地钩稽了各篇的行文旨意和精髓所在。由于《庄子》原书规模庞大，本书仅对内篇、外篇、杂篇的部分篇目进行了说明，比如内篇的《齐物论》《人间世》《养生主》《德充符》《大宗师》，外篇的《天运》《刻意》《缮性》《达生》《山木》《知北游》，杂篇的《庚桑楚》《外物》《寓言》《天下》等等。著者或是考察《庄子》文本之正误，或是说明前人注疏之得失，多从文本文字的细节入手，从而考察《庄子》一书的本来意义。本书凸显了著者精湛的文献学功底，反映了其学术风格。

从时间先后顺序来看，著者于1939年完成了对《庄子》原书的校勘，撰成《庄子补正》一书，而此书写于《庄子补正》之前，可以说，本书的写作为《庄子补正》的编撰进行了铺垫，是著者在庄学研究上的重要作品。（刘金成）

庄子内篇学

《庄子内篇学》，陈柱著。上海：中国学术讨论社，1929年第1版。

陈柱简介详见《老子与庄子》提要。

根据书前序言可知，著者于1914—1915年在南洋大学讲授《庄子》，将其讲义整理为本书，出版于1915年。1929年于暨南大学讲授《庄子》，本书作为参考书由中国学术讨论社印行出版，为目前所见最早版本。在书后跋语中，著者交代了本书的创作背景和意图："此书之作，盖当袁世凯经营帝制之时，文网密布。作者既深疾之，故于讲庄之中，时时有项庄舞剑之意。"

本书主要就《庄子·天下》篇及内七篇予以字句解释和文义发挥，正如其例言所说，全书分别从通读、通论、通释三个角度疏解：通读乃就"《庄子》本文，加以评点，使读者易通其理解"；通论"取其大意要旨，撰成论说，使读者易明其全篇大旨"，常以"守玄子曰"发论，重在阐发文义；通释"特择古今注家言，并时杂目郢见"，以顺文双行小字做注解，务在"通其故训"而"明其本义"。

要而言之，著者认为《庄子》内七篇是一个整体，体现了天道人事的各个方面。其中，《逍遥游》是前提，《齐物论》是"庄子之要道，内篇之大本"，其他五篇皆以《齐物论》为基础而立论。同时，他还考辨庄子与诸子的关系，认为庄子思想有别于老子和孔子而自成一家。

本书还颇为注重《庄子》与《老子》《列子》《韩非子》《公孙龙子》等古

籍的旁通，且认为"《庄子》之理，多与物理、化学、数学、心理学等科学旁通"，故而在注释中颇留意于庄学与近世科学的关系。

此外，著者认为《天下》篇是《庄子》一书的序文，故而置于本书之首，且加以通论和通释。此篇后附有司马谈《论六家要旨》和公孙龙《通变论》。著者又认为公孙龙《白马论》《指物论》与《齐物论》的论题有关，故而将其附之于《齐物论》之末，又将公孙龙《坚白论》置于《德充符》之末。（张永宏）

庄子新式考证注解

《庄子新式考证注解》（又名《庄子研究及浅释》《白话译解庄子》），王治心著。北京：国家图书馆出版社，2011年12月第1版，系方勇主编《子藏·道家部·庄子卷》之一种，据1929年上海群学书社排印本收录。

王治心（1881—1968），名树声，浙江吴兴人。先后于南京金陵神学院、福建协和大学文学院、沪江大学国文系任教，主编《金陵神学志》。主要著作有《孔子哲学》《孟子研究》《基督徒之佛学研究》《中国宗教思想史大纲》等。

在著者看来，前人庄学研究可归为八个问题：庄子究为宋人抑楚人？《庄子》书是否为庄子自作，有无后人所剿入者？庄子之学，究宗老而宗孔？庄子是否即杨朱？庄子之本体观念，是否与老子相类？庄子终身不仕，其人生观是否为出世主义？庄子之道德观念与修养方法果何如？庄子何以剿剥儒墨，其论理观念何如？

著者对此八问逐一分析。考之相关史料，断定庄子当为宋人而非楚人。至于《庄子》各篇，著者认为内七篇为庄子自作，外篇、杂篇为后人窜入。著者将《庄子》与《老子》相关文意进行比较，以证明庄子传老子之学，并考之《列子》，辨庄子并非杨朱。庄子的本体论和宇宙观，为"有伦生于无形，精神生于道，形本生于精，而万物以形相生"。庄子的人生观，立足一"忘"字，可称之为"忘的人生观"，即要求忘功、忘名、忘己。庄子的道德观念，为发展先天之本性，反对人为仁义，强调求虚心、尚静默、屏世智、养天性。庄子之学，是从总体上观察，避免偏见是非，故能求得事物之总相。儒墨互相辩论得出是非，是出于各执偏见，故只见得事物之一部分。著者总结，庄子学说强调内在修养依人之先天本性，符合自然无为之道。

观其叙述，可见著者对庄子学说的解释，从本体论、人生观、认识论等视角出发，并受当时"哲学"学风的影响颇深。其中，除第一问和第四问考之史料，翔实有据外，著者对其他六问之诠释，大多以自己对《庄子》文本文意的理解而阐发，间举前人之解，择其善者而附之。著者论析能以"精神生活"通贯庄子学说，也为后人了解庄子学说提供了一种思路。

本书主体部分为庄子浅释与庄子研究。在庄子浅释部分，著者先释题名，再分段录《庄子》原文，然后对疑难、重点词句加以解释。在解释时，著者注重将相关考据与文意解说相结合。著者先做浅释，后成研究，但其认为庄子"精神生活"之意，亦隐显于浅释中。浅释虽止八篇，但著者认为，读此八篇，即可得《庄子》全书大旨。（李育富）

读庄子天下篇疏记

《读庄子天下篇疏记》，钱基博著。上海：商务印书馆，1930年4月初版，系"万有文库"之一种。另有上海：商务印书馆，1934年版，系"国学小丛书"之一种。

钱基博简介详见《老子〈道德经〉解题及读法》提要。

在叙目中，著者阐述了其"以子解子""稽流史汉""古训是式""多闻阙疑"的原则与方法论。

本书总论主要疏解《庄子·天下》篇开首部分，著者以"按语"的形式就其字句辞义、历史背景及微言大义予以庞博而细致的注疏和解释。《墨翟禽滑釐、宋钘尹文》《彭蒙田骈慎到、关尹老聃》《庄周惠施公孙龙》三篇则分论《庄子·天下》篇所录诸家授受渊源脉络与思想主张及各家之间的传承关系，是本书最为着力之处。赅而言之，著者认为《庄子·天下》篇将墨翟、宋钘、彭蒙、老聃等都许之为"古之道术"，都予以肯定，而不私"道"一家所有，但就"天下之治方术者"而言，则注解略有次第，盖道者为上，儒者次之，百家之学又次之，而农家者流为最下。此外，著者将"圣"释作"通"，将"王"释作"往"，认为"内圣外王"是《庄子》全书核心思想。

本书附录《太史公谈〈论六家要旨〉考论》，论述司马谈撰作《论六家要旨》的目的、思想主张，尤其结合司马谈的生平事迹及师承就其对道家的特别重视予以详细考察。

要而言之，本书考据详博，立论精当，时有灼见，具有重要的学术价值。
（张永宏）

庄子新探

《庄子新探》，施章著。南京：中央大学新声社，1930年7月版。

施章（1901—1942），字佑文，又字仲言，云南昆明人。文学家、文学理
论家、学者。先后在云南师范学院、云南省立第一农业学校、官渡农业学校、
宣威师范学校等校任教。主要著作有《诗经研究》《史记新论》《农民文学概
论》等。

本书前有戴季陶、寿昌、胡远濬和著者撰写于1930年前后的四篇序言。
其中，戴序肯定著者"治学之精勤"，寿昌序认为著者"能脱出了传统的观
念"，胡序激赏著者跳出《荀子》批评庄子"蔽于天而不知人"的窠臼，著者
自序则认为哲学研究与文学研究均具有重要价值，予以充分肯定。

全书内容，由四章构成：

第一章庄子评传，大致考察了庄子的出生地、时代及《庄子》其书，认
为庄子"生于蒙，老于蒙"，"生于周考烈王时（即纪元前375年），死于周赧
王之间（纪元前290年）"。但因为庄子的超然态度，"所以他一生与战国时代
的政局无直接关系"。至于《庄子》其书，著者认为"经过许多人的损益"，
除了内七篇为庄子自撰之外，外篇和杂篇乃是"后人取庄子杂著而编次之"。

第二章庄子人生之分析，主要从理智生活、经济生活、艺术生活、宗教
生活、政治生活和社会生活六个方面考察庄子的人生态度和生活方式。著者
认为庄子过着一种哲学家式的理智生活，在经济生活上不重物质享受，追求
情感丰富饱满的艺术生活；在宗教信仰上信奉一种普遍的泛神论；在政治上，
对权位不感兴趣，崇尚"依天而治"的政治生活，主张一种符合"自然的大
秩序"的社会。

第三章庄子文学，主要从喜剧文学、象征艺术、范畴文学三个方面集中
考察了《庄子》其书的文学特质，还分析了《庄子》在中国文学史上的贡献
和地位，认为《庄子》文学具有某种现代性的特征，与当时所谓"新文学"

多有共通之处。

第四章庄子哲学，从思想渊源、本体论、知识论和价值论四个方面予以考察，认为庄子哲学乃是应运而生，与战国乱世的诸子百家纷争有关，尤其要应对名家的理论挑战，其本体论肇基于自然哲学而归之于物我为一，其知识论注重"纯粹的真知"，不求知识的实用价值，而以真知启发人生，其理想的生活不是善恶分明的生活，而是"环中之生活"，无为、无目的而至乐的生活。

本书是较早采用西方哲学方法对《庄子》以整体性研究的著作，尤其注重庄子思想在文学和哲学两个方面的特质和贡献，产生一定历史影响，具有一定学术价值。（张永宏）

庄子义证

《庄子义证》，马叙伦著。上海：商务印书馆，1930年9月初版，铅印本。另有上海：上海书店，1996年版，系"民国丛书"之一种，据1930年商务印书馆本影印。

马叙伦简介详见《老子校诂》提要。

本书是在著者《庄子札记》的基础上完善而来。书前有撰写于1928年的自叙，认为《庄子》全本当有52篇，后多有散佚。本书乃考核诸家注本，辩证《庄子》各篇之真伪，兼论及王念孙、洪颐煊、孙诒让、章太炎、刘师培、俞樾等人的观点。

本书所据底本为黎庶昌《古逸丛书》所收宋本，参校涵芬楼影宋本、世德堂本、明刊崇德书院本，以及陈景元《庄子阙误》所录异文，"兼取《北堂书钞》《艺文类聚》《初学记》《白孔六帖》《太平御览》《文选注》《后汉书注》核之"，以此辩证《庄子》文字。正文采纳古今注释近50种，对《庄子》33篇予以详赡、广泛而深入的讨论，此外还广泛征引古籍如《尚书》《礼记》《仪礼》《老子》《论语》《孟子》《荀子》《韩非子》《国语》《战国策》《史记》等多种文献，可谓广博。本书在具体的注释过程中时有新意，具有重要的文献价值和学术意义，受到时人如傅斯年、顾颉刚等人的重视，对后世也产生了深远的影响，如日本学者福永光司、池田知久，中国学者陈鼓应等人皆采纳其相关意见。

书后附有庄子年表和《庄子》佚文辑录。本书根据古籍文献、古今学术研究成果而推考《庄子》各篇人物事迹之年代及庄子生平事迹，汇辑古籍中散见的《庄子》佚文，均具有重要的文献价值和学术意义。（张永宏）

庄子集注

《庄子集注》，阮毓崧撰。上海：中华书局，1930年影印阮毓崧手写本。另有上海：中华书局，1936版，名为《重订庄子集注》；台北：广文书局，1972年版，影印中华书局本。

阮毓崧（1870—1951），又名阮观仁，字次扶，湖北红安人。曾担任湖北谘议局议员。爱好佛学，为武昌佛乘修学会组织者之一，推崇太虚法师的唯识学。又精研老庄之学。

本书汇辑了古今众多《庄子》注及相关文献，计有陆德明、郭庆藩、成玄英、崔譔、司马彪、王先谦、王念孙、俞樾等多家注，间有著者自己的理解和观点，比如认为庄子思想乃是佛学的前驱，均具有重要的文献价值和学术意义。（张永宏）

庄子汇通

《庄子汇通》，郑星驷撰。北京：国家图书馆出版社，2011年12月第1版，系方勇主编《子藏·道家部·庄子卷》之一种，据1931年排印本收录。

郑星驷（1862—1932），原名原龙，晚号危人，福建闽侯县人。清光绪十九年（1893）举人。历任福建诏安书院山长、天津译学馆经学教员。平生研治经史百家言，主要著作有《春秋分国便览》《崇孔辟邪录》《尚书心法一贯录》等。

本书完成于1916年4月，全书共63篇。本书打破了《庄子》原篇章结构，每篇根据篇名主旨撷取《庄子》原文，旁征博引并敷演解说，以求"汇通"《庄子》文义，阐发个人读《庄》所得。

本书文字朴素平实，举证却丰富生动。如"小者不可轻为小"篇"微生虫小之又小也，洋人以显微镜烛之而能视大。古者圣人学于万物，观转蓬而为车，观落叶而为舟，皆不遗小意也。西人因沸汤而悟气轮，因磁石而悟电学胥此"，以西洋人事阐述以小见大、观物穷理的道理，在当时有进步意义。另外，著者多援引儒佛思想以解庄，书末更是言及"《庄子》一书，儒者见之谓之儒，道者见之谓之道，释者见之谓之释"。著者虽解庄，却较少将兴趣落在《庄子》的道论、宇宙论等层面，也并不拓展及于道教炼养之流，总体价值偏向仍归于人伦日用、立德修身上。因此，本书的思想旨趣应是儒家的，可谓以儒解庄的典型作品。（伍宇昊）

庄子音义绎

《庄子音义绎》，丁展成撰。北京：国家图书馆出版社，2011年12月第1版，系方勇主编《子藏·道家部·庄子卷》之一种，据1931年排印本收录。

丁展成简介详见《老子校语》提要。

本书是著者在博览群书且细致对比的基础上，对《庄子》文本诸多字词予以注解、勘误的重要成果，它对学界推进研究工作具有很大的价值。从结构来看，本书没有划分章节，只有一卷。从内容来看，本书主要对《庄子》的外篇和杂篇进行了研究，并对《庄子》原文中存疑的字词逐一做出讨论。

本书主要包含两部分，第一部分对《庄子》外篇的许多音义进行了校勘和探讨，第二部分对《庄子》杂篇的音义进行了梳理和分析。例如，在第一部分里，著者根据自己的理解，依次对《骈拇》《马蹄》等篇章的字词做出了分析。首先，他引用原文，芉配以注解；其次，他参考古代学者的注解，指明存疑之处；再次，他整合前人观点，提出自己的观点；最后，他引用相关经典，论证自己的观点，例如，对于《马蹄》原文中的"其视颠颠"一词，著者指出，《淮南子·览冥训》有"其视瞑瞑"之说，在旁征博引的基础上，他提出"颠""瞑"等字很可能都是古人在传抄过程中不慎出现的错别字，正确的字应是"瞋"。

总而言之，本书通过细致的研究，使人们明白《庄子》虽然充满中国哲人的思想光辉及生活智慧，但在字词方面因传抄甚广而存在一些有待研讨之处。著者继承了中国传统的朴学精神，特别是清代朴学的实事求是的学风，通过深入的梳理考证，从而把握庄子的思想精髓。本书也成为《庄子》研究中别开生面的一部佳作。（祝涛、邵芸菲）

南华经解选读

《南华经解选读》，周学熙选。北京：国家图书馆出版社，2011年12月第1版，系方勇主编《子藏·道家部·庄子卷》之一种，据1932年周氏师古堂刊本收录。

周学熙（1866—1947），字缉之，号止庵，安徽东至人。清光绪举人。近代著名实业家。1899年任开平矿务局总办。1901年受时任山东巡抚袁世凯委托总办山东大学堂（今山东大学）。1902年受袁世凯委托总办直隶银元局。曾两度出任北洋政府财政总长。主要著作有《止庵诗存》《东游日记》《西学要领》《文辞养正举隅》等。

本书节选自清宣颖《南华经解》中的部分篇目，在篇章结构上仍按照《庄子》的内、外、杂三部分及篇目顺序排列。本书共有14篇，除全部的内七篇外，外篇选取了《骈拇》《马蹄》《胠箧》《天道》《秋水》《山木》六篇，杂篇只选取了《天下》篇。

宣颖十分欣赏和推崇《庄子》的文采，是清代以文论《庄》的代表人物之一，其在注释《庄子》时主要是从文学的角度入手，阐释《庄子》的文学价值和哲学义理，诠释《庄子》的精神境界。

在著者看来，《南华经解》在篇章结构和文采修辞方面对《庄子》的解注颇为深入且简洁明豁，不仅便于初学《庄子》者理解其内涵，而且对于修养心性和修习文章写作亦极具价值。因此，从《南华经解》中选取了14篇文章，刊印成本书，作为其家族子弟家教私塾授课的教材。本书所选每一篇目的解注分为两部分，首先剖析整个篇目的主旨大意、段落结构、每一段落节次的旨意和整篇的脉络顺序，然后以文理和篇章结构的把握为基础，对原文进行详细阐释。

本书所选的14篇文章皆意境高远、章法完整、文字优美，对于社会大众学习《庄子》同样颇有助益。（张欣）

庄子札记

《庄子札记》，武延绪撰。北京：国家图书馆出版社，2011年12月第1版，系方勇主编《子藏·道家部·庄子卷》之一种，据国家图书馆藏1932年刻本收录。

武延绪（1857—1916），字次彭，号亦嫒，又自称铿道人，直隶永年（今河北）人。清光绪十八年（1892）进士。历任翰林院庶吉士、京山知县、归州知州等职，在地方多有政声。穷治经史百家，条举异义，总名为《所好斋札记》。

本书共三卷，分别为内篇、外篇和杂篇的札记。其中，杂篇札记无《渔父第三十一》。本书所引《庄子》原文顶格书写，著者考释文字低一格书写，皆用大字。全书共有两处双行夹注，据"福鼐谨按"可推知或为武延绪之孙武福鼐所注。

著者主要从字义和辞例入手，求古人真意所在。他的考释文字主要包括两大部分。其一，考订《庄子》文本。例如，在《外物第二十六》，他认为"日夜无降"之"降"字疑当为"隙"。其二，辨正他人训解。他对郭象、陆德明等前人的一些注解均有所怀疑，并提出自己的看法。其所论不乏独到之见，但很多地方直接下断言，没有进行充分论证。（褚国锋）

庄子洛诵

《庄子洛诵》，陶西木著。北京：国家图书馆出版社，2011年12月第1版，系方勇主编《子藏·道家部·庄子卷》之一种，据1933中华印刷局排印本收录。

陶西木（1893—1935），又名陶奎，字散生，安徽舒城人。为清末安徽维新派代表人物陶镕之子，倡新学，曾任教于安徽大学。主要著作有《〈马氏文通〉要例启蒙》《庄子瞻明》等。

正文前有绪言，篇幅不小，占全书逾五分之一，为了解此书著者文意之不可忽视部分。绪言内容，一述庄子出处。著者称庄子蒙人，超然淡泊，人格高尚。二述庄子为纯粹哲学家。著者认为，老子是历史的哲学，而庄子是纯粹的哲学，庄子于学理上对老子多有发明。三述《庄子》内七篇要义。比如《逍遥游》第一要义在于自在，能不累于功名，做到无己、无功、无名；第二要义在于无用之用；第三要义在于用大。《齐物论》的第一要义是要人得性分上而非形气上的大平等；第二要义是要人懂得宇宙大化中之真宰；第三要义是要人懂得因应无穷的事变；第四要义是不许小成；第五要义是懂得宇宙无穷；第六要义是人知大宇宙常住不坏，不可思议。四述内篇通义。无为而无不为、不死不生、真宰、平等、物比而不物于物、复通为一等为庄子学说大要义和特点。五述老庄异同。著者认为庄子祖述老子，又有所发展。

正文主体为《庄子》内七篇及著者释解。何以只释此七篇？著者解释说，内七篇文理俱胜，当为庄子自著，外、杂篇为后人假托，去内篇远矣。各篇分节，采双行夹注节中词句，阐述词句文意或文理章节脉络。节后为"释句"，采白话直译。每篇末有疑难、重点字词之"解字"，亦是采双行小注。

"洛诵"，著者解释为"洛借为乐，欢喜诵读，则道自生生无穷"。总的来看，本书文字解释"只求明了，不尚繁博"；在思想观点上著者重庄学要义，并以此贯穿于内七篇注解中，使《庄子》文理脉络清晰可见，体现了著者"是编取便诵读"，使学者读而有"豁然贯通之乐"的题旨意图。（李育富）

庄子新疏

《庄子新疏》（又名《庄子影》），黄元炳著。北京：国家图书馆出版社，2011年12月第1版，系方勇主编《子藏·道家部·庄子卷》之一种，据1933年上海医学书局排印本收录。

黄元炳简介详见《老子玄玄解》提要。

书前有蒋维乔序言，蒋维乔非常认同著者"庄子之学，宗孔祧老，实为易教之别传"的观点，认为先秦时代儒道不分，儒墨名法的说法乃是后起，而庄子的思想努力乃意在"合孔老而自成一家，以上绍古之道术"。

在自序中，著者高度赞扬《庄子》一书的思想水准与社会作用，认为居于集大成的地位，"是盖传吾国无数圣哲之真思想真言论真面貌真学统者也"。

根据著者的理解，内篇为庄子思想成熟期的作品，而通常被人们认为是伪作的《胠箧》《马蹄》《刻意》《缮性》诸篇，乃是"少年之作，与老人之作不同"。所以，"外篇之称，内篇之余也，本无所谓杂篇也"，《庄子》一书的思想是非常连贯而整体的。随后，著者举例证明《庄子》各篇思想与儒家思想的贯通，认为："《逍遥游》传治平而格物也；《齐物论》传物格而知至，知至而意诚也；《养生主》传知至而意诚，意诚而心正也；《人间世》传意诚而心正，心正而身修也。"由此而符合《周易·乾卦》内三爻的秩序与次第。"《德充符》传心正而身修，身修而家齐也"，符合《乾卦》九三、九四爻的"重刚"之象。《大宗师》《应帝王》对应于《大学》治国平天下之旨，同时也符合《乾卦》九五"飞龙在天"且避免上九"亢龙有悔"的卦象。而宋代周敦颐、邵雍、张载、程颢等理学大家的思想与《庄子》思想也具有莫大的相关性。著者的这些庄学思想，在正文的疏解诠释中，有更为具体而微的呈现。

著者将《庄子》内篇中出现的人名按照"真名"与"寓名"予以区分，如"彭祖""汤""子产""西王母"等为真名，"罔两"（寓觉人）、"蝴蝶"（寓迷人）、"文惠君"（寓文德顺理之天君）等为寓名。这是其"内篇真寓人名表"的主要内容。

著者认为"司马迁之传之失其真也"，根据《庄子》文句及相关史籍事迹，考证庄子生平与思想，撰述《庄子传》。根据他的理解，"庄子自拔于诸家之外，宗孔祧老"，'其书老氏骨而孔氏髓，谐其貌而易其神"，而内篇"阐发綦详"，最为重要。

在正文中，著者细致入微地考镜和辨析内篇的经文大意，认为内篇思想主旨完全是《周易·乾卦》和《大学》思想的再次表述与发挥："谓之内篇者，以其传《大易·乾卦》之六爻、《大学》之八条目，以续前古圣哲之精神命脉于一统，故谓之内也。"《乾卦》共有六爻，而内篇有七，著者的解释是"以第一篇《逍遥游》即完全一乾卦，与六爻同传"。《大学》共有八条目，与内篇之数也不尽合，著者的解释是"以庄子不主张有国，又以天下平为逍遥游"。由此，著者通过注解内篇，将易学思想、儒家理想融会贯通起来，呈现了其儒道同源同根的学术主张。

考察中国近现代学术史可知，庄学儒学化是一个很明显的现象。事实上，在庄学易学化方面，以晚明方以智《药地炮庄》为代表的著作，也已经进行了卓有成效的尝试与探索。从这个意义上说，本书的庄学儒学化和庄学易学

化并不是庄学史上的第一次。然则，本书却构成这条学术史发展轨迹上的重要一环，具有一定的学术史意义和思想史价值。（张永宏）

庄子新义

《庄子新义》，朱文熊著。无锡：国学专修学校，1934年版。另有上海：华东师范大学出版社，2011年版，系"历代文史要籍注释选刊"之一种。

朱文熊（1867—1934），初字叔飞，后更叔子，江苏太仓人。清光绪间举人。先后在太仓中学、上海南洋公学、无锡国学专修学校等校任教。

书前有唐文治序言，唐序略述《庄子》旨要之后，回顾了自己当年与著者论庄的情形："酒酣耳热，相与背诵《庄子》，互争胜负，均背诵如流，往往尽篇不差一字，余深愧弗如也。"对本书予以很高的评价，认为"方今欧风东渐，新说朋兴，以哲学而论，有所谓形而上之学，有所谓唯心派，唯物派，两元派。夷考《庄子》之书，盖早已兼括其义……君独惧其宗旨多歧，而世道人心之日趋于诡异也，乃专以儒家之说汇之……盖能独得其精微矣"。

著者自序叙述了其20多年来读《庄》的心路历程，认为庄子之学乃是"儒家之雄"，与孟子思想相表里，"是象山氏之先河也，是阳明氏之滥觞也"，又说"老子固未斥孔子，庄子又未斥孔子，孔子又何尝自囿于方内哉"，认为老庄孔孟思想也是相通的。

序后有《读庄余论》共28则，略谓《庄子》以内七篇为主，"多取反影"，"借老子之言真无为，以形孔子之无为而无不为者"，且就《庄子》之道体观、仁义观、语言观、世界观、科学精神、民主思想、戏剧艺术、读《庄》方法等多有提纲挈领的论说。

在之后的《庄子与孟子学术同源及著书之大概考》中，著者考察了庄子与孟子思想旨趣之异同，认为二者各有所长，"于二家学问之同源，及著述之大旨，固有不言而心自相通者矣。宜乎庄子之言，有似孟子处，而终之以邹鲁并称也"。

正文部分，著者将《庄子》按照内、外、杂分作三卷，分别予以解释和阐发："每篇于标题之下，必先将庄子本意拈出。""每句注解，或合数句数行注解。俱先文义，次及字义。每段之下，所加评语，则必用小圈以隔之。或仅加按字，以识区别。"且每篇都有总论，总结该篇主旨。

书后有著者学生冯振所撰《庄子新义跋》，略述著者生平及本书撰著和出版情况，表达了对老师的敬仰和缅怀之情。

著者早年与唐文治同学于清末理学大家王祖畲门下，王赞其"吾门长才，且安贫乐道、能砥砺名节者"。本书以儒家义理解释《庄子》思想，弥合儒道，产生一定历史影响，具有重要学术价值。（张永宏）

白话译解庄子

《白话译解庄子》（又名《庄子集解》），叶玉麟著。北京：国家图书馆出版社，2011年12月第1版，系方勇主编《子藏·道家部·庄子卷》之一种，据1935年大达图书供应社排印本收录。另有上海：广益书局，1941年版；天津：天津市古籍书店，1987年版；上海：上海科学技术文献出版社，2007年、2011年版。

叶玉麟简介详见《白话译解老子道德经》提要。

在序中，著者盛赞《庄子》为代表的"吾国文字高古"，非常有文采和理致，"其神味隽永，词旨渊懿，全系虚字抑扬，在含咏吞吐间，岂里巷鄙言，所能状其超妙耶"。尽管如此，因为西学东渐，新式学校诸生"偏废古文日久"，不得已才进行白话译解，希望学者能够"循是以极深研几焉"，仅仅把自己的这本书当作工具性读物来看待。

著者认同大多数近世学者的观点，认为《庄子》内七篇"最为可信"，是"《庄子》全书的纲领"，外篇、杂篇"都是解说这七篇的"，"大半是后人窜作的"。

在具体的白话译解工作中，对于内篇，著者稍作说明之后，对七篇经文进行了集解性质的注释，征引历代庄学家如司马彪、崔譔、支遁、成玄英、王夫之、方以智、王念孙、王先谦、郭庆藩、宣颖、马其昶的注释及《列子》《尸子》《经典释文》《玉篇》等古籍文献。著者旁征博引，采用古文的表达方式，务在使文句通顺，意思清晰。在每篇注释之后，著者则对通篇进行浅白易懂的白话翻译，如《逍遥游》开篇"北冥有鱼，其名为鲲，鲲之大，不知其几千里也。化而为鸟，其名为鹏。鹏之背，不知其几千里也；怒而飞，其翼若垂天之云"一句，白话翻译为："北海有条鱼，名叫鲲，鲲身体极大，不知有几千里长。忽变成一只鸟，名叫鹏。鹏身体更大，它的背不知道有几千方里阔；奋力高飞，它的翅膀像天边的一幅云。"文字晓畅易懂，清新隽永，颇能得其旨趣而富有情韵。

对于外篇、杂篇，著者首先稍作说明，解释其大意，如引用其师马其昶的观点，认为外篇"极言自己炫耀矜夸的离出本性，全篇都是这一个意思"；引用王夫之和宣颖的观点，认为尽管杂篇多为庄子后学的窜文，但是"里面有很多精微玄妙的话"，全篇都在申明"外物不可必"的思想主张。随后开始以白话提纲挈领地解释全篇的整体意思，紧接着就《马蹄》《胠箧》《寓言》《说剑》等进行集解性质的注释，最后就每篇内容进行通俗的白话译解。

总体而言，本书是较早尝试用现代白话翻译《庄子》的著作之一，而且由于著者扎实的古文功底和深厚的文学涵养，能够浅显易懂而文风晓畅地反映《庄子》思想及其语言风格，对于扩大《庄子》一书的社会影响，普及庄学研究，均做出一定贡献。（张永宏）

阐庄

《阐庄》，陈柱撰。北京：国家图书馆出版社，2011年12月第1版，系方勇主编《子藏·道家部·庄子卷》之一种，据1935年北流陈氏十万卷楼刊《子二十六论》本收录。另有桂林：广西师范大学出版社，2008年版，系《子二十六论》之一种；上海：华东师范大学出版社，2015年版，系《诸子概论》之一种。

陈柱简介详见《老子与庄子》提要。

本书分作上、中、下三篇。结合《庄子》各篇内容，著者主要从思想角度来阐发其哲理大意，认为"《庄子》之书，大旨尽于内篇，而内篇中之最要者，则《逍遥游》《齐物论》两篇而已"。其中，《逍遥游》涉及"绝对自由"的追求，是《庄子》一书的核心目的；《齐物论》则主张"一切平等"，是"《庄子》之方法"。

著者认为应当从"以天自处、以天视物"入手，来理解《庄子》关于生死、寿夭、祸福、利害、贵贱的思考和价值立场。将《庄子》一书中的"道"

概念分作三类具有次第旳"义谛"："内圣之道""内圣与外王之道""外王之道"。天人、神人、至人践行"内圣之道"，"内圣与外王之道"则诉诸无为而无不为，"外王之道"则属于儒者所追求的理想。著者认为"读《庄子》之书，必明此三等义谛，则庄学之本末精粗始可得而明"。

关于先秦诸子的思想渊源关系，著者通过分析《庄子·天下》篇予以集中论述，认为庄子与孟子、荀子分别从思辨、功利、礼乐三个角度对墨学予以抨击，宋钘、尹文的思想主张介于道、墨之间，而田骈、慎到、韩非的法家思想也与道家有密切的关系。根据著者的理解，老子之学尚属于《庄子》第二义谛，而庄子之道"更出乎老子之上，而直欲与天为一"。从这个意义上说，荀子抨击庄子"蔽于天而不知人"，却恰恰是庄子的特色。

孟子与庄子同时，"皆及见梁惠王"，"以孟子之好辩"，为何单单没有辟庄呢？著者认为实际上孟子与庄子的思想"似绝异而实有同焉"，主要表现在三个方面："一曰有共同之的鹄"，比如孟子反对利益桎梏善性，庄子反对仁义桎梏天性；再比如孟子有舍生取义之说，庄子则有方生方死悦死恶生之说。"二曰有共同之渊源"，庄孟都有取于孔老思想，而孔老则多有相同之处。"三曰有共同之敌论"，"杨朱墨翟同庄孟之所同辟者也"。

总而言之，本书虽然篇幅短小，但是立论颇高，多有创获和新意，推动了《庄子》研究的深入发展，在现代庄学史上产生一定影响。（张永宏）

庄子内篇证补

《庄子内篇证补》，朱桂曜著。上海：商务印书馆，1935年第1版，系"国学小丛书"之一种。

朱桂曜（1898—1929），初字瑶圃，后更芸圃，浙江义乌人。先后任教于南开大学、厦门大学。主要著作有《中国修辞学》《修养录》等。

书前有蔡元培先生序言和著者自序。蔡序撰于1934年，其时著者已经去世。蔡序略述历代《庄子》注疏情况及著者生平，认为本书"纠谬补遗，谨严缜密，征引博而抉择精，不啻《庄》书之功臣，抑且注家之诤友"。

著者自序撰于1928年，略谓早前的《庄子》研究"多驰骛玄谈，而鲜综实义"，介绍自己的证补从三个方面着手："（《庄子》）篇中稍涉疑难而为管见所能及者，辄加诠证；文字之有讹舛，六朝清儒诸家诂训之有未当者，则勘正之；其义已为前人阐发，而例证或有未备者，则补充焉。"

正文采用札记体，择取《庄子》内篇重要文句予以诠释、订正，多发前人所未曾发，如关于《逍遥游》"其名为鲲"的解释，自宋罗勉道以来多倾向于解释为小鱼，但是著者却力辟众说，引用多种古籍以证明其义为大鱼，均具有重要的学术价值。本书的若干观点也受到闻一多等学者的重视，由此亦可见其学术影响。（张永宏）

庄子集解

《庄子集解》，叶昀校阅。上海：广益书局，1936年4月版。

叶昀，颇疑与满族画家叶昀（1901—1983）为同一人，然不能确知。

本书前有不署著者的概序一篇，推测为著者自撰，略言"庄子者可谓知本矣"，就《庄子》思想概要予以介绍。随后是《庄子》全文33篇集解。每篇篇名之下有简要解释，文句皆有注释，尤其注重字词音义之疏解，大致征引历代注《庄子》的名家嵇康、向秀、支遁、崔譔、梁简文帝等人释条及《楚辞》《广雅》等古籍。

大致而言，本书择要征引汇辑历代诸家《庄子》注，间或抒发己意，具有一定学术价值。（张永宏）

南华直旨

《南华直旨》，杨文煊撰。北京：国家图书馆出版社，2011年12月第1版，系方勇主编《子藏·道家部·庄子卷》之一种，据1936年北平星星日报印刷部排印本收录。

杨文煊，字熙斋，自号广陵居士，河北文安人。

前人译注《庄子》，其体例基本是首先列示原文，对其中晦涩难懂的字句进行注释，然后进行全文翻译。本书大体延续了这一体例，其篇章结构主要分为《南华经》原文列示和思想阐释两部分。此外，书末还对原文进行了勘误。著者认为，《庄子》"虽有内、外、杂篇之分，但旨趣从同，初无判别之必要"；与内七篇相比，外篇和杂篇虽有创新之见，但主要是对内篇哲理的阐发。因此本书的内容只涵盖了《庄子》的内七篇。本书对《庄子》内七篇每一篇目的阐释大致分为两个部分，首先是该篇目整体思想和主旨大意的概括，然后对原文分节次和段落进行意译，并对每一节次进行思想概括。

著者十分推崇《庄子》，并对儒家思想与庄子思想之优弊、老子思想与庄子思想之异同有独到的见解。为凸显《庄子》揭天地之真道以启发智慧的深刻价值，著者在阐释和解读《庄子》思想的过程中，将其与儒家思想、老子思想进行对比。与儒家思想对比，他认为儒家有害世之弊，《庄子》思想的重要价值在于"矫儒家之弊"；与老子思想对比，他认为《老子》多空废玄言，《庄子》则更重于求"真"，更具"婆心救世"之担当。

著者还对《庄子》内七篇各篇目的主旨大意进行了对比，指出前六篇的主旨皆为"训真"，其中《逍遥游》旨在"昭示兴趣"，《齐物论》旨在"确定认识"，《养生主》旨在"养生全身"，《人间世》旨在"宅心处世"，《德充符》旨在"立德掩形"，《大宗师》旨在"求法积学"；第七篇《应帝王》则与前六篇"训真"之意旨略有不同，乃"作圣之学"。

站在当时之乱世，著者一方面继承了前人注解《庄子》的思路和思想主张，另一方面又融会了自己独到的见解，认为阐发《庄子》的哲理应与时世相结合，"与其援古，不如类时"。希望通过解读《庄子》，醒觉民智，为挽救民族于败亡尽一份力。

本书虽只对《庄子》内七篇进行了阐发，篇幅不长，但立意高远，意义深刻。（张欣）

庄子天下篇释义

《庄子天下篇释义》，梁启超著。北京：国家图书馆出版社，2011年12月第1版，系方勇主编《子藏·道家部·庄子卷》之一种，据1936年上海中华书局排印《饮冰室合集》本收录。

梁启超简介详见《论〈老子〉书作于战国之末》提要。

本文1925年发表于《清华周刊》第18期。由吴其昌笔记，正文置顶排印

《庄子·天下》篇之字句（上下均有留白），释义于正文旁空一格排印，正文与释义依序交互而成。

本书首先从文献基础的角度，以"此篇文体极朴茂，与外篇中浅薄圆滑之各篇不同"的判断基准，评价《天下》为"《庄子》书中最可信之篇"，以确立释义的信度基础。其次，从文献保存的角度，一方面"言其先"，以《天下》为"批评先秦诸家学派之书，以此篇为最古"，以追溯释义的起点基础；另一方面"论其广"，又以《天下》为"保存佚说最多"，以全备释义的广度基础。其三，就评论的价值而言，又以《天下》"批评最精到且最公平"作为总结，以确立通篇释义的价值。

内容上，著者认为："'内圣外王之道'一语，包举中国学术之全部。"点出中国传统义理学的核心要义，并进一步与西方哲学相对比，认为："中国学术，非如欧洲哲学专以爱智为动机，探索宇宙体相以为娱乐，其旨归在于内足以资修养而外足以经世。"此说诠释了"内圣"在于个体生命之身心的修养，"外王"在于经世济民之建设的意义，两者之间，一而二，二而一，这也是《天下》所谓"古人之全"的理想意义。

综合言之，著者以"文体风格"的方法辨伪先秦经籍之篇章价值及时代先后，虽不啻为一条取径，但从先秦典籍分、合、别、异的形成与传布的复杂情况看来，我们或可对此种方法保持一种"相对"而"存问"的谨慎态度，而难以用"绝对"的角度尽信。但著者在近百年之前，即点出中国义理与西方哲学的差异，甚有见地，引人深思。（江毓奇）

庄子天下篇要诠

《庄子天下篇要诠》，王蘧常撰。北京：国家图书馆出版社，2011年12月第1版，系方勇主编《子藏·道家部·庄子卷》之一种，据1936年上海中华书局排印《诸子学派要诠》本收录。

王蘧常（1900—1989），字瑷仲，号涤如、明两，浙江嘉兴人。曾任教于上海交通大学、复旦大学等高校。工于史学、子学、诗文、书法等领域，主要著作有《诸子学派要诠》《荀子新传》《国学讲演稿》等。

本书初撰于1927年，又在用于大学讲义后修改而成。本书采段后注之体例，博引诸子之文，折中诸位注家解《天下》篇之说，堪称治学典范。所涉及的注本有郭象《庄子注》、成玄英《庄子疏》、宣颖《南华经解》、马其昶《庄子故》、郭庆藩《庄子集释》、王先谦《庄子集解》、梁启超《庄子天下篇释义》、章太炎《庄子解故》、顾实《庄子天下篇讲疏》、钱基博《读庄子天下篇疏记》、方光《庄子天下篇释》等，可谓博采众家之长。

总之，本书可以作为研究《天下》篇重要的参考资料。（王超）

庄子精华

《庄子精华》，上海中华书局编。上海：中华书局，1937年3月版，系"中国文学精华"之一种。1941年2月再版。另有北京：国家图书馆出版社，2011年12月第1版，系方勇主编《子藏·道家部·庄子卷》之一种，据1941上海中华书局排印本收录。

本书是将《庄子》中文学性强的篇章选汇成册，有内篇3篇：《逍遥游》《齐物论》《大宗师》，外篇15篇：《骈拇》《马蹄》《胠箧》《在宥》《天地》《天道》《天运》《刻意》《缮性》《秋水》《至乐》《达生》《山木》《田子方》《知北游》，杂篇4篇：《庚桑楚》《徐无鬼》《则阳》《外物》。全书共22篇，每页页眉有王先谦、林云铭等诸家的评点，每篇最后有对文中字词的注解。

本书所引评点对庄文修辞技艺、文章法度脉络、语段词意思等无不涉及，充分体现出"以文解庄"的特点。如对《逍遥游》开篇第一句"北冥有鱼，其名为鲲，鲲之大，不知其几千里也"，即引林云铭言曰："大字是一篇之纲。"对"夫列子御风而行，泠然善也，旬有五日而后反。彼于致福者，未数数然也。此虽免乎行，犹有所待者也"一句，又引陆树芝言曰："通篇主意，至此方点出，为全书之纲。"以上所引评点皆为纲要式评点，此种评点有利于通篇的理解。对"化而为鸟，其名为鹏。鹏之背，不知其几千里也；怒而飞，其翼若垂天之云。是鸟也，海运则将徙于南冥。南冥者，天池也"一句，则引宣颖曰："无端叙起一鱼一鸟，虚中结撰，闲闲布笔。"此为对文章写作手法之评点。又如对"覆杯水于坳堂之上，则芥为之舟，置杯焉则胶，水小而舟大也"一句，引林云铭曰："设一喻取势。"此为对文章修辞手法的分析。注解部分则多以各家注解内容相参照而集成。如对"海运"一词即参照了司马彪、向秀、梁简文帝三人的评注："司马云：运，转也。向秀云：非海不行，故曰海运。简文云：运，徙也。"有助于读者准确把握词意。

总而言之，本书不仅在篇幅上凸显出文学性的选篇倾向，其对每篇所引的评点也足见对《庄子》炼字用句、谋篇布局、文字符号方面的分析，纵是吉光片羽也弥足珍贵。《庄子》一书文采之优美、义理之深邃，堪称中国古文经典中的佳作。作为"中国文学精华"丛书的一部分，本书选篇精要，注解全面且通俗易懂，兼顾了文学性与思想性，为时人提供了一个颇有价值的《庄子》选本。（李明玉）

庄子校证

《庄子校证》，杨明照撰。北京：国家图书馆出版社，2011年12月第1版，系方勇主编《子藏·道家部·庄子卷》之一种，据1937年排印《燕京学报》第21期收录。另有上海：上海古籍出版社，1985年版，系《学不已斋杂著》之一种。

杨明照（1909—2003），字弢甫，四川大足（今重庆大足区）人。曾执教于燕京大学、四川大学等校。其在校注与研究《文心雕龙》方面取得令人瞩目的成就，被誉为"龙学泰斗"。主要著作有《文心雕龙校注》《文心雕龙校注拾遗》《抱朴子外篇校笺》等。

本书按《庄子》传世本的目录顺序分别从内、外、杂篇各章选取句段约100条（并未涵盖全部33篇），所选句段后均用小字标明所属的篇章，括号内标明所按底本卷页，然后做简要的校正说明。校证以明世德堂本为底本，"参校众本异同，而为之疏证"。所参考的材料主要有敦煌唐写本、涵芬楼影印本《续古逸丛书》、陆德明《经典释文》等。校证的内容往往是句中的某个字或词。

本书从各版本校勘、上下文互证、参考前人注疏、参照其他文本对《庄子》的引用、考订音韵或字源等方面校订文字，纠正传写、理解之误。如底本明世德堂本《应帝王》中"至人之用心若镜，不将不逆"一句中的"逆"字，《古逸丛书》《续古逸丛书》《道藏》本均作"迎"，著者按"逆字非是"。他举出《大宗师》《知北游》篇以"将""迎"对举；《淮南子·览冥训》《文子·精诚》篇引用《庄子》时均作"不将不迎"；音韵方面，此文以"镜""迎"为韵，若作"逆"，"于义虽通，于韵则失矣"等几个方面的理由为佐证。

总之，本书对所选近百条句段的相关字词做了较好的考订和梳理，在疏通文意、纠正理解、辨析版本状况等方面做出了一定贡献。（黄唯青）

庄子释义

《庄子释义》，张栩撰。北京：国家图书馆出版社，2011年12月第1版，系方勇主编《子藏·道家部·庄子卷》之一种，据1939—1940年《古学丛刊》第1—9期收录。

张栩，号巢民居士，浙江姚江（今余姚）人。

本书仅排印至《养生主》"道大窾"止，为未完之书。在开篇，著者通过凡例全面地分析了《庄子》一书的内容和思想；在正文中，将每一篇分为一卷，每卷细分为条，对《庄子》原文进行阐述，没有另外注解。

凡例从篇章结构、思想内容等方面对《庄子》进行了概括性的阐述。著者认为：《庄子》的内篇每篇命题皆举全篇之要旨，其文汪洋浩瀚，然其宗趣决不出于命题范围以外，《逍遥游》至《应帝王》环环相扣，章法严整。外、杂篇则撮文句之首二三字以名篇，无特殊之用意也，既无章法又无体制。在体裁选择上，《庄子》采用寓言、重言等形式，将作者自身的观点借助文章中的人物和事例展现出来。《庄子》一书的另一特色在词语的选用上，其最足以辅翼经典之处在于言道之名词，其界说谨严而真确，使后儒笼统含糊之弊一扫而空。在对一些词语的阐释上，如道德、生命、性情、心理等十分严谨且准确，为之后的哲学奠定了标准。《庄子》有一特别之笔法凡为文所不能隐晦而嫌其所指太直，则用拆字法行之，如"柴"为"此、木"，"槐"为"木、鬼"等等，虽文法不可通，而于谐音会意之外别出蹊径，其寓意便一目了然，此庄子之绝异处，开辟了谐音会意之外新的解读方法。杂篇往往于最要意义语次，忽夹入一段无关宏旨之文，如《外物》篇之有"庄子贷金"一事，又有"任公子钓鱼"一事，似别有寓意，然实毫无关会，特散金于沙中，使好学者所慎择而已。

本书的特点是以易学阐释《庄子》文句，再结合道教修炼方法。例如在解释"北冥有鱼"句时引用"河图洛书之数"以及"精气神"的炼养方法，这种解读不仅是对《庄子》一书的进一步发展，也提供了新的视角。

著者在对《庄子》文本的解读中，以细致入微的手法，结合易学、儒家思想以及佛教思想来对《庄子》进行解读，内容较为丰富。（张怡、宋野草）

庄子新证

《庄子新证》，于省吾撰。北京：国家图书馆出版社，2011年12月第1版，系方勇主编《子藏·道家部·庄子卷》之一种，据1940年北京大业印刷局排印《双剑誃诸子新证》本收录。

于省吾简介详见《老子新证》提要。

本书在文章结构上并未分章，只分了上、下两卷。在体裁上为札记体，是著者在阅读古籍文献时摘记的要点或心得体会，分条节录《庄子》文句，予以考证，凡67条。本书当为解"晦"而作，其目的是为了让读者在阅读《庄子》时文通字顺，以彰显高文奥义。著者综合运用旁证、本证、实证、通假等多种考据方法，考证繁富，可供参考。

总之，本书利用古文材料及研究成果，参以旧写本及出土文物等资料来校订《庄子》，为《庄子》解"晦"提供新的途径。（李雨馨、宋野草）

庄子章义

《庄子章义》，胡朴安著。1943年自刊本，系《胡氏朴学斋丛书》之一种。

胡朴安简介详见《庄子内篇章义浅说》提要。

书前有自序、题词、总说。在自序中，著者认为清代学者以文字声韵求训诂，适合于儒家经学，但是对于诸子学来说，就不合适了。对于《庄子》一书，尽管在语言、思维和表达方式方面，颇为难读，但是仍然有一定的思路可循，认为"其义虽环玮，而无不平易；其辞虽参差，而无不整齐"。

题词撰写于1918年，采用陶渊明《读山海经》之韵脚，就《庄子》全经、内七篇、读《庄》后的感想等主题撰诗13首，认为对于《庄子》大义而言，这13首诗"若可得于文字之外"，故而录之于卷首，云云。

总说由道家源流及其派别、庄子之自然思想、自然即道、自然的成功、人我是非一致、死生观念、入世的方法、精神的修养、理想中的人格、无为而治十个部分组成，略述了《庄子》思想的源流及《庄子》一书的宇宙观、社会观、人生观、政治观、修炼学说等。

本书正文就《庄子》内篇、外篇、杂篇共33篇予以分章解义。在每篇之前，就整篇大义予以说明，然后将该篇分作若干章，概括各章大义，而并没有全录《庄子》原文。以《逍遥游》为例，著者首言《庄子》之学"以虚无为体，以静寂为用，以自然为宗，以无为为教"，然后解释《逍遥游》篇义，认为"逍遥游者，游于虚无之乡，寂静一任其自然，无为而无不为也"，随后将该篇分作八章，条贯各章大义，梳理其前后关系。其他各篇章的体例，一如首篇。

本书乃是著者多年研读《庄子》所得而撰写于脑溢血卧病之时，既有真知灼见，又不乏亲身体验，认为《庄子》思想的精髓在于通过论道而为人生提供一种解脱之途，正如其自序所云："余半身偏废，闭户闲居，著《周易古史观》既卒业，日求庄子独与天地精神往来之真，子是知庄子以空间之虚、时间之无的宇宙观，为人生观也。"本书具有一定的学术价值和思想意义。（张永宏）

庄子正

《庄子正》，石永楙撰。北京：国家图书馆出版社，2011年12月第1版，系方勇主编《子藏·道家部·庄子卷》之一种，据1945年石印本收录。

石永楙（1909—1975），又名永懋、永壄、永茂，字松亭，山东茌平人。天津崇化学会首届学员，受业于国学大师章钰先生，与严修、华世奎、龚望、徐悲鸿等多有交游。又师从北京四大名医之一的施今墨先生学医，精通岐黄医术。主要著作有《论语正》《大中礼正》《孝国经正》等。

根据著者好友、藏书家卢弼的序言可知，本书原名《庄子斫垩》，成书于1943年，此后又有修订，乃取今名。1945年自印于天津石宅，为著者《求际斋丛著》之一。

　　本书叙例分为叙要、论内篇及本经、辨《史记》本传之疑、考例四方面内容。在"叙要"中，著者认为不能因为"疑古"而否定《庄子》一书的真实性，但是需要进行一番"辨伪"的工作，剔除并非庄子本人所撰写的文字。在"论内篇及本经"中，他认为《庄子》内篇更接近庄子本人的著述，尽管如此，仍然有后人的附益。他认为这是"老庄混合"的缘由所在，也是本书所要甄别匡正的地方。在"辨《史记》本传之疑"中，他认为司马迁《史记·庄子传》并不是实录，而是采用春秋笔法，通过传述老庄故实而"特欲为申韩张本，借往事以讽时君"，表达其对于汉初皇室推崇刑名之术的国策之不满。因为这个缘故，《史记·庄子传》并没有采用内篇本经，而是采用众所周知系托庄之作的《渔父》《盗跖》《胠箧》诸篇，以此表明"老子诋訾孔子之言，皆空语无事实"，"而不足信也"。在"考例"中，著者交代了他剖判《庄子》内篇的依据有六：其一，"以文脉观之者，据上下文而自得之"；其二，"以语气辨之者"；其三，"以学说区之者"；其四，"以撰辞体制度之者"；其五，"以涉及时代断之者"；其六，"以异文异本参之者"。这六条依据事实上也是著者研治《庄子》内篇的方法论。对于这六个方法，他采用"互相为用"的态度，"必其尽相吻合，而无一焉之相违，乃始成立一说"，由此可见其治学态度之严谨。

　　基于这种学术态度、学理依据和治学方法，在接下来的正文论述中，凭借其深厚的国学功底，著者就《庄子》内篇进行了非常细致的考证辨析工作，在庄学研究方面做出重要贡献。

　　本书考证精核，立意高古，多有创获，具有一定的理论价值。（张永宏）

庄子讲解

　　《庄子讲解》，张贻惠著。重庆：综合学术社，1946年7月初版，系"国学专书"之一种。

　　张贻惠，1907年生，笔名张剑声，福建福州人。曾任福州中学、厦门中学等校语文教师，1943年转入福建师范学院，历任讲师、副教授、教授。长期从事古代汉语修辞、语法研究。主要著作有《古汉语语法》《汉语积极修辞》等。

本书乃是著者根据其讲授《庄子》的讲稿整理而出版印行。在序言中，著者推崇一种"中西文化综合汇通之道"，认为应当"以中国先哲政治伦理哲学思想以指导西洋科学，使科学所造成之成果，能收服务人生之实效"，自谓其《庄子讲解》即是这方面的一种尝试。

正文部分主要就《庄子》内七篇予以细致的讲解。在每篇讲解中，先就其全篇大要进行一番分析，然后将各篇分为若干节，每节在诠释字句的基础上，就其内容予以白话翻译性质的"讲解"，随后就该节主旨大义予以综合性"要义"考察。本书之着重点在于将晦涩难懂的古文予以白话解读，"以浅显晓畅之现代文字解之"，便于《庄子》思想的普及，具有一定的学术意义和社会价值。

在附录一内篇旨要中，著者简明扼要地概括了《庄子》内七篇的主旨，认为第一篇《逍遥游》，描写绝对自由之状态；第二篇《齐物论》，抒发绝对平等之见解；第三篇《养生主》、第四篇《人间世》，谓人若有自由平等之襟怀，自可内养其生，外与人世相接；第五篇《德充符》，谓若斯之人，其内德必充实完美，能收化人感物之效；而第六篇《大宗师》乃是"众所宗仰之大师"；而第七篇《应帝王》则强调"理想之世界，自应以圣人而居政治领袖之位"。附录二庄子传略，概要性地考察了庄子的生平、《庄子》其书的内容及老庄自然主义哲学的特色。均具有一定学术意义。（张永宏）

庄子补正

《庄子补正》，刘文典著。上海：商务印书馆，1947年第1版。另有昆明：云南人民出版社，1980年版；合肥：安徽大学出版社，1999年版；北京：中华书局，2015年版。

刘文典简介详见《庄子琐记》提要。

本书始撰于1923年，完成于1938年。据云南人民出版社版，本书由陈寅恪序、著者自序、正文、跋四部分组成。陈寅恪序撰写于1939年，十分推许著者做学问的谨慎态度，认为："先生之作，可谓天下之至慎矣。其著书之例，虽能确证其有所脱，然无书本可依者，则不之补；虽能确证其有所误，然不详其所以致误之由者，亦不之正。"但是也因为他的这种谨慎态度而遗憾，

"所持胜义，犹多蕴而未出，此书殊不足以尽之矣"。尽管如此，陈氏仍然看重其治学态度的重要性，认为"此书之刊布，盖将一匡当世之学风，而示人以准则"。

著者在自序中介绍了撰著此书的缘由在于他的儿子刘成章幼亡，他的内心十分伤痛，"乃以点勘群籍自遣"，由于《庄子》之书"齐彭殇，等生死"的思想感染了他，故而特别钟情于《庄子》之点勘。他同时认为《庄子》其书"修内圣外王之业，明六通四辟之道，使人纪民彝复存于天壤"，这是他"董理此书之微意也"。

正文部分旁征博引，就《庄子》33篇进行了精细的校订，许多见解成为此后学界的公论。著者还对旧注旧疏进行了细致的辩驳和纠正，推动了庄学研究的深入，同时主要从训诂学角度就《庄子》难解字义进行了探究和阐明，不乏真知灼见。

总而言之，由于著者博览群籍，精于训诂，本书在《庄子》内容校订、字义诠释方面做出卓越贡献，是民国时期较为重要的庄学研究著作，具有重要的学术意义，产生深远的历史影响。（张永宏）

庄子校释

《庄子校释》，王叔岷著。上海：商务印书馆，1947年第1版，6册，系"中央研究院历史语言研究所专刊"之一种。

王叔岷（1914—2008），名邦浚，字叔岷，号慕庐，四川简阳人。国学大家。曾执教于新加坡大学、马来西亚大学等。主要著作有《庄子校诠》《诸子斠证》《先秦道法思想讲稿》《陶渊明诗笺证稿》等。

本书始撰于1941年，完成于1944年，由撰写于1944年的自序、正文校释以及文末所附《庄子校释》补遗、《庄子》逸文、评刘文典《庄子补正》组成。

在自序中，著者认为《庄子》旧有52篇，"郭氏删定为三十三篇之后，已不能见庄书之旧，三十三篇传至今日，督乱讹夺又纷见迭出"，他自己的《庄子校释》则是在王念孙、俞樾、章太炎、奚侗等人基础上的进一步研究，"复多所弋获"。其以《续古逸丛书》所收影印宋刊本《庄子》为底本，"作校释五卷，凡一千五百六十九条"。

其正文部分对《庄子》的字词音义进行细致而深入的校勘、补遗、考订和解释，不但对于《庄子》文句及义理的理解多有创获，而且对宣颖、武延绪、王念孙等学者的《庄子》研究多有辩白补正，具有重要的学术意义，产生深远的学术影响。

文末所附《庄子校释》补遗是对于本书部分文句的进一步补充。《庄子》逸文则收录了其他古籍所见《庄子》佚文多条。"评刘文典《庄子补正》"就刘文典《庄子补正》一书的部分观点予以批驳，认为刘文典的有些理解不能成立。

总体而言，本书是著者的成名之作，在《庄子》字句音义方面多有考证校释，广征博引，说理透彻，补苴罅漏，具有重要的学术意义，对后来的钱穆、王孝鱼等学者多有影响。（张永宏）

庄子引得

《庄子引得》，哈佛燕京学社引得编纂处编纂。北京：国家图书馆出版社，2011年12月第1版，系方勇主编《子藏·道家部·庄子卷》之一种，据1947年哈佛燕京学社铅印《哈佛燕京学社汉学引得丛书》本收录。另有台北：弘道文化事业有限公司，1974年版；上海：上海古籍出版社，1986年版。

本书主要由齐思和序、凡例、笔画检字、拼音检字、中国字庋撷表、《庄子》本文、引得七部分组成。

齐思和是引得编纂处的工作人员，在序中，他"略记《庄子》一书之篇目问题"，同时交代了《庄子引得》的编纂经过。盖《庄子》其书"旨既深奥，文亦繁富，披阅为难，贯通非易"，主要原因就是缺少一部检索性质的工具书。基于此，引得编纂处根据郭庆藩《庄子集释》，"精校全文，并字为引得，以便检索"。所谓"字为引得"，就是"一字之数见，一辞之重出者，俱列于一条之下，俾学者可聚集而比较之"。这是本书正文部分的主要内容。齐思和提到，"此书初成于民国三十年，印刷方毕，而太平洋战起，日寇窃据燕大，印本为其所毁，唯一本因人假阅，幸免于劫灰"，抗战胜利后，根据此本排印，"得重与世人相见"。

凡例则更为具体地介绍了本书的体例，其中特别提到的"中国字庋撷法"

由洪业发明，分体依据部首法，定复笔受到林语堂"汉字索引制"的启发，取角则借鉴了王云五"四角号码检字法"，同时采用张凤"形数检字法"来确定数字格，博采众长，统一便捷。尽管如此，由于该法颇为烦冗复杂，故而又附设了笔画检字和拼音检字。

本书是庄学史上第一部检索性质的工具书，为《庄子》研究提供了诸多方便，发挥了重要的基础性作用，深受学人欢迎。（张永宏）

庄子天下篇荟释

《庄子天下篇荟释》，单演义著。西安：西安黎明日报社，1948年4月初版。另有西安：西北大学出版社，2009年版，系《单演义文集》之一种。

单演义（1909—1989），又名晏一，字慧轩，江苏萧县（今安徽宿州）人。曾执教于西北大学。主要著作有《庄子通论》《庄子索引》《鲁迅在西安》等。

孙道升序认为本书"酌采欧西大师译解之成法，一变中国学者注疏之陋规"，颇为肯定其创新精神。在自序中，著者介绍了撰写和出版此书的缘起，大致而言乃是蒙受其师高亨先生的启发和勉励，表达了感激之情。

正文由前论、本论、后论组成。前论包括解题、考证、提要三个部分，本论包括总论道术、论邹鲁之士之方术及道术分裂之原由、论墨翟禽滑釐之方术、论宋钘尹文之方术、论彭蒙田骈慎到之方术、论关尹老聃之方术、论庄周之方术、论惠施之方术八个部分，后论为全书的总结。正如其书名所说，其前论、本论博采古今学者的相关论述，予以细致的分析与考辨，同时加以自己的理解，间有新意，实为当时疏解《庄子·天下》篇的翘楚之作。

附录诸子家数比较表，综合庄子、司马谈、刘歆、班固诸说，就先秦诸子的源流进行了简要的罗列和归类。其"参考书志举要"列举了参考书目近70种，可见其涉猎之广，用功之深。

张芝友跋评价本书"功力勤，罗致富，既踵前修之轨迹，又示楷式于方来"，认为其学术价值不下于王先谦和郭庆藩之作，对其予以充分肯定，尤见其重要的学术意义与影响。（张永宏）

庄子管见

《庄子管见》，金其源著。北京：国家图书馆出版社，2011年12月第1版，系方勇主编《子藏·道家部·庄子卷》之一种，据1948年商务印书馆排印《读书管见》本收录。另有台北：世界书局，1963年版，系"中国学术名著"之一种。

金其源简介详见《老子管见》提要。

本书含内篇《逍遥游》《养生主》《人间世》《德充符》《大宗师》《应帝王》六篇，外篇《在宥》《天地》《天道》《田子方》四篇，杂篇《庚桑楚》《徐无鬼》《则阳》《外物》《寓言》《让王》《盗跖》《列御寇》八篇，共计18篇。

著者除了论述其体悟，还结合当时社会情况，抒发感慨。他认为"天下有道圣人成焉"，这个圣人"以仁成德"，而若"天下无道圣人生焉"，圣人要以义而生道，同时他谈到当今社会动荡，人人只求能免于刑戮，又何谈圣人与道。

总的来说，本书篇幅短小，内容简略，多援引郭象注来展开讨论。（杨丽璇）

庄子集解内篇补正

《庄子集解内篇补正》，刘武著。上海：商务印书馆，1948年第1版。另有北京：古籍出版社，1958年版；北京：中华书局，1987年版，系"新编诸子集成"之一种。

刘武（1883—1957），字策成，湖南新邵人。曾任邵阳驻省中学校长，浏阳、郴县、衡山、衡阳等县县长，湖南警察厅厅长等职。主要著作有《章太炎庄子解诂驳义》等。

本书在广泛征引古籍的基础上，就王先谦《庄子集解》进行了补充和订正。据柳清萍《刘策成〈庄子集解内篇补正〉的出版》（载《新邵文史资料》第六辑，1994年）介绍，本书撰于著者执教湖南工业专科学校之时，并引其自叙说："虽王氏此书，号简明便读，然其所集，过于疏略，且多舛谬，无怪学生不大了了，由于注者亦不大了了也。爰就王集，加以葺理，期救斯弊，于其疏者补之，谬者正之。"其目的则在于"使学子读之，既明其文理，复晓其文法，如是而已"。由此亦可见其撰本书的用意。

本书十分重视文法的作用，通过文法分析来明晰义理。在具体的分析过程中，慎用乾嘉学派的声训、通假之法，而着重于从文字的角度予以印证和阐发。与此同时，著者十分重视《庄子》各篇之间的相互关系，强调《庄子》思想的内证，具有一定的学术意义。（张永宏）

庄子文选

《庄子文选》，张默生著。北京：国家图书馆出版社，2011年12月第1版，系方勇主编《子藏·道家部·庄子卷》之一种，据1948年济东印书社排印《先秦诸子文选》收录。

张默生简介详见《老子章句新释》提要。

本书共收录了《逍遥游》《养生主》《秋水》《天下》四篇，每篇前有题解，后有注释，文本中采用新式标点，便于阅读。在著者看来，《庄子》的作品可分数等。第一等为有总论、分论，无结论。《逍遥游》《养生主》《秋水》皆被划为这一范畴的作品。

对于《庄子》中心思想，著者用"道""因"二字来概括。"道"为其本体论的观点，"因"为其人生论的观点。与此同时，他也指出了庄子论"道"的几种方法："有明白说出者，有借寓言喻道者，有托理想人物使道成为具体化者。"这些方法都是为了更好地为《庄子》的本体论观点做注解。对于其人生论，人世间之动象及变化，是对人事上之看法，一切因任自然，契合于道，源于道。对于《庄子》思想的解读，著者从庄子之物化说、人生观、养生论等角度对其进行全面性剖析。他倡导以庄解庄，但其解读之视角较为独特。他认为寓言、重言、卮言是解庄之关键，"寓言为言在彼而意在此，重言是借重古先圣哲或当时名人之话以压抑时论，卮言是漏斗式之话，无成见之言"。三者其为一体，互相交错。

总而言之，著者对《逍遥游》《养生主》《秋水》《天下》的诠释较为简单，题解也趋于通俗，易于读者更好地理解。他也是较早详细论述寓言、重言、卮言，且从寓言、重言、卮言角度解读《庄子》的现代学者，其为解读《庄子》开辟了一个新的视角。〔刘艳雪、宋野草〕

庄子哲学

《庄子哲学》，曹受坤撰。台北：文景出版社，1970年11月初版，据1948年刊本影印。另有台北：艺文印书馆，1972年版，系严灵峰辑《无求备斋庄子集成初编》之一种。

曹受坤（1879—1959），字伯陶，广东番禺人。曾任广东省法制编纂会委员等职。其研究领域以刑法为主。主要著作有《刑法述义》《庄子内篇解说》等。

本书共九章，其取材不分内七篇或外、杂篇。第一章庄子之根本思想，以"环中"为庄子思想立论之基础，并批评清儒王夫之《庄子解》之观点；第二章从认识论检讨庄子之去知主义，说明庄子之所以主张"遗形去知"的原因，以及"大知""真知"之指涉对象；第三章庄子之宇宙论，认为庄子学说系以宇宙论为中心，其宇宙观与人生观、修养法可画上等号，并运用西方哲学理论，对《庄子》书中论及宇宙生成、物我关系、物之存在与观察问题等方面加以说明；第四章庄子之生物说，讨论庄子的生物原理、万物由气成形之经过、万物生死变化之现象；第五章庄子之人生观，讨论人类在生物演化过程之地位、行为定命说与人生价值；第六章庄子之修养功夫，分析向内所作"离形去知""修性复初"之功夫论；第七章庄子之处世方法，分析向外所作"虚己以游世"之功夫，认为此方法以定命论为基本观念，并与修德密切相关；第八章庄子之政治理想，认为庄子之政治手段着眼于放任自由，其理想则在于使天下万物皆达到"至人无己、神人无功、圣人无名"之境界；第九章庄子之道德论、名学或辩学，分析庄子道论与先秦名家、逻辑思辨之异同。

总的来说，著者以参酌西方哲学理论的方法撰成本书，对庄子之道论、知识论、宇宙论、人性论、功夫论等方面，做了系统性的分析，在时局动荡的20世纪40年代是较难能可贵的学术研究作品，值得肯定。（李建德）

章太炎《庄子解诂》驳义

《章太炎〈庄子解诂〉驳义》，刘武撰。北京：国家图书馆出版社，2011年12月第1版，系方勇主编《子藏·道家部·庄子卷》之一种，据手抄本收录。

刘武简介详见《庄子集解内篇补正》提要。

从篇章结构看，本书缺少卷上部分，卷下部分则以《庄子》外、杂篇为主，以《天运》篇相关字句训诂释义的论驳为始，其下按照通行本《庄子》的篇目顺序逐篇驳义，但缺少了《刻意》和《说剑》两篇，末篇《天下》篇后又依次补录了《骈拇》《马蹄》和《天道》三篇。

仅从所见的卷下部分看，本书对前人有关《庄子》释义的驳义，并未包括各篇目的全部内容，而是仅就该篇目的部分内容进行驳义，很多篇目更是仅仅撷取了一句或数句原文。如《缮性》《至乐》《马蹄》《天道》等篇都仅就一句原文的释义或训诂进行驳义。

对于前人在《庄子》释义过程中的文字训诂，著者反对通假和假借的态度颇为明确，主张从文字本身出发，同时引用《庄子》其他篇目中相同的内容进行解释。如在论驳《马蹄》篇"而马知介倪、闉扼、鸷曼、诡衔、窃辔"中关于"倪"的意义时，便引用了《秋水》篇"何以知毫末之足以定至细之倪"，并以其中"倪"的"细小"之义来解释《马蹄》篇中"倪"字的意义。

在字词和句义的辩驳过程中，除了经常以《庄子》各篇目互证外，著者还多次引述《老子》《淮南子》《易经》《周礼》《诗经》《说文解字》等其他典籍作为论据。而偶以关于基督教的内容作为论据之佐证，更是创新之举。如关于《天下》篇"未败墨子道"中的"未败"之义，著者除引用"孔子之席不暇暖"外，还以"基督之杀身殉道"等思想来辩证章太炎所论之非。

从卷下部分看，本书重在对前人的《庄子》字词训诂进行论驳，且在力驳前人的训诂释义时，重视《庄子》前后篇章的互证，这进一步拓展了我们读《庄》、解《庄》的思路和视野。（张欣）

庄子大同说

《庄子大同说》，王树枏撰。北京：国家图书馆出版社，2011年12月第1版，系方勇主编《子藏·道家部·庄子卷》之一种，据陶庐精抄本收录。

王树枏（1851—1936），又作树楠、树枎、树柟，字晋卿，晚号陶庐老人，斋号文莫室，直隶新城（今河北高碑店）人。清光绪十二年（1886）进士。曾任眉州知州、兰州道台、新疆布政使等职，任内多有善政。辛亥革命后弃官还乡，民国时任清史馆总纂、国会议员等职。主要著作有《尔雅郭注异同考》《陶庐文集》《文莫室诗集》等。

本书精抄本十卷，凡解《庄子》14篇，分别是《逍遥游》《齐物论》《养生主》《人间世》《德充符》《大宗师》《应帝王》《骈拇》《马蹄》《胠箧》《在宥》《天地》《天道》《天运》，各篇前均有题解，书前有弁言，书末有总论。著者以"大同"解庄，将庄子的"万物为一"阐释为"大同"，以"大同之道""大同之化""大同之本""大同之盛轨"等术语，来解释庄子"至德之世"的思想，并认为庄子是孔子的再传弟子，《庄子》是对孔子"大同"思想的阐释，《庄子》中的平等思想，是实现大同理想的基础。其独特的角度，为庄子研究注入了新血液，具有一定学术价值，今人援引"大同"思想评述《庄子》，应始于此。（周睿）

庄子诂义

《庄子诂义》，范耕研撰。北京：国家图书馆出版社，2011年12月第1版，系方勇主编《子藏·道家部·庄子卷》之一种，据手抄本收录。

范耕研（1893—1960），名尉曾，字耕研，号冠东，江苏淮阴人。曾执教于扬州省立第八中学、扬州中学、安徽芜湖师范学院等。著者以专治周秦诸子之学而享誉南雍，在文史考据和书法方面颇有造诣，与二弟范绍曾、三弟范希曾并称为"淮阴三范"。主要著作有《墨辩疏证》《吕氏春秋补注》《周易诂辞》等。

为明确各篇目的思想义理和文章结构，本书于大多数篇目前对该篇的主旨大意进行了概括总结，在译注的过程中还根据文意将各篇目划分出段落，如《逍遥游》被划分为五个段落，《人间世》被划分为七个段落。

本书通过引述、训诂和意译等方式挖掘《庄子》的哲学义理。在体例上，每篇首先列示原文，边列示原文边对其中重要的字句进行训诂和释义。其注解大量引用陆德明、成玄英、章太炎、王先谦等学者的著作。但其功夫，更体现在断以己意上。著者并非只是简单援引他人之见，而是以前人之注解加以佐证来进一步阐述自己的理解和观点，直发议论，颇有见地。

著者受章太炎影响，对《庄子》的解读带有"以佛解庄"的倾向，注重与释家思想中的关联。在涉及庄子与儒、释、道三家学说异同的辨析中，著者多阐释庄子与释家之同及其与儒道之异。其主张《庄子》一书"旨在救世，切于人事"，针对人世的纷扰混乱，指出与之相适应的应世之道，强调庄子虽然"尊生"，却不以"屈辱之生"为贵。天人本性为美，刻意人为则是丑。著者认为，基于人之存在为关切，庄子反对将人等同于物或"丧己于物"，个体对于物具有优先性，人之性从而高于"身外之物"的世俗追求，因此保持人的本性不为外物所损就是"尊生"。他还将庄子所说的"知"区分为"知识"与"真知"两个层面，指出庄子虽然反对追逐"知识"，然而这并非意味着是对器用进化的排斥，更不是对愚蠢和蒙昧的赞成。至于"真知"则是不待辩而自明的，自明并非没有是非标准，自明虽然被虚妄蒙蔽，但是经由持续的"明辨"之后是可以渐得其真的。

大体而言，著者治《庄子》以章句训诂为本，兼就义理进行阐释。著者除了承继前人考据成果外，并融入了个人身世感怀，具有鲜明的时代色彩，值得进一步探究。本书旁征博引，善于辨识，于《庄子》之学多有发明，对读者不无启发。（张欣、李彦国、宋野草）

庄子章句

《庄子章句》，闻一多撰。北京：国家图书馆出版社，2011年12月第1版，系方勇主编《子藏·道家部·庄子卷》之一种，据手稿本收录。

闻一多（1899—1946），原名家骅，字益善，号友三，五四运动后改名一多，湖北浠水人。中国伟大的爱国主义者、诗人、学者。历任中央大学、武汉大学、青岛大学、清华大学等校教授。早期以新诗闻名中外，后来致力于古典研究工作。主要著作有《死水》《古典新义》《唐诗杂论》等。

本书可分为三个部分：

第一部分录《逍遥游》篇全文，随文双行小字夹注，以文字训诂为主，间有补足脱文、乙转倒文等校勘之功，语言简洁凝练。著者将《逍遥游》全篇分为七节。篇末附校补，对九处误文、脱文、倒文进行考订，以校补《逍遥游》。其后附释义，对《逍遥游》篇部分文句进行解释析义，体例格式与其所著《庄子内篇校释》相同。

第二部分录《庄子》内篇全文，随文双行小字夹注，偶有眉批、旁批，多处有涂改痕迹，以训诂、释义为主，并对部分误文、脱文、倒文、衍文进行考订。此外，著者还将前六篇重新划分了章节，从《逍遥游》至《大宗师》，共计51节，为大写数字标记；第七篇《应帝王》则以阿拉伯数字作为标记，续接前六篇，标至56。

第三部分录《庄子》全文，但缺了内七篇《应帝王》，且著者在第三部分亦重新分节编号，只是内六篇《大宗师》编号止于63，而与此相接的外篇《骈拇》始于70，中间相差六节。此外，虽杂篇与外篇相续，但著者似乎尚未来得及将后文编完，至《耿桑楚》篇末编号198止，余者尚未分节编号。

本书当为著者继《庄子内篇校释》之后的又一力作，比对其校勘内容，可以判断本书所采用底本应为郭庆藩《庄子集释》本；又，本书第一部分《逍遥游》篇所附校补有"详校释"之语，察其内容，与《庄子内篇校释》相呼应，由此推测《庄子内篇校释》应成书于本书之前。

本书在编排上虽略显仓促，但于文字考释、文本校勘还是严谨审慎的。从文本体量来说，著者于《庄子》内篇用力最勤，半部《庄子章句》都是内篇之学。其注简练而易达，其文旁征而博引，其据夯实，其义常新，本书当为近代庄学研究之佳作。（范佩佩）

庄子解

《庄子解》，朱青长著。北京：国家图书馆出版社，2011年12月第1版，系方勇主编《子藏·道家部·庄子卷》之一种，据民国间石印本收录。

朱青长（1861—1947），名策勋，字笃臣，号还斋、天完、天顽，四川江安人。清光绪二十九年（1903）举人，曾任教于四川大学。主要著作有《东华学派全书》《易经图解》《易大义五十问》《还斋诗》《还斋词》等。

本书分为四卷，《庄子》内篇为卷一，外篇为卷二至三，杂篇为卷四。与清朝以儒为尊、以儒释庄的学术传统不同，著者认为庄子的思想是对老子思想的传承，并不是自创的，用儒学或者其他思想解读《庄子》会失其本意，因此他解庄的方法是回归《庄子》本身，以庄解庄，深度了解庄子的思想，还原《庄子》一书本来的面目。与清代流行的考据学派的方法不同，著者在序文中说"庄子死，其训说不传，百家之注语焉不详，余恐群注之惑世误人大也，因表其幽隐沉落之精义百十解，以默符千载朝暮之契，而章句训诂之末略焉"。

著者对《庄子》各篇的解读，首先对每篇文章的题目进行简要释义，然后概括该篇文章的主旨写下总论，继而分节列出原文，再对原文比较难理解的字词进行释义。释义后，著者再对这节文章进行解读。他在有些篇章中也会加上附论，表达自己的看法，比如结合时事，对一些附会、诬蔑《庄子》的言行进行驳斥。

在后序中，著者还抨击了用"曲学恋生小家之说"来解读《庄子》的行为，认为这些都是表面依托黄老，实则浮浅无宗，使得《庄子》一书被肢解得面目全非，滋生了浮躁浅薄的恶劣学风。因此，他在解庄的时候回归《庄子》本身，其义理扎实，保持了学术的纯洁性。（梁玲）

庄子南华经内篇

《庄子南华经内篇》，无名氏抄写、圈点，聂守仁附识。北京：国家图书馆出版社，2011年12月第1版，系方勇主编《子藏·道家部·庄子卷》之一种，据手抄本收录。

聂守仁（1865—1936），字景阳，甘肃镇番（今民勤）人。曾任甘肃省印刷局局长，《大河日报》主笔，《甘肃通俗日报》《新陇日报》及《甘肃民国日报》主编、总编。主要著作有《甘肃三十年事略》《景阳诗文集》等，并参与编修《甘肃通志》。

本书是在《南华经内篇》原文基础上由无名氏以楷书形式抄写、圈点。

聂守仁在篇幅最上方或文章题目旁，以行楷形式简要介绍该段主旨，或总结心得体会，或为文章分段，字本比原文小一号，内容不多，每篇文章的点评通常只是几句话。

清代三教合一的思想颇为流行，因此以儒释庄的作品也越来越多，并且较多地挖掘《庄子》中经世致用的思想，将《庄子》的思想从出世转换为入世。聂守仁的附识也反映了这一思潮，他认为《庄子》一书是对诸子百家思想的概括，庄子对诸子百家都有点评，如称墨子为才士，称老子为真人，唯独对孔子大书特书，一句"内圣外王"冠之于前，只能用高山仰止来形容庄子对孔子的崇拜。此外，聂守仁还认为庄子是对老子思想的超越，主张老庄应各列一派，这与太史公所说的庄子之学出于老子的观点相悖。

历代注解《庄子》的人有很多，并且往往从个人所处的时代背景的角度出发，在《庄子》注中融入自己对所处时代的看法。聂守仁提倡民权，曾经在《大河日报》上撰文极力反对袁世凯的统治，乃至被捕入狱，他在狱中威武不屈，继续陈述革命之道。这种批判精神也反映在此书中，他在《应帝王》中点评说："庄子之作《应帝王》也，盖深恶夫伪王杂霸之经纶制作，均不出以自然，其上下粉饰太平之日，正天下人不聊生之时。老子所云以智治国，国之贼也，其真称为应帝王者，为天下留其浑沌而已。"著者把《庄子》的思想与自己所处的政治环境相结合，用以抨击袁世凯的统治，这也是他挖掘《庄子》中经世致用思想的体现。（梁玲）

庄子逍遥游讲录等

《庄子逍遥游讲录等》，郑奠辑录。北京：国家图书馆出版社，2011年12月第1版，系方勇主编《子藏·道家部·庄子卷》之一种，据民国间排印本收录。

郑奠（1896—1968），原名斐恭，字介石，号石君，浙江诸暨人。曾任北京大学中文系教授、北京师范大学中文系主任、浙江大学中文系教授兼系主任等职。新中国成立后，历任浙江省文学艺术界联合会副主席、浙江师范学院教授、中国科学院语言研究所研究员兼汉语史研究组副组长等职。毕生致力于古代汉语与现代汉语的修辞、语法研究。主要著作有《中国修辞学研究法》、《古汉语语法学资料汇编》（合编）、《古汉语修辞学资料汇编》（合编）等。

本书前为《庄子·逍遥游》叙，版心题"文名著选"；后为正文，版心题"文名著选附录"，录有《史记·庄子传》、历代志书相关著录、陆德明《经典释文》及著者所撰《齐物论义证》。

书中所辑录的各志书相关著录，内容丰富，可堪参阅。著者撰写的《齐物论义证》，在一篇中的某段语句之下，征引其他篇中的相关语句以证其义，颇具参考价值。作为语言学家，著者还运用语法学、修辞学知识，在"释文法""论本篇修词"等栏目下，标明词性、修辞法等信息，乃前所未见的《庄子》研究方法。

总之，本书资料丰富，开创性地运用现代语言学知识分析《庄子》，在现代庄子学史上占有一席之地。（王超）

庄子瞻明

《庄子瞻明》，陶西木撰。北京：国家图书馆出版社，2011年12月第1版，系方勇主编《子藏·道家部·庄子卷》之一种，据民国间石印本收录。

陶西木简介详见《庄子洛诵》提要。

瞻明，出自《庄子·大宗师》篇"洛诵之孙闻之瞻明，瞻明闻之聂许"。成玄英疏称："瞻，视也，亦至也。读诵精熟，功劳积久，渐见至理，灵府分明。"本书著者在其《庄子洛诵》"大宗师·解字"中亦称："诵读已久，便能见得明明白白。""瞻明是听这道理在聂许那里。已见得分明，口读耳听，私心自许，所悟不差，有心得之乐。"故"瞻明"概为假托的寓言人物之名，象征目视分明之意。

其《庄子洛诵》，强调的是反复诵读而自得其义，从整体上去把握庄学文理脉络，力求庄学思想之通贯。本书则从细处着手，对《庄子》篇节疑难字词进行疏通，与《庄子洛诵》中"解字"同。然《庄子洛诵》收录内七篇，而本书仅《德充符》篇。若仅以此篇相较来看，本书较之《庄子洛诵》有所扩充。如《庄子洛诵》中《德充符》篇名解字包含在内共30余处，而本书《德充符》篇解字700余处，如在《庄子洛诵》"王骀"与"常季"解字之间，本书多了"从之游""者""与""仲尼""相若"解字。本书解释亦更为详备。如释"丘也直后而未往"之"直"，《庄子洛诵》释曰"不过也，但也"，本书则曰"不过也，但也，别无他改，直言之，但有此一层耳"。本书注解还有一大特点，即注重虚词用法及其意思的诠解。如释"彼且何肯以物为事乎"时指出，"何"为"恶也，状字'，"以"为"介字"，"乎"为"传疑助词，与'何'字应，以示不欲以人物为功业而为之"。重虚词疏通文理脉络的做法可谓富有新意，反映了著者具有较强的语言功底和深厚的庄学基础。

本书共68页，中缝上标"庄子"，中为页码，下标"安徽大学"四字。可见本书与《庄子洛诵》应是著者于安徽大学讲学时所作。（李育富）

庄子诸篇考辨

《庄子诸篇考辨》，蒋复璁撰。北京：国家图书馆出版社，2011年12月第1版，系方勇主编《子藏·道家部·庄子卷》之一种，据民国间油印本收录。

蒋复璁（1898—1990），字美如，号慰堂，浙江海宁人。1940年，他创办中央图书馆，为首任馆长，毕生致力于图书馆事业。著有《珍帚斋文集》《图书馆管理法》等，主编《徐志摩全集》和《蒋百里先生全集》。

本书在文章结构上分九部分，第一部分为导言，最后一部分为结论，中间将《庄子》33篇分成七部分。每部分开头概括此类各篇文章的共同特征，再分别论述，从文笔、义理、与其他各篇的关系以及成书年代等方面进行了详细的考辨。最后的结论将《庄子》诸篇的真伪进行了分类排序，并给予评价。本书参考了陆德明《经典释文》、郭象《庄子注》、成玄英《庄子疏注》、褚伯秀《南华真经义海纂微》、王雱《南华真经新传》等。

著者认为《庄子》一书因后人增添而导致真伪掺杂，如考辨其文辞、义理，真伪昭然可识。他提出只有内七篇文笔浑古，陈义精粹，然而庄子遗弃功名不屑著书，此应是庄子门弟子所记，而庄子之学尽在其中。总之研究庄子思想，只有内七篇最为可信，其余诸篇取其精华、去其糟粕，可供参考。所以，著者指出《庄子》内篇为本书，外篇为本传，杂篇为其诠释。

本书虽然篇幅短小，但是言简意赅，对《庄子》33篇进行了系统的分类考辨，条理清晰，证据充分。以《庄子》外、杂篇为庄子后学对内篇的解释和补充的观点并不罕见，但本书能够系统地比较各篇的语言、结构、思想，根据其优劣程度将《庄子》一书进行分类排列，当属关于《庄子》诸篇考辨

的代表之作。（季良玉）

庄子释滞

《庄子释滞》，刘咸炘撰。北京：国家图书馆出版社，2011年12月第1版，系方勇主编《子藏·道家部·庄子卷》之一种，据民国间成都双流刘氏尚友书塾刊《推十书》本收录。

刘咸炘（1896—1932），字鉴泉，号宥斋，四川双流人。著名经学家、哲学家、史学家。曾任敬业书院哲学系主任，并担任成都大学、四川大学的教授。广涉经史子集、三教九流和方志学，尤其用力于校雠学和史学，同时旁涉西学，著述广富，后人将其著作汇辑为《推十书》等。

本书主要由著者对《庄子》各篇疑难词句释滞注解构成，凡注近两百条。文次依《庄子》篇章，每列有篇名，篇名之后大多通论各篇主旨或释滞要点，亦偶有只列篇名而未做诠释之处。

著者对于《庄子》研究的基本观点是，明《庄子》之大旨而后通论，不必尽纯贯。如其所说，《逍遥游》中"大瓠大树二问止言大之用，与前半大小各适之义微殊"，不可强贯。明旨通论而不纯贯，也是著者释滞的基本原则。

对照此原则，在著者看来，前人"旧说皆支""旧说俱滞""旧说未明""旧说皆误"等，而终未达于《庄子》文意。他以己之所获辨析释滞。如其释"齐物"，认为人皆谓庄子之齐是非，是破是非而归于无是非，此夹杂着佛家双遣两忘之义。佛家主空一切俱不要，道家主大一切俱要，佛家所主不与道家相混。此《齐物论》初明万物之自然，因明彼我之皆是，故曰"齐物"。又如释"夫随其成心"至"其无辨夫"一段，认为"此节先承认一切是非皆有其意义，非否认一切是非以为无意义，旧说皆误"。诸如此类，申明《庄子》文意的同时，多发自我见解。

本书义理、训诂兼顾，偏重义理解说。然说理之中，亦间有中西比较的视野。如其言道家宗旨在于"自然"，乃中华唯一之本体，指出此与欧洲哲学本体论之有别。如释"如求得其情与不得，无益损乎其真"时，著者称，此语直明示与西洋哲学大不同。西洋必追求背后原因而以现象为非真，中华圣哲则即以此现象为真。故著者言《庄子》，有着广阔的知识视野和诠释维度。

读者可先识著者之《子疏定本》《诵老私记》《道教征略》等，考其道家（教）相关思想观点，再阅此书，兹有助于识其文意。（李育富）

郭象庄子注校记

《郭象庄子注校记》，王叔岷撰。北京：国家图书馆出版社，2011年12月第1版，系方勇主编《子藏·道家部·庄子卷》之一种，据1950年上海商务印书馆本收录。

王叔岷简介详见《庄子校释》提要。

本书正文分五卷，由毛笔手写而成。先摘抄所校郭象《注》之字句，校文于正文旁低一格书写，以"案"字起始，正文与校文依序交互而成。

本书作于《庄子校释》之后，《庄子校诠》之前。著者作此书之原因大致有二：其一，鉴于自身之《庄子》研究进程与成果的考虑，"《庄子校释》付印时，未将郭《注》录入"。意即《庄子》为研究对象之主要文献，而郭《注》为诠释资源之参考文献，当以《庄子》文本为先为主。其二，基于自身之《庄子》诠释观念与方法的应用，"夫治《庄子》者，固不必泥于郭《注》，郭《注》直是借《庄子》大旨，自成一书"。即以《庄子》义理与郭《注》思想之间存在了许多的异质性，不仅是"杂糅己见""受时代之影响"而已，强调郭象欲借由诠释《庄子》，重构出自己的思想体系。正所谓："郭象之注《庄子》，乃郭象之《庄子》，非庄子之《庄子》也。"

总之，本书代表了著者校勘之基本功夫，是其务实治学的成果之一，不论是作为《庄子》学的文献基础，或是作为校雠学的良佳范例，均有其特色与代表性。（江毓奇）

庄子天下篇述义

《庄子天下篇述义》，马叙伦撰。上海：龙门联合书局，1958年6月第1版，32开，73千字。

马叙伦简介详见《老子校诂》提要。

　　书前有两篇著者自撰序言，分别写于1956年和1957年。序一认为《庄子》内七篇乃是庄周自己的作品，《天下》篇是庄周的自序，且认为《庄子》思想"完全和佛家相同"，只是不大清楚其缘由。序二开宗明义提出"庄子学说，似受印度哲学之影响颇深"，并通过考察和比较《庄子》原文与历代《庄子》注、佛教经典如《佛地经》《成唯识论》《观佛三昧海经》及古地理文献，论证《庄子》"其书述义大抵与佛法相同，其为受印度思想之影响可知"。

　　正文以按语形式解释《庄子·天下》篇文义，并阐述其思想主旨，参引其他古籍文献及佛典，认为《庄子》思想与佛家哲学多有相通相同之处，其说具有重要的学术价值和思想意义。

　　书后附《庄子年表》与后记。《庄子年表》考证《庄子》各篇人物事迹之年代及庄子生平事迹，具有一定的学术意义。在后记中，著者再次申述《庄子》内七篇为庄子自撰的观点，且认为"其末《天下》篇则非庄子不能为，盖与内七篇条理一贯而《天下》篇为总结"，同时讨论了研究先秦著作的难处多在于古今之隔，字句文义对于今人来说多有不便不顺之处，"《庄子》也逃不出这个范围"。（张永宏）

庄子集释

　　《庄子集释》，［清］郭庆藩辑，王孝鱼点校。北京：中华书局，1961年7月第1版，4册，32开，699千字。另有北京：中华书局，1978年、1988年、2004年版。

　　郭庆藩（1844—1896），原名立埙，字孟纯，号子瀞、岵瞻，室名十二梅花书屋、泊然盦，湖南湘阴人。致力于《庄子》研究，颇有心得，著有《庄子注释》《读庄子札记》等。

　　王孝鱼（1900—1981），名永祥，字孝鱼，后以字行，山西榆次人。曾任辽宁省教育厅编辑主任、东北大学教授、沈阳《中央日报》主编、北京中共中央马恩列斯著作编译局编审、北京中华书局哲学组编审。点校著作有《二程集》《王廷相集》《老子衍》等。主要著作有《周易外传选要译解》《老子衍疏证》《诗广传选要译解》等。

　　本书是清代《庄子》研究的集大成之作，也是当今最流行的《庄子》读本之一。本书收录了郭象《注》、成玄英《疏》和陆德明《音义》三书的全文，摘引了清代汉学家如王念孙、俞樾等人的训诂考证及卢文弨的校勘成果，并附有郭嵩焘和著者自己的意见。著者意见在集释中以"庆藩案"的形式出现。集释虽然没有广泛地采集宋明以来阐释庄子思想的各家见解，但在目前仍不失为研究《庄子》的重要资料。（丁希勤）

庄子拾遗

《庄子拾遗》，杨树达撰。北京：国家图书馆出版社，2011年12月第1版，系方勇主编《子藏·道家部·庄子卷》之一种，据1962年中华书局排印《积微居读书记》本收录。另有台北：艺文印书馆，1972年版，系严灵峰辑《无求备斋庄子集成初编》之一种。

杨树达简介详见《汉代老学者考》提要。

本书是著者关于《庄子》的读书笔记，收入于《积微居读书记》中。本书的篇章结构简洁明了，并不划分章节，而是直接按照通行本的篇目顺序进行训诂和译注。本书包括了除《缮性》和《寓言》以外的其他所有篇目。本书为读书笔记，因此并未对每一篇目的所有内容进行译注、阐释，而是仅选取数句原文，并主要就其中的个别文字进行训诂释义。

本书在训诂释义时，或直接释义，如关于《至乐》篇"烈士为天下见善矣"之注解云："树达按：'见'犹被也，'为天下见善'与'为天下所善'同"；或对诸家说法进行辩驳后提出自己的看法，如《逍遥游》篇"子独不见狸狌乎卑身而伏以候敖者"中关于"敖"的解释，在罗列诸家说法后云："树达按：诸说皆非也"。

本书虽为读书笔记，但其所引述的资料颇为丰富，不仅有助于我们了解《庄子》，而且具有较高的学术价值。（张欣）

庄子解

《庄子解》，[明]王夫之著，王孝鱼点校。北京：中华书局，1964年10

月第1版，32开，202千字。

王夫之（1619—1692），字而农，号姜斋，又号夕堂，湖广衡州府衡阳（今湖南衡阳）人。其与顾炎武、黄宗羲同称"明清之际三大思想家"。一生著作颇丰，主要著作有《周易外传》《尚书引义》《张子正蒙注》《庄子通》《宋论》等。

王孝鱼简介详见《庄子集释》提要。

本书采用以庄解庄的方式对《庄子》进行解说，还庄子思想之本来面貌，同时亦阐发著者本人的思想旨趣。

本书正文之注解中，大多篇首有篇解，以综括全篇大意。解说采分段分解形式，其中夹杂着著者之子王敔增注，或引采各家之说，或按语疏解，颇能发其父之旨。

著者对《庄子》的思维、思想和文风等进行考察，辨其联系，归宗庄子大宗，又以庄子大宗来统观全书篇旨，辨各篇之真伪。一方面，注重庄子之整体把握。如其释《逍遥游》中指出，内七篇立基逍遥，各旨一意贯通，而为庄子之大宗。另一方面，辨各篇之联系、得失。著者以为，内篇为庄子之思想，融通一体。外篇非庄子自著，为门徒后学引申发挥，其中，《在宥》《天地》《刻意》《秋水》《达生》《山木》《田子方》《知北游》《缮性》等篇略与内七篇相为发明，少有可取。其他若《骈拇》《马蹄》《胠箧》《天道》《至乐》诸篇尤为惰劣。《天道》与庄子之旨迥不相侔，《至乐》不仅意旨不同庄子，且文辞庸沓了无生气。杂篇中《寓言》与《天下》两篇"乃全书之序例"，《庚桑楚》尽揭庄子之旨，《徐无鬼》亦为条贯之言，《则阳》《外物》《列御寇》三篇虽杂而能合内篇所指。其他《让王》以下四篇为赝作，著者竟"不置释"。除赝作外，杂篇虽非庄子自著，亦能发内篇之旨，有价值可取之处。

著者力主以庄解庄，去儒佛解注之偏，但其解亦多有其学之痕迹。著者的气学思想理论即是其一。比如其于《齐物论》中以"气激之而有声"解"籁"意，于《知北游》中以"观浑天之体，浑沦一气，即天即物，即物即道"解该篇自然之旨。本书中，"通天一气""天之化气"这种表达气学思想的言辞亦不在少数。此种言辞，未必尽合"以庄解庄"手法。

如此看来，著者所视《庄子》篇章之构架，所作《庄子》义理之疏拓，自有其独到之处，然而亦非臆意无据。若非其对《庄子》了然于心，审慎起见又焉能如此？（李育富）

庄子哲学

《庄子哲学》，陈鼓应著。台北：开拓出版社，1965年6月初版。另有台北：台北商务印书馆，1966年、2010年、2015年版，系"人人文库"之一种。

陈鼓应简介详见《老子今注今译及评介》提要。

本书正文主要以改写《庄子》原典的部分篇章为白话故事，再加上著者夹议夹叙之个人讲解，成为15篇议论散文式的小文章。

在本书中，著者反对以西方哲学概念术语来硬套庄子哲学，并认定价值的转换或价值的重估，实为庄子哲学之精华。此书以轻松生动的笔法来勾勒庄子潇洒的个人形象，又以通俗易懂的词汇来诠释庄子之哲学概念，故非常适合对庄子生平及其思想感兴趣之初入门者阅读。本书与著者之《庄子今注今译》，至今仍可算是初学《庄子》最畅销易读之参考读本。（赖慧玲）

庄子衍义

《庄子衍义》，吴康著。台北：台北商务印书馆，1966年3月初版。

吴康（1895—1976），字敬轩，别号锡园主人，广东平远人。曾任台湾大学哲学系教授、政治大学文学院院长等。其著作后被辑为《吴康先生全集》等。

本书正文分两编。第一编录《四部丛刊》本《南华真经》33篇，第二编《庄子》衍义，为著者本人著述，依甲（内篇7篇）、乙（外篇15篇）、丙（杂篇11篇）之顺序，一一发挥衍义。

本书以哲学观点——讲说《庄子》33篇的义理，因书前已收录庄文郭注，其目的即不打算对原典章句再分别训诂注释，故"衍义"部分完全只针对33篇之义理发挥。由于著者先前曾写过《老庄哲学》一书，故在本书例言第四条中，特别点明两书并读可相得益彰。又因其出国学习西方哲学之背景，故是较早将庄子所述之"自然"，诠释为"被动的自然主义"概念者，以相对于西哲征服自然以为人用之"主动的自然主义"之说；又理解"逍遥义"为具出世理想的庄子式"自由主义"概念，故其说可算是台湾地区20世纪50年代

以后，以西方哲学叙述理解诠释庄学的较早代表。（赖慧玲）

庄子篇目考

《庄子篇目考》，张成秋撰。台北：台北中华书局，1971年7月初版。

张成秋，1941年生，四川三台人。主要著作有《诗序阐微》《易经真easy》等。

本书属庄学考据之作，上溯其原始，下究其流变，中审其篇章，旁求其佚文。归纳分析所得之结论为：《庄子》书最原始之著作不早于战国之时，又非出自一人之手；从原《汉志》所记52篇本，到今日常见有内、外、杂共33篇本，实有一分合移易之过程，其中内篇绝多漆园之笔墨，外篇、杂篇虽出乎庄周弟子，或其他各派之学者，然亦多申庄子之学，且未违庄学真义，故亦不可弃。此结论今日看来稀松平常、早成定论。但著者当时研究方法为：搜罗史料，明辨慎思，除源流考辨，兼以论叙注解，汇集许多史料，故将庄书"何以非出自一人之手"的来龙去脉，考证分析得颇为清楚简要。本书篇幅虽不大，但却属台湾地区20世纪70年代考据庄学之重要论著，也是当时治庄学或研究道家学说者常备参考引用之资料。（赖慧玲）

庄子治要

《庄子治要》，萧纯伯著。台北：台北商务印书馆，1972年2月初版。

萧纯伯，佛教学者，曾为台北女子师专教员。主要著作有《黄花魂传奇》《老子道德经语释》等。

本书为著者任职于台北女子师专时的著作。书无目录，分五章阐释内七篇之旨，卷一内容为《逍遥游》，卷二为《齐物论》及《养生主》，卷三为《人间世》及《德充符》，卷四为《大宗师》，卷五为《应帝王》，另《天下》篇独立不设章节。每篇先做全篇大意的语释，段落中需注释者采双行小字，段落结束时再以"语释"阐明本段宗旨及其引申义。

著者认为老庄之学源出于大易，虽在《汉书·艺文志》列为道家，实则与儒家之学殊途同归。大易之学本为通天人交谈之作，但却被人议为卜筮之学。道家谈道深邃幽玄，但今人以其远于近代之科学，遂一并批评为"玄学鬼"。今人入主出奴，深不可取。

著者认为《庄子》一书，乃天人交重，不单凭个人的私智，不执着于是非同异之见，其学先天后人，先体后用，因无而生有，在有而不忽于无，知天知人，以作内圣外王之学。《逍遥游》畅言鲲鹏的变化，实通大易乾元用九飞龙在天之旨，《齐物论》以忘我而显真，泯是非同异，《养生主》以养真我，知命全天，《人间世》以处世忘己，《德充符》以存神化物，《大宗师》述达道的本源，《应帝王》述无为而治。这七篇方是《庄子》的重心所在，而杂篇是演述内篇之旨，其中真伪杂出，学者取择不一，因此著者不予处理。杂篇中独《天下》篇为全书重言，兼论后世学术变化，也当是治庄者所宜留心。

著者在卷一《逍遥游》的语释中云，内篇讲修己，外篇讲致用，内篇为内圣之学，外篇为外王之学，这道理与《老子》一书分《道经》与《德经》，旨趣相同，与释家所谓的先求度己再度他人，其意也相同。因此，内篇从《逍遥游》开始，至《应帝王》而绾束，颇具深意。著者期许读者如果能精通这数篇的精意，可以使自己胸襟豁达，增益个人的聪明，放怀于尘埃之外，真理自出，物论可齐，人我一体，大同世界可期。因此，庄子之学与儒学相通，非仅为出世之作。（蓝日昌）

庄子残卷校记

《庄子残卷校记》，王重民撰。台北：艺文印书馆，1972年5月初版，系严灵峰辑《无求备斋庄子集成初编》之一种。

王重民简介详见《老子考》提要。

本书分为两个部分。第一部分包含罗振玉、马叙伦、刘师培等对郭象注《南华真经》三篇残卷（《鸣沙石室古籍丛残》影印本），即《刻意》《山木》《徐无鬼》篇的论述，著者在后面论述了自己的看法，并做了校记。他详细介绍了伦敦所藏的《庄子》四残卷本的情况，根据残卷中"虎""渊""民"等字缺笔来判断此版本是唐太宗时写本，并做了校记。第二部分是对陆德明《庄子释文》残卷的校记。他根据此版本的"虎""民"字不避讳来判断此本是陈隋间写本，并总结了此版本与今本的异同。

　　著者在撰著的过程中，根据残卷中的避讳字来判断残卷的抄写年代，并对残卷做简单的校记，总结残本与今本的不同。他的校记丰富了敦煌学的研究，肯定了敦煌残卷《庄子》在古文献校对中的重要价值与作用。（赵怡然）

庄子总论及分篇评注

　　《庄子总论及分篇评注》，李勉著。台北：台北商务印书馆，1973年6月初版。

　　李勉简介详见《老子诠证》提要。

　　本书可分为总论及分篇评注两部分。总论由六章构成。第一章庄书各篇作者辨证，征引古今学者对《庄子》各篇作者异同诸说，并加以辨证。第二章庄子著书章法及其思想体系辨证，推定《庄子》以寓言、重言、卮言呈现之缘由，并认为庄子思想以"无心"为本，故能推扩为无待、无情、无用等方面，再引《庄子》语以佐证。第三章庄子生卒年月及生平事迹辨证，透过文献论证庄子与杨朱为迥异的两人，并认为孟、庄二人在书中未曾互辩，系受交通阻隔、资讯难达之故，且二人思想相近，亦无须交辩。第四章庄书篇数及章节辨证，认为晋代注庄者篇次、章节相异，系各出己意弃取删合所致之故，并持论《列子》《淮南子》应有《庄子》佚文，但却遭注家所删。第五章庄书分篇及每篇优劣辨证，将《庄子》全书各篇分为五等第，认为内七篇有总论、分论，为第一等；《秋水》《达生》《山木》《则阳》《列御寇》五篇仅有分论而无总论，或总论未该全篇，为次等之作；再者则为《在宥》《天地》《天运》《至乐》《天下》《田子方》《徐无鬼》《庚桑楚》《寓言》及《知北游》十篇，间杂芜蔓鄙俗之句；《马蹄》《胠箧》《天道》《刻意》《让王》《外物》《说剑》《渔父》等而下之，含蓄不足，不似道家文字，疑为学庄者所作；最次则为《骈拇》《缮性》与《盗跖》三篇，无深旨可言。第六章庄书得失论，归结《庄子》之优秀处，并认为其失有七，如外、杂篇寓意较浅、漏字及通假太多、间有伪作及芜说掺入等，且喜用滑稽事例，有失矜重。其后，著者对《庄子》现存33篇逐一注解、考评，书末另附《庄子学说诠证》一篇，将庄子思想体系分为20类，加以白话说明。

诚如著者归结所言，若世人皆能体察庄学意涵，则可收世界安定康乐之效。由是，亦可见著者治《庄子》所以淑世之用心，实应加以肯定。（李建德）

庄子内七篇类析语释

《庄子内七篇类析语释》，刘光义著。台北：台湾学生书局，1975年10月初版。1978年9月再版。

刘光义，1917年生，字慕臬，河北沧县人。曾任教于辅仁大学等高校。主要著作有《庄学中的禅趣》《司马迁与老庄思想》《庄学蠡测》等。

本书内容是把内七篇中其义相近者，分别归纳来类析，又把难读难懂的语句，以易懂的白话来诠解语释。虽以内七篇名之，但外、杂各篇中，有意相近者，也附列于后。著者极为肯定钱穆先生"《庄子》是衰世之学"之说，故以此角度来研究及解释《庄子》；且认为《庄子》的内七篇不独是文章的精华，也是《庄子》思想的焦点．又学界多认为是出自庄周手著，故初学者如能对内七篇先有概念了解，继续研读方为容易。本书名为"庄子内七篇类析"，并非直接依内七篇之次第分析内容，而是以著者所欲发挥之主题将原典故事分类讲解，其中表达诠释方式较少哲学的分析，更多著者个人的体会与诠释，故可归属于写给初学初读《庄子》者的普及读物。（赖慧玲）

庄子今注今译

《庄子今注今译》，陈鼓应注译。台北：台北商务印书馆，1975年12月初版，2册。

陈鼓应简介详见《老子今注今译及评介》提要。

本书体例为先原文，再注释，再今译，每章之前加一导论。注释部分在参阅前人许多注解的同时，也兼顾考证校勘。为表明今注有所根据，于是在后面附上前人的注解。除了可以达到解释原著难句的目的之外，还可将历代各家注庄的成绩列示出来。今译则依据注释，并参考他人已出版的今译成果。（林翠凤）

庄学管窥

　　《庄学管窥》，王叔岷撰。台北：艺文印书馆，1978年3月初版，精装。另有北京：中华书局，2007年版，系《王叔岷著作集》之一种。

　　王叔岷简介详见《庄子校释》提要。

　　本书前有《庄学管窥勘误表》及著者序，全书正文即收《庄学管窥》《惠施与庄周》《韩非子与庄子》《淮南子与庄子》《司马迁与庄子》《庄子"为善无近名为恶无近刑"新解》《庄子向郭注异同考》《茆泮林庄子司马彪注考逸补正》《黄老考》九个单篇及最后附录《庄子通论》一文。但在北京中华书局重印此单册时，原《庄学管窥勘误表》及著者序已删除，但在原附录一《庄子通论》之后，另增加了附录二《庄子佚文》及《读庄余韵》二文。

　　著者于1944年秋，即完成《庄子校释》初稿，但自认为此书不够成熟。故再著本书，将历年所发表与庄子有关的单篇论著汇为一册，而以第一篇《庄学管窥》总其名，为其研究庄子心得的集中体现；又附录中收录《读庄余韵》一文，为其读《庄子》数十年来所赋之诗篇，可见其爱庄之真性情。由于著者精研先秦诸子，而于诸子之中最喜庄子，故在本书中，针对《庄子》33篇之部分校勘、训释、思想系统及与庄子相关的若干问题，做了撰述。其中《庄子向郭注异同考》《茆泮林庄子司马彪注考逸补正》及《庄子通论》三篇，为其早年之作；就阐发庄子义理而言，著者自认后来新撰的《庄学管窥》，实较《庄子通论》充实，故在本书中将其早年所作的《庄子通论》列为附录。（赖慧玲）

庄子寓言研究

　　《庄子寓言研究》，叶程义著。台北：文史哲出版社，1979年1月初版，系"文史哲学术丛刊"之一种。

　　叶程义，政治大学中文系教授。主要著作有《老子道经管窥》《帛书老子校刘师培"老子斠补"疏证》《汉魏石刻文学考释》等。

本书谓"寓言"者，有寄托之言也，谓言在此而意在彼也。其表达方式，以比喻法行之，即诗之比也。世俗之人，各是其所是，各非其所非，庄子渲染故事，以表达自己的哲学，其以寓言说道，亦不得已也。

著者指出在《庄子》全书口，寓言占了十分之九，其书除了哲学的成分以外，还具有浓厚的文学色彩。在《庄子》寓言中，重言又占了十分之七。重言者，借重古圣先哲时贤，年高德劭长者之言，以令人信服者也。其表达方式，以直叙法行之，亦即诗之赋也。盖世俗之人，崇拜偶像，迷信权威，庄子不得不伪托之，以表达其思想。与后世腐儒托古以自重，则有天壤之别。著者谓：《庄子》书中"重言里也含有寓言"，就形式言，以重言方式表达；就内容言，乃寓言也，谓之"重言式寓言"。其无论形式内容皆为寓言者，则谓之"纯粹寓言"，可区别耳。庄子之重言，亦即寓言。故庄子所引古人，或有其人，或无其人；或虽有其人，而无其言；或虽有其言，而非其本义，皆伪托以立意。故庄子笔下之孔子，似有多重人格，则不难理解了。他如"朝三暮四""庄周梦蝶""庖丁解牛""河伯与海若论道"等为纯粹寓言，"越俎代庖""十日并出""螳臂当车""不龟手药"等为重言式寓言。

著者以宇宙舞台譬之，孔子如老生，庄子则如小丑，以嬉笑怒骂，道尽人世酸甜苦辣，刻画人生美丑百态，逍遥一生。本书就《庄子》一书，摘录其寓言，计得192则，仍循内、外、杂篇之序排比，加以剖析，以透视其思想。统合为"庄子寓言简表"，划分为主题、人物、要旨各栏，标列出纯粹寓言或重言式寓言类属。一目了然，简明扼要，能彰显庄子寓言之含义。

本书精彩处在各则之"剖析"，兹举"燕雀焉知鸿鹄之志"为例。著者曰："托鲲鱼化为鹏鸟，逍遥海阔天空自由自在之境，而遭蜩鸠之讥笑，以寓燕雀焉知鸿鹄之志。"（林翠凤）

庄子天下篇校释

《庄子天下篇校释》，谭戒甫校释。台北：新文丰出版股份有限公司，1979年8月初版。另有台北：戎文出版社，1979年版，系严灵峰辑《无求备斋老庄列三子集成补编》之一种，据1932年排印本影印。

谭戒甫（1887—1974），湖南湘乡人。先秦诸子研究专家、楚辞专家、金文专家。曾任教职于武汉大学、西北大学、西北师范学院、贵州大学等。主要著作有《墨辩发微》《公孙龙子形名发微》《墨经分类译注》《校吕遗谊》等。

本书乃著者精心之作，特点有下列几项：一、《庄子·天下》篇为周秦诸子学说总汇，著者精研先秦诸子，校释《庄子·天下》篇，远引诸子之文，近引章太炎、马叙伦、梁启超与严复等之文，可谓丰赡。二、著者佐三图以注庄，可谓新颖。三、著者认为圣人实兼内圣外王之关键，他说："圣人以上，有至人、神人、天人，共四层，为神之属，及内圣之事；圣人以下，有君子、百官与民，共四层，为明之属，即外王之事。总凡七层：其所以下降上出者，皆由众人为之中枢而生之成之也。盖圣人实兼内圣外王而一之；其神圣之三与明王之三，皆由于圣人之一。"此处说明《庄子》之学非徒内圣之学，亦有外王之说。四、著者认为天下治方术者，偏于外王者有：墨翟、禽滑釐，宋钘、尹文、彭蒙、田骈、慎到，关尹、老聃。偏于内圣者，则有庄周。二者合之，则为古之道术。五、著者疑《庄子·天下》篇中，引惠施事之文，应别为《惠施》篇，疑为后人糅合以成今日面貌。六、本书校释之文，杂糅古文家法，主旨纲目，森然罗列，宜于了解。（郭正宜）

郭象庄学平议

《郭象庄学平议》，苏新鋈著。台北：台湾学生书局，1980年10月初版。

苏新鋈，曾任职于南洋大学、新加坡国立大学、香港大学、东亚人文研究所等。主要著作有《先秦儒学论集》等。

本书共分为六章。第一章郭象生平，介绍郭象年里、才学、仕宦、交游及著述。第二章郭象庄学之渊源，著者据论郭象之庄学，殆约四分有三乃直接源自向秀之庄注，亦尚有魏晋其他时贤庄学之启导开悟。第三章郭象庄注与向秀注之殊异，此章以三个部分来讨论：一、对庄义阐述方式与程度上之殊异，二、对庄书若干相同字、句申训之殊异，三、对庄书若干字、句有注与无注之殊异。著者认为郭象庄注对向秀庄注之承袭，实乃一深事增删述广的袭用。第四章郭象注对庄义之发明，此章论及"本体—宇宙"论、认识论、政治论、人生论。第五章郭象注对成玄英疏之影响，著者认为成疏步踵郭注，实有极为深重透彻之处，然亦有未能全面圆善之处，亦有成疏未能摆脱佛教影响而微杂佛义之疏。大体言之，成疏对郭注重要义旨之把握，虽未全部皆臻于精纯不杂之境，但实能得其体要，并无重大乖误。第六章郭象庄学之评价，著者对郭象庄学的评价，可约分下列四项：一、著者以为：今见之所谓郭象庄注，就其庄书之卷帙编次与各文章篇章字句之编录而言，应已非秀注原貌之旧，确为郭象曾据己意将秀注增删润饰，改定编排，已寓有郭象之精神面貌，而可视为郭象以向秀庄注为基础而成治庄的结晶之作；二、郭象之庄学，尚受有魏晋其他时贤庄学之启导开悟，较显著者有崔譔及嵇康等；三、郭象庄学已深深寓有精神意向，对庄书思想理论有所发挥与确立；四、郭象庄学对后世学者影响甚大，其中影响最深者乃是成玄英庄疏。由此可见，郭注与庄书本文同有并传不朽之崇高地位。

本书之撰写，诚如著者所言，其师承牟宗三、唐君毅、徐复观与王叔岷等大家，诚为博赡精深之作。本书之作，前半参照晋宋以来，学者对向秀庄注、郭象庄注之种种考辨，做进一步之分析与衡定，以显出郭象之庄注，乃确有郭象庄学之精神面貌，是可作为说明郭象庄学之依据，真见郭象庄学可以离向秀庄注独立之应有地位。本书后半则就郭象庄注思想理论之重要义旨，做有系统之提取抽绎，以与庄书之思想理论，乃至承其注以作疏之成玄英庄疏之思想理论，一一校验其异同、得失，具体条陈郭象庄注高卓出众，以至其亦有未臻善境之重要义旨之所在，从而使读者认知郭象庄学之真正价值，及于魏、晋玄学家，乃至于中国历代哲学思想家中所应占之地位。（郭正宜）

庄子浅注

《庄子浅注》，曹础基著。北京：中华书局，1982年10月第1版，32开，310千字。

曹础基，1937年生，广东广州人。曾任教于华南师范大学。主要著作有《庄子浅论》等。

本书通俗易懂，是为适应广大初学《庄子》者而出版。其注解体例，一是以中华书局出版的郭庆藩《庄子集释》为底本，参阅其他，择善而从；二是每篇篇首有导读，概括该篇中心思想，指出其主要问题，每段之后有段意说明，必要时稍加点评；三是对《庄子》原文除了生字难词注明音义外，还对有些句子根据上下文意略加串解；四是注释详于内篇，略于外、杂篇。

著者站在马克思唯物主义的高度注解《庄子》，坚持"我们马克思主义者"的阶级立场，时常引述列宁的哲学观点批判庄子的唯心主义，是本书的一大特点。如认为"《齐物论》的著者从没落的阶级的立场出发，哀叫'无适焉，因是已'，用玄秘的哲学理论，引诱人们对世界的认识、对真理的追求，其结果只能得到历史的嘲笑"，反映了著者的注解特点。（丁希勤）

庄学新探

《庄学新探》，陈品卿著。台北：文史哲出版社，1983年3月初版，系"文史哲学集成"之一种。

陈品卿，1933年生，安徽宿县人。专长道家之学，主要著作有《老子的形上学》《老子的知识论》《庄子思想探源》《庄学研究》等。

本书分四章。绪论，庄学之思想体系，《逍遥游》与内、外、杂篇之关系，庄学与老、孔、墨、孟、荀思想之异同。第一章虽称绪论，但分庄子传略、庄子书之篇数与版本等七节，这七节已将庄子的相关问题做一检讨，其实相当仔细。第二章庄学之思想体系，下分本体论、宇宙论等八节，这八节中已把《庄子》中的各项细论清楚。第三章《逍遥游》与内、外、杂篇之关系，下分四节分别讨论《逍遥游》与各篇的关系。第四章庄学与老、孔、墨、孟、荀思想之异同，下分五节分别讨论庄学与这五家之学的异同之辨。著者先前有《庄学研究》一书，此书内容全部收纳在《庄学新探》之中。

著者著书旨趣透过章节的安排即可明了，整体而言，著者断定内篇为庄学中心，外、杂篇在义旨上都是分属于内篇，《寓言》篇为《庄子》全书的序言，《天下》篇为全书之后序。之所以言"庄学中心"，乃是《庄子》一书内、外、杂各篇的著者归属，历来说法纷纭不定，所以以"庄学"取代"庄子"。不论著者为谁，或为庄子自作，或为弟子所作，或为后世庄学所作，皆不可偏废，要之以内篇为主，外、杂篇为辅。再者内篇中的《逍遥游》一篇为庄学的中心思想，由《逍遥游》与各篇呼应，可以了解庄学思想大旨。

著者认为要了解庄学的中心思想，就需与诸子百家一起观照，此所以比较庄子与老子、孔子、墨子、孟子及荀子各家思想，从思想的同异之中寻找出庄子的思想。

附录历代庄学版本及其现藏，收录藏于国内的《庄子》古版本之作及现藏处，同时注明藏书地点，实在对研究者帮助很大。此书实为著者历来庄学研究的汇总，所做整理分析甚具参考性。（蓝日昌）

庄子新探

《庄子新探》，张恒寿著。武汉：湖北人民出版社，1983年9月第1版，32开，233千字，系"中国哲学史丛书"之一种。

张恒寿（1902—1991），字越如，山西阳泉人。曾任中央美术学院中文系副教授兼辅仁大学副教授，河北师范学院副教授、教授、历史系主任等职。主要著作有《中国社会与思想文化》等。

本书由著者自作之序言及正文上、下编构成。上编四章，分别为关于庄周的生平和《庄子》书的时代真伪问题、《庄子·内七篇》考论、《庄子外篇》考论、《庄子杂篇》考论。下编两章，分别为庄子的哲学思想、庄子哲学的阶级基础和发展演变。

考论部分，著者明析《庄子》书之时代真伪问题及内、外、杂篇各篇是否为庄子作品，《庄子》的内容思想及文体异同等。本书以为，内篇七篇基本上属于庄子的作品，外篇十五篇为道家派和庄子后学之作。

庄子哲学思想部分，著者以为，在天道观上，庄子的主导思想是带有泛神论色彩的自然主义。在认识论上，庄子认识论是一种相对主义、直觉主义和不可知论。在人生论上，庄子具有悲观厌世、消极旁观的一面，亦有积极乐观的一面。在庄子和道家各派的关系及其演变上，庄子在建成道家学派中起着重要的作用，庄子派是形成纯粹"道家"的重要宗派。

本书上篇重考证《庄子》各篇时代真伪，下编阐发庄子哲学奥义。考证精当以思想辩解，说理细密以考证立论。上下似独立，实互为犄角，富有逻辑性。

本书题名为"庄子新探"。此"新探"二字，大抵取意有二：一是研究视角和内容，独辟蹊径，有别于他作专注《庄子》注译等，而以《庄子》疑解问题为对象进行的探析。考论部分文字占本书四分之三，亦可见其重点。二是考证、庄子哲学思想阐明之时，有自己的真知灼见。

总而言之，本书意在明《庄子》之旨，辨《庄子》之异。著者数十年间断而成本书，尤能于《庄子》疑惑之间切入列家言论观点，考证辨析，十分严谨。（李育富）

庄子内篇新解　庄子通疏证

《庄子内篇新解　庄子通疏证》，王孝鱼著。长沙：岳麓书社，1983年10月第1版，167千字。另有北京：中华书局，2014年版。

王孝鱼简介详见《庄子集释》提要。

《庄子内篇新解》是著者受王夫之思想启发而写的新解。王夫之《庄子解》疑内七篇因惠施而作，著者则去疑通解。本书内篇各篇首皆设有题解。正文按《庄子》篇自然段进行，一段原文，一段新解。其中新解，大多立足王夫之《庄子解》意，然亦有著者自己精辟独到的解释。

《庄子通疏证》是著者对王夫之《庄子通》内篇部分作的疏证。《庄子通》原为王夫之批判庄子思想的不通之处，通庄子之所未通，著者作《疏证》与《新解》相得益彰，既可以真正理解庄子，也可以更深入地理解王夫之。（李育富）

庄子译注

《庄子译注》，王世舜主编，王世舜、史晓平、周民、李庆珍译注。济南：山东教育出版社，1984年5月第1版，32开，464千字。

王世舜，1935年生，安徽灵璧人。1987年晋升为聊城师范学院教授，1988年被山东大学古籍整理研究所聘为兼职教授和兼职硕士生导师，1993年被安徽大学道家文化研究所聘为兼职研究员。主要著作有《尚书译注》等。

本书主要内容为《庄子》33篇原文及其译注。《庄子》原文以王先谦《庄子集解》（《诸子集成》本）为底本，并参考了郭庆藩的《庄子集释》（中华书局1961年校点本）。每篇含提要、注释和译文三部分。

本书特点有三。一是全书每篇前有提要，阐明其题解，说明该篇写作手法和文体风格，更重要的是，提要对该篇做了分段或分层，并揭示此段意或层意。如《逍遥游》篇提要，本书先释"逍遥"二字之义，接着区分了此篇章段落，指出"全文可分作三大段，第一大段：从开始到'圣人无名'。先由'有待'写起，点出要达到'无待'的境界，就必须'无己'。这一大段又可分为五层"。著者分段或层，实是根据段落层次大意来断起止。后面注译的对象，亦按提要所断段落逐一注释和译文。由此，提要、注释、译文分而有牵，成一有机整体。提要虽言简意赅，却显纲举目张之功。

二是本书注释部分，于前人注释之说中择善而从，直注直释，简约明白不冗长烦琐。观其所引，见陆德明、马叙伦等古今之注等，亦是多家取舍，间引诸子之作以释疑，但注释以明意为主，做一般性释意，而不做深入研究考辨。

三是全书译文依提要所分段、层而译，段、层依文意而断，译文以直译为主，兼采意译，文字通俗清新，语意清晰，如此大段式的译文却也使人易于了然《庄子》篇意，读来通畅无碍。

总的来说，本书能以学术主译立场，简洁明了地注译《庄子》篇章，可谓其长，然其疏于考证。这不仅体现在其简便的注释中，也体现在某些思想观点上。如关于《齐物论》之题旨，历来注《齐物论》者，题解不一，主要有三：一是齐物与论，齐物二字连；二是齐与物论断；三是齐论与物论解。但此书题解为"齐物"和"齐论"，亦是有不同见解。惜著者未加以详细论证。如此之类，尚须考量细化。（李育富）

庄子艺术精神析论

《庄子艺术精神析论》，颜昆阳著。台北：华正书局有限公司，1985年7月第1版，精装。

颜昆阳，1948年生，台湾嘉义人。曾任东华大学中文系教授兼人文社会学院院长等，现任淡江大学中文系教授、东华大学荣誉教授。研究领域为古典诗词、现代散文、小说之创作与中国古典美学、文学理论、现代人文学方法论、老庄思想、李商隐诗、苏辛词、现代文学批评等。

本书以庄子艺术精神为主要论题，分为6章11节。除第一章绪论与第六章结论之外，主论部分各章之前皆有小引，以说明该章研究之范围、步骤，问题之设定及若干术语之界说；各章之后皆有小结，以归纳该章讨论之结果。

本书大量引用20世纪80年代的相关研究资源，广泛引用古今中西的艺术观点与主体哲学，标明与界定"为艺术而艺术"的《庄子》精神。这样的精神追求，通过艺术对自身的转化，洞见了艺术精神的本体、功夫进路与境界。就艺术本体而论，著者借鉴德国观念论与浪漫主义的艺术理论，说明《庄子》中的主体如何在"道"的形上层次中建立自然的万物存有论，而这样本体乃借由洞察经验之相对性为功夫进路，以主体之自由逍遥的精神竖立起的艺术精神之性格：如艺术精神在创作的每一瞬间都是无目的性的，其所涉及的是纯粹主体性的内在艺术事件，故而成就一种不拘泥于物的内在境界，同时对外界的认识又抵达完全自然性的认识体会，并在经验中证成一种经验绝对性。最终，透过诗书画乐等各类艺术创作开展与表现这番心灵修炼。

本书的贡献在于：参考同时代《庄子》艺术思想的相关研究成果，尤其延续了徐复观《中国艺术精神》的论述，将《庄子》视为艺术体验的极致表达，在意图系统性建立《庄子》艺术理论的过程，穿插大量中国历史传统"诗话"与"话论"，以佐证《庄子》艺术理论的证成，又兼顾中国传统艺术创作领域的评论经验，总结了当时《庄子》文艺思想的理论与实践依据，并提纲挈领比较中西美学之差异。

本书不足之处，在于著者局限于举证工作，过度依赖西方哲学资源来界定《庄子》的艺术精神；只借用西方哲学的文字，而未能理解西方哲学的文化背景；急于竖立《庄子》之艺术精神，却未能注意《庄子》本身不以艺术精神为主题的缘由与脉络。（熊品华）

庄子释译

《庄子释译》，欧阳景贤、欧阳超著。武汉：湖北人民出版社，1986年8月第1版，2册，32开，686千字。

本书分上、下册，正文部分包括《庄子》33篇。每篇有原文、注释和译文三个部分。

　　本书内容是对《庄子》进行释译。释是对《庄子》篇章字词句的注释，译是白话翻译，用直译和意译相结合的方法，力求文句通俗易懂。本书在释译上的特点，体现在以下几个方面：

　　一是广引历代《庄子》注重要文献资料，间发己意。本书主要以中华书局出版的郭庆藩《庄子集释》为准，亦援引他人著作，在注释中皆注明援引出处。在注释中，著者对字词的注释中众家有疑义的，或援引历代多家注释择善而从，或引《庄子》中其他篇文以佐证，或引重要词源字典以注释，或有以己意阐发者，不一而足，说明著者对各家注释的重视，体现了本书广阔的研究视域和继承精神。

　　二是注释面极广。对于《庄子》原文中近百分之九十的词句，本书都做了注释。不仅如此，难得的是，本书在注释时除注重词义的训释之外，还对一部分词句从语法的角度做扼要说明，而且，对某些虚词也给予了足够的重视。这是众多注释之书所不能及。

　　三是译文通俗而严谨。本书为了使句子意思完整、明确，上下文语气连贯不突兀，逻辑关系清晰，在译文中增添了少量为原文原意所没有的词语。著者为了区别，特地用方括号对这些词语进行标示。这体现了著者的良苦用心。

　　此外，著者在前言中对庄周的生平、《庄子》篇章是否出自庄周之手、《庄子》的历史影响和地位及我们对待《庄子》的应有态度等问题做了简明扼要的描述和分析。其中，著者认为不管《庄子》篇章是否出自庄周之手还是庄子门徒或后学所记，《庄子》全篇33篇，应视为反映庄子全貌的不可分割部分为宜。研究庄子个人手笔与研究《庄子》全书内容，二者目的任务不可相混，决不宜硬性牵扯在一起。探讨和评价《庄子》，应秉承的态度是，尚有待于全面而完整地大量占有材料和分析材料，然后有理有据地一分为二开展学术争鸣。这些对于庄子研究来说都是中肯的言论观点，体现了著者明确的学术立场、深厚的文献学功底，反映了著者严谨的治学态度和作风。

　　本书在著者看来是"为了让广大青年读者读懂《庄子》而提供的一种工具性质的参考书"，但其实对于《庄子》研究者来说，亦是一本重要的参考书。（李育富）

庄子寓字研究

《庄子寓字研究》，金嘉锡著。台北：华正书局有限公司，1986年版。

金嘉锡，1928年生。曾于台湾大学中文系兼任教授，专长为《庄子》研究。

本书分四章。第一章"寓"字本身，下分四节以分析在《庄子》一书中的"寓"字用法；第二章与"寓"同谐"禺"声的五个字，下分五节讨论与"寓"谐声的"遇""愚""偶""耦""喁"五个字在《庄子》中的用法；第三章与"寓"同音的"语"字，下分三节，讨论"语""道""言"的关系，另讨论"语"与"吾"的关系；第四章与"寓"同音的"鱼"字，下分七节，讨论"鱼"与"道"的关系、"鱼""吾""语""寓"在《庄子》一书中的用法及其引申义。

本书从《庄子》一书中的"寓"字提出讨论，虽说《庄子》"寓言十九"，但寓言一词仅出现三次，而有关"寓"字者则仅七次。"寓"字用法虽不多，但都作动词使用，著者认为这些"寓"字的分布及其用法在《庄子》一书中所占地位甚为重要。因此，著者讨论"寓"字的作用及其意思，另涉及与"寓"字同音者如"遇""愚""偶""喁""语"等诸字的用法，在本书中所使用的方法为同音诂训，与"寓"字同音而引申的诂训皆有其意义，此为本书所使用的解释法。

故本书不仅讨论"寓"字，而且由"寓"字引申其同音字、谐声字，再扩及与这些字相关的语词，分析这些字散布在《庄子》一书中出现的频率及其引申意义。行文风格大异常见之《庄子》注释或思想发挥之作，大抵以训诂学的方式寻求与"寓"字音有关联者漫延而出，实为少见之作。（蓝日昌）

庄子浅论

《庄子浅论》，曹础基著。广州：广东人民出版社，1987年8月第1版，32开，142千字。

曹础基简介详见《庄子浅注》提要。

本书由前言及正文六章构成。前言中著者自述，此书是其在《庄子浅注》出版之后，研究与反思《庄子》之认识而著成。本书是多方面、整体地把握《庄子》的著作。第一章对庄周生平做考察；第二章分析《庄子》一书之面目，包括古本、真伪及佚文；第三章探讨庄子学派的理论，含道论、人论、政论、艺论、科学论；第四章阐述庄子学派的分野；第五章分析《庄子》的语言艺术；第六章述评《庄子》研究。对古今《庄子》研究成果及以儒评庄、以佛评庄方法做了考察和探讨。

本书在宏观与微观研究视角上有别致之处。从宏观处看，不若《庄子》文本之训诂和对《庄子》某一或某些义理的阐发类著作，本书试图宏观地把握《庄子》及其研究内容的整体性，从《庄子》的著者到《庄子》本身篇章、文本的辨析、剖理，再到庄子学派，最后纵观历代《庄子》研究，树立起当时《庄子》主要研究问题的整体构架，视域广阔，虽浅论而各处有声。从微观处看，著者亦有别出心裁之处。如其从天体宇宙、生物进化等方面分析《庄子》中的科学思想，亦是当时较为罕见之论。

在思想观点上，本书处处透出独到见解。比如关于庄子道论归属，或曰唯物主义，或曰唯心主义。著者以为，道的主宰非一般所理解的那样，它不是实际地支配着万物，也不是任意地要求万物绝对地服从，而是自然无为的。这一特征冲淡了道对物质世界的"决定"作用。这种道非独立于物质之上，而是始终与物质联系在一起。因此，庄子之道论是淡化了的客观唯心主义。这一见解与当时的唯物主义和唯心主义的归属皆有所不同。

本书之行文铺张亦有自己的特点。每每研究之内容铺陈清晰，步步踏地有声而循次自然，文辞明了，深入浅出。与其相关论题，亦能广涉前人研究成果。对前人之研究，颇能条分缕析，剥茧抽丝而评价公允，立地分明。总的来看，本书虽有通论意味，却不失严谨。对于了解和研究《庄子》来说，亦是一部值得参阅的学术著作。（李育富）

庄子集注

《庄子集注》，沙少海著。贵阳：贵州人民出版社，1987年9月第1版，32开，290千字。

沙少海（1907—1996），湖南桃源人。先后执教于福建、湖北、湖南、四川等地。1947年入桂，在广西大学任教数十年，年逾七旬创立了广西大学第一个文科硕士点——汉语史，为广西大学文科教育层次的提升立下了不可磨灭的功勋。他对《老子》《庄子》《周易》进行了多方位的探索，撰写出版了《老子全译》《庄子集注》和《易卦浅释》，在学术界颇具影响。

《庄子》因其思想内容、文学艺术等颇受历代学者重视。古今《庄子》注者亦多如牛毛。然而，注者之中，或偏于义理，而失于空疏；或偏于考据，而失于烦琐。各有短长。著者有感于此，于其中择善而从，取舍之间展布一己之得，故作《庄子集注》。

本书由凡例、著者序及《庄子》33篇原文及注释构成。本书内容及特点亦如其名。

本书名曰"集注"。集，广援历代诸家注庄者言说。本书博采众家之说，譬如古之成玄英、陆德明等，时贤如马叙伦、谭戒甫、高亨等庄注言论观点。其中征引最多者，唯马叙伦、谭戒甫二先生之说。著者以为，马著多有独到见解。谭先生为著者之师，学有影响。注解之时，为尊前修时贤，著者皆标明姓名。注，对《庄子》篇章字词进行注释。本书非《庄子》篇章真伪之辨类，亦非心物之争义理思想阐发类之作。著者定其性为"资料性质"，实集各家之说和己意以专注之作。本书各篇前有扼要题解，说明该篇旨意。正文按自然段分段标原文和注释。注释时，同前人之意解者，则引前人言论，择一二而从。不同前人之意解者，则发己意。行文间，字斟句酌，排比排勘，对于《庄子》俚语方言，亦采谚语、成语，随文标举。可见著者章句之功。

此外，己意注释能兼顾考据义理，注释文辞简约晓通，亦是本书特点之一。如释《养生主》"道大窾"，本书注："卢文弨说：今本道作导。按：导，指循着。朱骏声说：窾，借为空。按：这里指骨节空处。"与他人注法相较，如"陆德明：道音导。张默生注：导，引也，通也。窾音款，骨节空处"。可见本书按语能著于考据而谈义理。其先列考据之辞，然后依考据之意配合文之义理而做出注释。如此做法，确实符合和体现了其作书之原初之旨。

总的来说，本书采取章句结构以集注形式注《庄子》，对篇章能文梳句栉，细心探讨，恪守训诂学说，是其长。（李育富）

庄子导读

《庄子导读》，谢祥皓著。成都：巴蜀书社，1988年3月第1版，32开，230千字，系"中华文化要籍导读丛书"之一种。另有北京：中国国际广播出版社，2008年版。

谢祥皓，1937年生，江苏沛县人。曾任山东社会科学院孙子研究中心主任，兼任山东省鲁班研究会副理事长、山东孙子研究会副会长。退休后致力于中华文化的普及工作，著有《庄子导读》等，主编《文化中国》《孟子思想研究》等。

本书先是导言，后是选读。导言内容分三章。第一章关于读《庄子》的基本知识，首先介绍庄子的生平事迹、《庄子》的成书过程；其次，介绍郭象《庄子》33篇本的由来，《庄子》内、外、杂篇的区分及其意义，《庄子》的真伪、版本流变及其体例；最后，介绍魏晋以迄近代庄学的发展简史。第二章关于《庄子》思想内容的分析。首先介绍《庄子》内篇的思想体系，认为内篇自成体系，是一个整体；其次，介绍外、杂篇与内篇的关联，外、杂篇在哲学思想上的演进以及在政治思想方面的变化；最后，介绍《庄子》中的相对主义与辩证法，《庄子》中的自然知识、文学特色以及《庄子》在中国学术思想史上的地位与影响。第三章关于《庄子》的阅读与研究，讲了三个问题：为什么要读《庄子》，怎么阅读《庄子》，如何进一步研究《庄子》。

选读是选择《庄子》原文19篇进行注解，分两种情况，一是对《逍遥游》《齐物论》《大宗师》《马蹄》《秋水》《天下》六篇全文注解，二是对其他13篇节选一部分注解。关于这一安排，著者解释："由于本书篇幅所限，多数篇目只能选取节选的形式。"注解时，先是"提示"，简要说明该篇或该段的价值所在，指出读此文所应特别注意的问题，以期引起读者注意。次列《庄子》原文，后为"注释"，分三种：校勘性注释、词语性注释和义理性注释。然后是"段评"，有时还有"总评"，依此段的具体内容做一些精要的分析，目的在于引发读者思考。

本书通俗易懂，虽然只是选读，但基本上包括了庄学的主要方面，其中关于治庄的研究方法，带有一定的启发性，不失为一本普及性读本。（丁希勤）

庄子发微

《庄子发微》，钟泰著。上海：上海古籍出版社，1988年9月第1版，32开，546千字。

钟泰（1888—1979），字讱斋，号钟山，江苏南京人。曾任杭州之江文理学院国文系教授兼系主任、湖南蓝田国立师范学院国文系教授、贵阳大夏大学文学院院长兼中文系主任、上海光华大学教授等。毕生致力于中国哲学，尤深于老庄之学。主要著作有《中国哲学史》《春秋正言断词三传参》《荀注订补》《校定管子侈靡篇》等。

该版书前有上海古籍出版社之出版说明，述著者生平及本书底本说明。其后为著者之弟子蒋礼鸿1982年所作《庄子发微》引、著者1960年所作自序。正文列五卷，卷一为《庄子》内篇七篇，卷二为外篇"骈拇第八"至"天运第十四"，卷三为外篇"刻意第十五"至"知北游第二十二"，卷四为杂篇"庚桑楚第二十三"至"寓言第二十七"，卷五为杂篇"让王第二十八"至"天下第三十三"。

著者感于《庄子》旧注之多失，能辨《庄子》与神仙家，而莫能辨《庄子》之学与老子异，致《庄子》其旨全晦，遂积数十年庄子研究功底，疏通诠释而成本书。

其特点在于：研究方法上，将《庄子》内、外、杂三篇会通，相互佐证，又比附六经之义，兼采老子之说，广引儒家经典，对《庄子》33篇，逐章逐篇字斟句酌，精于校诂，善于考证；思想观点上，著者以为，庄子于孔子与老子称呼轻重有别，引述言论多与孔子相问对，参之《四书》佐证庄子"内圣外王"之学，渊自儒家。《庄子》之旨，不属老子道家思想，"盖实渊源自孔子，而尤于孔子之门颜子之学为独契"，庄子为孔门颜子一派之传。

本书视野开阔，训考精审，见解独到，成一家之言。但此书亦有可商榷之处。如著者以为，外、杂篇有可疑为非庄子自作，而内七篇则无可疑，非庄子莫能为。欲通《庄子》，当以内七篇为本，而以外、杂篇为佐训。如此，以七篇为本，印判外、杂篇，则黑白自分明。然而，著者文中又多引证于外、杂篇，以证庄子之儒而非道，这岂不矛盾？又如著者比类六经，通其大义，如其释鲲"化而为鸟"者，"取象于卦之《小过》。《小过》曰：'有飞鸟之象焉。'是也"。可以看出，著者取卦于《小过》，并非依鲲化鸟之卦象取卦，而是依化鸟与《小过》卦辞"飞鸟"之辞约同。此是依辞取卦，非依象取卦，这难免落于牵强附会之嫌。（李育富）

庄子歧解

《庄子歧解》，崔大华著。郑州：中州古籍出版社，1988年12月第1版，32开，570千字。

崔大华（1938—2013），字实之，安徽六安人。曾任职于中国社会科学院历史研究所、河南省社会科学院哲学研究所。长期治中国古代哲学，主要著作有《南宋陆学》《庄学研究》《儒学引论》等。

该版以中华书局出版的郭庆藩《庄子集释》点校本为底本，并据陆德明《庄子音义》、陈景元《庄子阙误》、王叔岷《庄子校释》等备录具有歧义的别本字句，附注于正文之下。按《庄子》内、外、杂篇排列，每篇前有"题意"，总结归纳前人题意内容，其后安《庄子》自然段分解。

着眼历代庄注庄解分歧的"歧解法"研究方法，是本书最为显眼的特色。汉以来，注解《庄子》百数十家，或重义解，得思想之幽深高远但失之疏阔；或重考据训诂，长于难肯綮之疏通，而短于奥旨宏义之发挥；或抒发己意，以意孤解，破疑阐奥，但又难免失之于偏；或集解诸家，然失之于冗。著者为整理归纳魏晋以来历代《庄子》注在字句、思想上的不同解释和理解，以反映《庄子》注解的历史状况和历史发展，以彰显《庄子》的宽广意境，而运用歧解法。所谓歧解法，"或是先寻觅出崔譔、向秀、司马彪、郭象以来历代《庄子》注的分歧之处，并加以显化；然后进一步分析，指出导致这种分歧的不同的解《庄子》角度或性质，诸如字读、句读的不同，词义理解的差异，思想派别或哲学立场的分歧"。歧解法，与传统庄学研究方法显著有别，兼采义解、考据之长而避其短。可见，另辟蹊径，专注分歧，是此书之长。

另一方面，本书文献扎实，内容充实，集庄注庄解之大成。本书征引上至郭象，下至当代庄学研究名家等百人书目。博引善校，条分缕析，于前人《庄子》注解中，凡字、词、句等有歧义之处，均按时间先后，摘而无改录之。这不仅显示了著者文献学方面的深厚功底，也显化了《庄子》的丰广意旨，因而此书具有重要的文献学的学术价值。

本书不啻为庄学研究之研究必备的捷径书目。著者考察《庄子》历代异注之后，另著《庄学研究》，对于庄子其书、庄子思想及其与中国历代思潮做了深入的梳理和考察。此书与《庄学研究》相得益彰，堪称姊妹篇。（李育富）

庄子全译

《庄子全译》，［战国］庄周原著，张耿光译注。贵阳：贵州人民出版社，1991年7月第1版，32开，500千字，系"中国历代名著全译丛书"之一种。另有2009年3月修订版。

庄子，名周，字子休，战国时期宋国蒙人。战国中期道家学派代表人物，思想家、哲学家、文学家，庄学的创立者，与老子并称"老庄"。

张耿光，1936年生，字仲严，辽宁阜新人。曾任贵州大学副校长，中国语言学会、中国训诂学会会员，贵州语言学会副会长。主要著作有《常见病句分析》《汉字通论》等。

在前言中，译者对《庄子》著者的生平及思想形成的背景、篇章构成、真伪、影响做了说明。译者认为，《庄子》主张复古倒退，这是庄周及其后学者面对社会黑暗和不公却看不到出路的无奈呻吟，是庄周的哲学思想在社会政治上的必然反映和结果。

前言还谈及《庄子》的文学特点及贡献。《庄子》文情跌宕，意境深远，有三大艺术特点：一是寓言，二是譬喻，三是想象。《庄子》许多言语，已成为当今世人汉语词汇中的宝贵财富，是对汉语言文学的一大贡献。

译注体例上，译者对《庄子》33篇分篇列述，各篇皆有题解、注释、译文。题解对篇名意义做了说明，并对本篇内容的组织结构做了分解。该版注释以郭庆藩《庄子集释》为底本，参考了20世纪《庄子》研究的重要成果，如章太炎《庄子解故》、刘文典《庄子补正》、王叔岷《庄子校释》、于省吾《庄子新证》等，以注词义为主，串通文意为主线，合者采之，不合者弃之。如注释《逍遥游》"是其言也犹时女也"中"时女"一词，著者以为，联系上下文，旧注指"时女"为处女实属牵强，遂将"时"译"是"，"女"为

"汝"，此句译为"这话似乎就是说你肩吾的呀"。这展现了译者扎实的文献功夫和大胆的见解。

本书译注的目的十分明确，其"目的只是通过现代汉语的注译，帮助读者特别是广大青年读者阅读这部先秦典籍"。围绕此目的，本书表现出两个较为突出的特点：一是注译虽以郭氏本为底本，却非郭氏分篇分自然段注译，而是依"题解"中本篇内容的组织结构为要素进行。比如《逍遥游》篇，将此篇全文分为三个部分，第一部分至"圣人无名"，第二部分至"窅然丧其天下焉"，余下为第三部分。译者以此为大段进行译注，由此，保障了《庄子》相关思想内容的连贯性，凸显了《庄子》思想内容的逻辑进路。二是译文以直译为主，间或意译，语言清晰流畅，通俗易懂又不乏文学美感，适合大众阅读。这体现了著者比较深厚的训诂和文学之功。

总的来说，本书文献翔实，择善而从，对《庄子》的思想内容梳理清晰，实现了为阅读和了解的目的。（李育富）

庄子三篇疏解

《庄子三篇疏解》，王厚琼、朱宝昌疏解。北京：华文出版社，1991年7月第1版，32开，71千字。

王厚琼，西安文理学院教授。师从朱宝昌，致力于中国古代文学研究。

朱宝昌（1909—1991），字进之，号希曼，江苏泰兴人。曾任教于云南大学、燕京大学、中国大学、西南师范学院、北京师范大学、西安师范学院、陕西师范大学等。主要著作有《先秦学术风貌与秦汉政治》等。

本书含《齐物论》《逍遥游》《养生主》三篇的疏解。《齐物论》《养生主》疏解皆是按原文自然段进行分段。《逍遥游》亦大多数如此，但有几处文意相近的自然段合在一起进行疏解。此书"疏解"，非文字训诂考据类注解，而是重在阐发其中义理，尤其是庄周的哲学思想内容。

首篇《齐物论》疏解中，著者指出，这一篇的论旨在于"解脱出世"。庄周化身南郭子綦，通过对话，来表达一种由物我对立的相对世界向消灭物我对立的绝对世界追求。次篇《逍遥游》疏解中，著者认为《逍遥游》的主旨是论道、说体。作为宇宙观的道是一种观念性的实体，超时空、无形质、无条件、无差别、虚无缥缈、无所不在。而作为方法的道是圆周形的，即得其"环中"。在著者看来，庄子采取的是一种圆周形的思维，此与直线形方法相区别。直线形方法论看，万物会得出大小之别的结论。圆周形的方法认为，万物没有"差等"。末篇《养生主》疏解中，著者阐述此篇之旨在于表达万物之自性皆为道之呈露，要安立自性、顺乎自然而行，其关键在于圆周形思维方法。

归结来看，本书对《庄子》三篇疏解，主要是阐述庄周两个方面的内容：一是庄周之道及基于道之上"万物皆一"的思想，二是庄周的圆周形思维和认识方法及其中的朴素辩证思想。此书在说理上可谓探幽取奥，然而失之空疏玄远。若蜩与学鸠之论，著者说成是庄周以此以讥讽儒、墨、名、法诸家及诸家之直线形思维方法和认识的不可行，对儒墨学说加以攻击和驳斥。张默生《庄子新释》以为："在本文中虽似卑视蜩与学鸠，而高看大鹏，其实不然。盖因'物之不齐，物之情也'，蜩与学鸠以自己的局量，来例视其他，所以有过了。反之，若大鹏以自己的局量，来讥笑蜩与学鸠时，其昧于物理，也与二虫正等。实则由逍遥游的境界来论，大鹏与蜩鸠，同是有所待的，同是不自由的。"联系此篇上下文，张氏此解似是更妥。文本此处更胜似谈如何看待小大之别、有待无待与逍遥之间的关系。著者把它视为道家与儒墨诸家之争，未免取义遥远。（李育富）

庄子译诂

《庄子译诂》，杨柳桥撰。上海：上海古籍出版社，1991年12月第1版，32开，539千字。另有上海：上海古籍出版社，2007年版，名为《庄子译注》；上海：上海古籍出版社，2012年版。

杨柳桥简介详见《老子译话》提要。

本书由庄子"三言"试论之代序、译诂凡例及《庄子》内、外、杂篇之译诂构成。

代序未具何人所作，其旨在告诫探讨《庄子》应循"以庄解庄"路线，不拘泥于内、外、杂这三个篇目的界限，而依其本身的寓言、重言、卮言三言表现形式，进行具体分析。正文部分《庄子》33篇依通行的郭象本，每篇仍旧分若干章排列，但具体断章与前人偶有不同。《庄子》原文之后，有释诂、译话两部分，不类他书有题解。其释诂部分，针对《庄子》原文中疑难重点之字词之读音、字义、校订、协韵等用浅近文言解释，在注释中博采成玄英、陆德明等历代学者之识，然非全取而纳入，而以文法、逻辑为重，在各家基本相同的注释中，一般采时代最前一家，有各家异解数说中，采其一家而弃他说，力求文字精简而不烦琐，援引前人注解，一律列举姓名；同时，不乏个人见解，注释中以"按"字以别，或引申前人所注，或补充前人之不足，其中广采《说文解字》《广雅》等，或征引数家基本相同解说，详加考证，信而有征，阐发个人独到观点。其译话部分，以直译为主，略采意译。对于古文过于简略之处，译成现代语时，所补充之处，一律用括号加以区别，体现了著者忠于原文的态度。

总的来说，本书有释有译，引而有名，按而有见，简而不繁，释而有据，译而明白，是其长，可谓方便《庄子》的入门阅读和学习之作。然而，其释译逊于疏解，尤不能以《庄子》各篇相佐以证，则释译难免失衡，是其不足。如《齐物论》中"然则物无知邪"一句，其译："那么万物没有知觉吗？"据此篇之旨及上下文，此段意强调万物可否认识的问题，而非指知觉一事。著者于此文前后"知"译为"知道"，于此译为"知觉"，颇令人觉得凸凹不平。（李育富）

庄子译注

《庄子译注》，刘建国、顾宝田注译。长春：吉林文史出版社，1993年1月第1版，32开，520千字，系"中国古代名著今译丛书"之一种。

刘建国，先后任职于吉林省哲学社会科学研究所、吉林大学哲学系、中共吉林省委党校，长期研究中国哲学，主要著作有《先秦伪书辨正》等。

顾宝田，1936生，辽宁海城人。曾在吉林大学哲学系任教，长期从事中国古代哲学的研究，主要著作有《先秦哲学要籍选释》等。

本书为注译者在从事本科生、硕士生的中国哲学原著教学的基础上撰写而成。

注译体例上，本书采取题解、原文、注释、译文的结构形式。值得注意的是，本书对《庄子》篇文未分内、外、杂篇，虽其篇章安排依通常篇序，但却未明确标示篇序。每篇皆有题解、原文、注释、译文四大部分，按自然段分别注释。题解由解题、提要及评价三部分组成；注释着重对难字难词概念加以注解；译文以直译为准则，以语言通顺、通俗易懂为标准。

在文献资料使用上，本书视野宽宏，其书罗列了《庄子注》《庄子音义》《庄子疏》《庄子集解》《庄子义证》《庄子今注今译》《庄子发微》等数十种参考书目，对古代及当时《庄子》研究成果大胆借鉴，扬各家之长，避诸家之短，间贯以新义。

针对《庄子》真伪之文献研究，注译者罗列了《庄子》外、杂篇是伪书或有伪篇的主要根据的五种观点，并对这些观点提出了自己的看法。注译者认为《庄子》本是庄周自著，其中有门人弟子窜入的为数不多的东西，可以作为学习、研究庄子思想的史料。

本书前言对庄子的生平及时代、庄子的思想、庄子生平史料及《庄子》的真伪问题、庄子思想的地位和影响做了探讨。考察了庄子思想的春秋战国时期生产力和生产关系发展变革的社会基础和客观条件，以及与前人思想成果继承和发展的关系。分析了庄子的哲学思想，认为庄子哲学思想是由具有主观唯心主义的以道为实体的本体论、相对主义的认识论及诡辩论中的辩证法构成。在社会政治主张上，认为庄子反对残暴、争霸和有为而治，主张无为而治小国寡民的社会理想。在伦理思想上，庄子主张自然人性论，充满消极色彩。在文艺思想上，庄子是先秦散文体裁的开拓者，对中国文学和汉语言有着重大贡献。对于庄子的思维方式，注译者认为庄子的思维方式是逻辑思维和形象思维及直觉思维合为一体的。

可以看出，注译者在剖析庄子思想内容时，带着明显的马克思主义的立场、观点和分析方法，有着强烈的时代烙印。（李育富）

庄子新释

《庄子新释》，张默生原著，张翰勋校补。济南：齐鲁书社，1993年12月第1版，32开，624千字。

张默生简介详见《老子章句新释》提要。

本书书前有严薇青所作序言、张翰勋前记、张默生自序、凡例、庄子研究答问、庄子传略及其学说概要，主体部分是《庄子》内篇、外篇、杂篇及其集注、译注。

在体例上，本书有多种特色。首先，庄子研究答问，以问答的形式讲述了研读《庄子》的态度、《庄子》的钥匙、读《庄子》书的程序、"以庄解庄"的研究方法及略谈《庄子》书的注释。其次，《庄子》各篇注释体例均有题解、集注、译释。题解于各篇题目下方，主要说明本篇的文体、结构和大意，间亦论及篇中文字的真伪和错简等。再次，每段每节原文之后皆有集注，就《庄子》篇中难字、难词和难句加以诠释。其中解释，在各家注释的基础上，博采众长，间发己论。复次，集注之后有译释一项，译为白话翻译，释扼要说明每段每节大意，其中尤重各篇文体的辨识，其次序为先译后释。此注释体例，于当时亦不乏新意，将《庄子》之意条分缕析、深入浅出地展现出来。

从思想研究来看，著者注重《庄子》文体及思想内容的考究，并依此考辨《庄子》各篇著者，阐发独到见解，亦是本书的一大特色。

著者提出，研究《庄子》，有最要紧的一件事，就是寻获《庄子》的钥匙。其钥匙就藏在杂篇的《寓言》篇和《天下》篇里，有寓言、重言、卮言三个齿形构造。

在阅读《庄子》的程序上，著者认为《寓言》为庄子著书的凡例，主张把《寓言》列为《庄子》的第一篇，读《庄子》必须先读此篇。

此外，对于庄子思想主旨的论述，著者也不乏新颖见解。著者认为《庄子》一书，原是论"道"之书，文本注重对道的阐释。并依此否认《庄子》书是《老子》书的注脚。以为老聃、关尹注意于道的精粗体用，有分别迹象，而庄子则不着眼于精粗体用分别，"浑然与造物同体"。因此，庄周是更进步的。

总的来说，本书既陈各家之说，又不乏个人新见，对《庄子》思想内容的解析、《庄子》篇章的考究、《庄子》研究的态度和治学方法，皆是弥足珍贵的见识，对庄学研究参考意义重大。（李育富）

日藏宋本庄子音义

《日藏宋本庄子音义》，[唐]陆德明撰，黄华珍校。上海：上海古籍出版社，1996年9月第1版，16开。系"海外珍藏善本丛书"之一种。

陆德明（约550—630），名元朗，以字行，江苏苏州人。唐代经学家、训诂学家。主要著作有《经典释文》《老子疏》《易疏》等。

黄华珍，1949年生，祖籍广东，出生于印度尼西亚。20世纪60年代移居北京，长期在北京学习并从事对外文化交流工作。1988年负笈东洋，从事古典文献、中国古代思想史、中日比较文化等多方面的研究。任日本岐阜圣德学园大学教授。主要著作有《庄子音义研究》等。

本书由校者所作之前言、日本奈良天理大学秘藏南宋刻大字本（天理本）《庄子音义》33篇、跋及附录北京图书馆藏宋元递修本（北图本）《庄子音义》与校者之《庄子音义》校勘记构成。校者于前言中对日藏宋本《庄子音义》做了简要的版本考察，指出此书具体出处至今还是个谜，但比较肯定的是此书出于四川以外地区的大字本。

本书系《经典释文》的卷二十六至二十八，专门解释《庄子》一书中词语的音和义，多保存古音古义。据校者统计，《庄子音义》提到或引用过的经史子集书名有70余种。广引汉魏以降诸家注释，以郭象《庄子》注为主，汇集了崔譔、向秀、司马彪、李轨、王叔之、徐邈等各家之注。而当中司马彪所注似是《庄子》52篇本。故而，此书之辑，不仅有保存古文献之功，而且对于人们理解《庄子》特别是考察《庄子》书篇的流传变迁有着重要价值。

本书鲜明的特点是将书中收录之《庄子音义》天理本和《庄子音义》北图本同书影印出版。这两版本，皆弥足珍贵，尤其天理本，与北图本相比勘，讹误较少，且较《续古逸丛书》所收宋本《庄子音义》多十来篇《音义》，版本更为精善，是已知存世的珍稀版本之一。

后附的《庄子音义》校勘记亦是一大亮点。校者以天理本《庄子音义》为底本，参校《续古逸丛书》所收北宋南宋合璧本《南华真经》本，将天理本与北图本互校。具体做法是先列天理本、北图本二本之不同，再三本同参判断孰是孰非。如此做法，一方面对《庄子音义》进行了校勘，订正错讹之处，另一方面较好地凸显两版本的异同、优劣和价值。这是校者对《庄子音义》所做的又一大贡献。（李育富）

南华真经今译

《南华真经今译》，郑开注译。北京：中国社会科学出版社，1996年12月第1版，32开，285千字，系"白话道教经典"之一种。

郑开，1965年生，安徽合肥人。曾任职于国务院宗教局宗教研究中心，现任北京大学哲学系教授、博士生导师。主要从事中国哲学的教学和研究，研究方向为早期思想史、道家哲学、道教心性学。主要著作有《德礼之间——前诸子时期的思想史》等。

本书特点之一，是主要由《庄子》内、外篇白话译文、原文及注释部分构成，未及杂篇。这与众多注译《庄子》者注译33篇全书不同。译者以为，内篇内容较外篇、杂篇精湛玄远，苏轼所谓杂篇中《让王》《盗跖》《说剑》《渔父》四篇是伪书的说法值得重视，杂篇之《庚桑楚》以下皆空设言语，由此杂篇价值不如内篇、外篇，了解《庄子》基本精神及主要内容，观内篇、外篇足矣。

本书特点之二，是跟其他书先注后译及分段注译法不同，此书采取先译后原文最后注的形式，而且译、原文、注皆是通篇进行，未分自然段逐一译注。此种做法，极方便当今庄学入门者，让读者先通阅白话译文了解《庄子》大意，然后对照原文一一校勘注释以深入研究。

本书特点之三，是译文部分以直译和意译结合方式进行，但为力求语意通晓、文辞顺畅，译者增加了许多额外之词，并用括号圈起，以示区别，有释词之语，有为句意完整而补充之语，有为文句顺畅、厘清逻辑关系之语等。诸如此类，一方面体现了译者忠于原文的严谨做法，另一方面也非常有利于读者的阅读和理解，便于读者把握文章语意。

此外，译者在注释部分亦能征引多家注本，从中取舍，略加辨析。如《逍遥游》中"此虽免乎行，犹有所待者"之"有所待"注释中，本书注曰："'有所待'，有所依凭之意。郭象《庄子注》萃取了'有待、无待'这一对范畴，这是郭象的发挥。检视《庄子》一书，并无'无待'一词，仅有'相待'和'不相待'（《大宗师》）和'恶乎待哉？'之语。"译者之语，评而有据，亦非空谈辨别。

总的来说，本书虽注简言约，但无论篇章结构、译文翻译和注释都达到了通俗易懂的白话译注之旨。（李育富）

庄子鬳斋口义校注

《庄子鬳斋口义校注》，［宋］林希逸著，周启成注。北京：中华书局，

1997年3月第1版，32开，319千字。

林希逸（1193—1271），字肃翁，一字渊翁，号竹溪，又号鬳斋、献机，福建福清人。南宋理学家。宋端平二年（1235）进士。终官中书舍人。主要著作有《老子鬳斋口义》《竹溪十一稿诗选》等。

本书以明万历二年（1574）施观民刻本为底本，以宋咸淳五年（1269）延平刊本、明《正统道藏》本为参校本。书名中"鬳斋"是为著者自号，"口义"是"谓其不为文，杂俚俗而直陈述之也"，即通俗之义。

本书按结构可分为三部分：一为序言部分，有前言、脚注说明、发题；二为正文部分，全书分十卷，每卷篇目二到四篇，按《庄子》一书篇目秩序排列并注疏，如卷一有内篇《逍遥游第一》、内篇《齐物论第二》；三为附录部分，有序跋及日本池田知久著、周一良所译的《林希逸〈庄子鬳斋口义〉在日本》。

在"发题"中，著者指出了《庄子》一书的五大难读之处及解决途径，他认为庄子思想"大纲领、大宗旨未尝与圣人异"，所以本书从考订概念入手，对照前后论述，站在理学立场，用儒释理论来注解相关概念，引入理学中的"天理"这一概念来解释《庄子》，通过用"鼓舞处""过当处""戏剧处"这样的方式探求《庄子》一书真意，其注解通俗易懂，同时还注重对《庄子》文学性的评析，在"发题"末尾处，著者自诩为"使庄子复生，谓之千载而下子云可也"。

本书是宋代注释《庄子》诸多著作中的一部代表作。著者站在理学立场，通过以儒解庄、以禅解庄、以老解庄等方式深挖《庄子》内涵。进一步推动了庄学的研究和三教融合的发展。同时，他从文学角度评析《庄子》的方法，也为明清《庄子》的研究开辟了一条新的道路。最后，鉴于此书在日本的广泛传播和深远影响，所以此书客观上也对推动中日文化的深入交流做出了相应的贡献。（罗禧）

庄子的文化解析

《庄子的文化解析》，叶舒宪著。武汉：湖北人民出版社，1997年8月第1版，32开，483千字，系"中国文化的人类学破译"之一种。另有西安：陕西人民出版社，2005年版。

叶舒宪，1954年生，北京人。任教于上海交通大学人文学院。主要著作有《中国神话哲学》等。

本书侧重从文化人类学的角度考察《庄子》及道家思想的文化渊源，对《庄子》的卮言、天钧、环中、鲲鹏、壹其性、机发于踵、返胎复朴、十九年、内篇七、四段循环式、轮回、悬解、齐物、至德之世等疑难问题进行文化解析，探讨《庄子》神话思维、原型意象、神秘数字、宗教礼仪等诸多方面内容。

本书特色众多，其中三者尤为明显：一是全书纵贯之回归神话思维，神话思维是全书的思想灵魂。二是凸显文化人类学的"三重证据"之基本方法。著者强调，除文字材料和考古实物材料外，引入文化人类学的"第三重"证据。本书可谓是著者三重证据法的运用成果。三是前古典与后现代诠释的具体策略。前古典，运用结构主义和原型批评，基于传统的解释系统，回到庄子时代，回到文本时代，透析《庄子》一书的思维、结构和意蕴。后现代，运用解构主义挖掘《庄子》的现代性意义。著者以中西之学互相阐释，并且能立于"三重证据"基础之上，这是其难能可贵之处。

本书打破了以往解庄注庄的樊篱，树立新的研究范式；对《庄子》及道家思想源渊的阐述，引起人们对庄子全新而深入的认识。这无论于方法论还是思想内容，都无疑是重大创举。众多庄学研究及至思想史研究亦难掩其开辟之路。（李育富）

南华真经注疏

《南华真经注疏》，［晋］郭象注，［唐］成玄英疏，曹础基、黄兰发点校。北京：中华书局，1998年7月第1版，2册，32开，359千字，系"道教典籍选刊"之一种。

郭象（252—312），字子玄，河南洛阳人。西晋玄学家，官至黄门侍郎、太傅主簿。尤以辩才著称，喜好老庄学说，作《庄子注》。

成玄英（608—669），字子实，陕州（今河南陕县）人。唐朝杰出的道家学者、道家理论家。精通道学经典，深研文字训诂之学。主要著作有《度人经注疏》《道德经开题序诀义疏》《道德经义疏》《道德经注》《庄子疏》等。

曹础基简介详见《庄子浅注》提要。

黄兰发，1954年生，广东揭阳人。曾任华南师范大学中文系教师、中央政府驻港联络办副主任等。

本书主要由《南华真经》33篇原文及各篇郭象注、成玄英疏、点校者校勘记构成。

注是对经典的直接诠释。郭象对《庄子》之注，首先对《庄子》篇章进行裁取，依司马彪本，删去19个篇目，余下33篇。内篇为庄子自著，外、杂篇为门人后学所作，故郭象之注重在内篇，而似轻慢外、杂篇。郭象于注解言辞之间，重义理之阐发，略于名物训诂，又多通过寄言出意等方式阐发自己自然性分、自足相因等独化思想理论，构建起自己的玄学理论体系，理论卓然，整齐精练，为魏晋玄学集大成者。但亦为后世所诟。愚以为，观其言论旨趣，似与《庄子》原本之意异乃至背离之事，但言谈之间，又未尝离却《庄子》本文，其玄学理论内在《庄子》而有超越之境界，为"六经注我"之典范。无论后世对郭氏有多大异论，都无碍其于庄学史上之地位，其删定之《庄子》为千百年来通行之定本，学人之《庄子》研究基本上在此《庄子》本子和郭象注基础上进行。郭氏于此注中建构的独化思想理论对儒道二家亦有深远影响。

疏是在注的基础上对经典的进一步诠释。成玄英之疏，较之郭象之注，不偏视外、杂篇，视内、外、杂篇为一整体。疏解中成玄英注重字词训释、史实名物考据，文句梳理充实有据，能弥补郭注缺憾之处。疏解中有同于郭氏者，有异于郭氏者，但义理阐发则未尽合郭氏之独化理论，而多杂糅佛仙，彰显重玄之道。

点校者对正文有异文处均进行校勘并以篇末注的形式列明。此书版本，是以《古逸丛书》覆宋本为底本，通校了《道藏》本、《道藏辑要》本、王孝鱼点校的郭庆藩《庄子集释》本、刘文典《庄子补正》本，参考了《续古逸丛书》影宋本、世德堂本、敦煌唐写本部分残卷等近20种版本，可见校勘审慎。这为庄学研究者提供了一个良好的版本。（李育富）

庄子集解

《庄子集解》，王先谦撰，陈凡整理。西安：三秦出版社，1998年9月第1

版，32开，300千字，系"插图注解中国古典诗文十大名著"之一种。

王先谦（1842—1917），字益吾，湖南长沙人。清同治四年（1865）进士。清末民初史学家、经学家、训诂学家。曾任国子监祭酒、江苏学政、湖南岳麓和城南书院院长。治学重考据、校勘，主要著作有《汉书补注》《水经注合笺》《荀子集解》等。

本书先是序言，后是正文集解，分为八卷，共33篇。序言作于清宣统元年（1909）七月，著者曰"余观庄生……可谓尘埃富贵者也"，然而"意犹存乎救世"，"非果能回避以全其道者也"，"其志已伤，其词过激"，只不过是"嫉时焉耳"，"后世浮慕之以成俗，此读（庄）生书者之咎"。又曰"余治此有年，领其要，得二语焉，曰喜怒哀乐，不入于胸次。窃尝持此以为卫生之经，而果有益也"，"旧注备矣，辄芟取众长，间下己意，辑为八卷，命之曰《集解》，世有达者，翼共明之"。

正文有33篇，每篇前有解题，反映了著者注释《庄子》的精神大意。每篇分若干小段，每段下为集解，有以下特点：第一，大量引述他人他书的观点进行训诂，如成玄英、司马彪、崔譔、支遁、李颐、王念孙、郭庆藩、郭嵩焘、宣颖、简文、俞樾等人以及《玉篇》《列子》《文子》《淮南子》《字林》《难经》《月令》等书；第二，在忠于原文的基础上稍做解释，申述己意；第三，运用《庄子》原文前后互训；第四，间下按语，提纲挈领，层次分明；第五，提出新的观点，如"本然之明""本明之照""直指最初"，反映了著者援佛入道。（丁希勤）

庄子诠评

《庄子诠评》，方勇、陆永品著。成都：巴蜀书社，1998年9月第1版，32开，800千字。

方勇简介详见《庄学史略》提要。

陆永品，1936年生，安徽宿县人。中国社会科学院文学研究所研究员、中国作家协会会员。主要著作有《老庄研究》《司马迁研究》《诗词鉴赏新解》等。

书前序言介绍了庄子散文的浪漫主义特色及其影响。

本书33篇，每篇包括题解、原文、注释、段落简析、汇评五部分。本书以中华书局1986年5月版《诸子集成》中郭庆藩《庄子集释》为底本，并参照其他版本校勘。《庄子》原文分段主要以宣颖《南华经解》、刘凤苞《南华雪心编》等为依据。凡注文和汇评中所引文字，一般以著者生辰年月先后为序，引用今人文字则以著作出版年月先后为序。本书除了适当对庄文思想内容探微抉精之外，还对庄文艺术特点予以简明的揭示。

本书的特点，一是征引资料丰富详细，版本校勘精审；二是博采众长，断以己意，纠正了一些相沿成习的错误；三是对历史上各种庄学著述及其书目、思想观点搜集比较全面，方便后学进一步研究。（丁希勤）

庄子新解

《庄子新解》，吴林伯著。北京：京华出版社，1998年10月第1版，32开，390千字，系"中华传统文化精品丛书"之一种。

吴林伯（1916—1998），湖北宜都人。曾任华东师范大学中文系讲师、山东曲阜师范学院中文系讲师、武汉大学中文系教授等。主要著作有《文心雕龙义疏》《老子新解》等。

本书主要由《庄子》33篇原文及释解构成。每篇原文之前有题解，但未独立标示。

在体例上，本书有着自己的特色。本书训诂与理论阐述并用，采取三段式形式，一段原文，一段训诂，最后一段阐明主旨。更重要的是，训诂非仅仅是字词的注释，而是紧紧围绕阐述之理论来进行。训诂重在说明理论，阐明《庄子》奥义和主旨，亦即著者所说"大义之疏通，必与辞章、考据结合，参验发挥，力求切至、简要"。如其释《庚桑楚》篇"踱市人之足"以下段，征引《荀子》《尚书》《易传》《老子》等，运用了大篇幅训诂解释，亦旨在说明此段言《易传》《老子》"天、人合一"之"道"。

在解庄方法上，本书以儒解庄、以佛解庄和以庄解庄轮番并用，或引用儒家经典，或释之佛理，或采《老子》之言，或前后篇相互印证。其中对《荀子》《孟子》之书，精览博采。此与其师钟泰先生之风格类似。但旨趣略有不同。钟泰先生明言《庄子》是儒家一脉而非道家之系。本书则贴切地从《庄子》原文训诂出发而不过多作儒学的玄思。

阐释之中，本书对前贤论言亦能斟酌索隐。如其释《齐物论》题名，指出"齐物"二字应连读，不应"物论"连读。考察《尚书》《孟子》之论齐与非齐之说，分析《庄子》篇章旨趣，结合庄子时代之社会形势，著者以为，本篇实为闲放避世而反知，反势必齐物，识物之不可齐而齐之，知之不可反而反之，权以求其精神之逍遥，故作齐物之论。如此一斑，足见著者钩沉取新，而不雷同苟异。（李育富）

庄子音义研究

《庄子音义研究》，黄华珍撰。北京：中华书局，1999年4月第1版，32开，222千字。

黄华珍简介详见《日藏宋本庄子音义》提要。

本书是著者在原以日文写成的博士学位论文基础上修订完善而成。全书正文共三章七节：第一章，从版本目录学的角度考察《庄子音义》的著者及母体《经典释文》的成书、付梓、流传情况，分析了多种宋刻本《庄子音义》之间的异同及和刻本《庄子音义》的诞生及流传等问题；第二章，考察了《庄子音义》所见诸家注、引用古籍情况及敦煌《庄子音义》的有关情况；第三章，试以《庄子音义》探索《庄子》的成书、书本变迁问题以及推定再编《庄子》52篇本。可见，本书三要是考察《庄子音义》文献的有关情况及依此推编《庄子》52篇本。

本书最大的特色在于，不是对《庄子音义》的思想研究，而是侧重从文献学的角度考察《庄子音义》的版本、注引等问题。考察工作缜密、细致，措辞严谨，有一分证据说一分话，不夸大其词，展现了著者较强的古典文献学功底。

本书特色之二在于，虽是对《庄子音义》一书之研究，却展示了著者开阔的研究视野。如关于《庄子》篇章是否出自庄周之手问题，通常认为书中内篇是庄子自著，外篇、杂篇是庄子门人或其后学所作。著者则认为此说并没有可靠的证据。相反，内篇有可能混进了新的东西，外、杂篇也可能杂有较古老的内容。总之，《庄子》不是一人一时写成。著者对此说虽未提供更多新的证据，但其中多引评日本学者的见解，亦是众多国内学者未能及之事。

本书特色之三在于，通过《庄子音义》复编《庄子》52篇本，思想观点亦屡有创新之处。著者以《庄子音义》中崔向注和司马彪注之间的差异及《庄子》内容为主要根据，对诸本内、外、杂诸篇的传承关系加以整理，推定再编《庄子》52篇本原形和篇名。郭象本是继崔向本、司马本之后编成。郭象本内篇是属于比较多地保留了《庄子》52篇本原貌的部分。但外篇、杂篇情况复杂得多，有部分篇的内容是从其他篇移植或合并而成，其区分标准至今还不太明了。《庄子》33篇本的内篇和52篇本时代没有太大区别，但外篇、杂篇与52篇本时代有着相当大的不同。这是著者考察和分析得出的重要结论。

刘起釪评价本书："通过对《庄子音义》的研究，终于获得对《庄子》原书的历史的和逻辑的实质性认识，是本书最大的成就。"此语也揭示了本书的学术价值。本书不仅具有重要的文献学价值，也为庄学思想研究奠定了可靠的框架基石。（李育富）

苏轼的庄子学

《苏轼的庄子学》，［韩国］姜声调著。台北：文津出版社，1999年12月初版，系"博士文库·儒林选萃"之一种。

姜声调，1966年生，韩国全罗南道新安郡人。现为韩国圆光大学教授，发表多篇庄学研究论文。

一般对于庄子学的研究，大约有《庄子》的注疏学以及《庄子》的文学化两大系统，本书认为苏轼的庄子学倾向后者，因此在撰述的立场上，乃以苏轼的文学与艺术作品中所见庄子学为研究范围，以探讨其学术思想体系。全书共分七章：第一章绪论，说明研究动机、范围及其方法，并简述苏轼生平。第二章苏轼评论《庄子》，旨在检讨《庄子祠堂记》中所见苏轼对于《庄子》的考证与辨伪，苏轼基于儒家立场提出了"庄子盖助孔子"的说法，从而考证《庄子》书中《盗跖》《渔父》《让王》《说剑》为伪作，并重新调整《庄子》的分章，将《寓言》末段接《列御寇》首段成为一完整篇章，认为这才是《庄子》的原貌，同时也批评了庄子思想乃受后人窜改而转为消极，因此产生流弊。第三章苏轼注解《庄子》，旨在以《广成子解》为中心，论述苏轼基于道家道教的角度以探求《广成子解》在考证、释义、价值等各层面的问题。第四章苏轼文艺中的庄子学（上），讨论自然观、齐物观、修养观如何成为苏轼庄子学体系中的核心。其主要表现是在吸取《庄子》思想，自然转化而融入个人的文艺写作之中。第五章苏轼文艺中的庄子学（下），探讨苏轼如何以庄子学来调整自己，以得到穷达自适的结果。第六章苏轼的庄子学渊源及其影响，检讨苏轼对于庄子籍贯、时代、学术、著书、盖助孔子、辨伪分章及对于《庄子》的注解、文学化的成果，确认苏轼在庄子学研究中承先启后的地位。第七章结论，苏轼在庄子学史上的地位如下：一、建立"庄子儒家之关系"的理论基础，二、"庄子学"辨伪的奠基者，三、将庄子融入文艺的代表。（陈昭吟）

新译庄子内篇解义

《新译庄子内篇解义》，吴怡著。台北：三民书局股份有限公司，2000年4月版，系"古籍今注新译丛刊"之一种。

吴怡简介详见《新译老子解义》提要。

本书主要以《庄子》中的内七篇为主要内容，对于内七篇所蕴含的庄子的思想精神进行细致的分析与解义。全书内容主要分为七个部分，对应《庄子》内篇的七篇文章。第一部分对《逍遥游》的内容进行了具体的解义。首先录出《逍遥游》的原文，然后以现代汉语对原文进行了解释，最后对原文进行了详细的解义。根据原文所蕴含的思想的多少，或逐字，或逐句，或逐段对于原文进行解义。解义部分多引用庄学研究著作以及与《逍遥游》相关的其他古籍，以期使人们能够更好地理解庄子所论的逍遥境界。第二部分是对《齐物论》的解义。使得"真我"与"物化"的概念得以明晰，只有有了"真我"，才能主导"物化"，而不被物所化，才能齐万物，而不为万物所齐。第三部分是对《养生主》的解义。将人的生命的历程总结为大化的流行，人的生命是有限的，大化的流行却是无尽的，这便是养生的核心道理。第四部分是对《人间世》的解义。将人间处世之道归结为"无用之用"，用其德于无形，用其才于无为，用其知于无欲。第五部分是对《德充符》的解义。强调了忘形、无情的重要性，指出忘形、无情才是庄子所强调的"德充符"的德性。第六部分是对《大宗师》的解义，描绘出了能够"安之若命"的大宗师形象。第七部分是对《应帝王》的解义，以谈论政治之道的方式论说了修心的具体方式。

著者指出庄子的思想乃是要我们去发现真我。发现真我之后，自能体认万物的真实存在，这样便能转变这个世间为美丽的世外桃源。（李梓亭）

庄子序跋论评辑要

《庄子序跋论评辑要》，谢祥皓、李思乐辑校。武汉：湖北教育出版社，2001年11月第1版，32开，280千字。

谢祥皓简介详见《庄子导读》提要。

本书正文分上、下两编，上编为序跋辑要，下编为论评辑要。本书收集了自先秦两汉魏晋至清末学者关于《庄子》一书的序、跋及论评文章157篇。其中，本书计收序跋文字111篇、评论文字46篇。另附序跋论评著者简介115人。附1919—1949年的《庄子》序跋论评存目44篇，其中序跋部分38篇、论评部分6篇。

此次收录，时间跨度大，上自先秦庄周之时，下至1919年。序跋评论收录的范围，择善而收，于庄学有一得之见，或能表现庄学发展在某一特定时期之某种特定倾向之序跋，对于阅读或研究《庄子》或有裨益之论评，亦录为一辑。其中收录宋明清之序跋占多数。所收来源，非全然道家人士之序跋论评，亦有儒佛注家之序跋论评。按辑者说法，其收录基本方针是兼收并存，意在展示历史之本来面貌。这反映了辑者开放的视野和胸襟，体现出辑者忠于学术立场的学术素养。

辑者以年代时间为序对序跋论评进行编排，于篇首目录中具体标明该篇年代或时代，并在篇末注明该序跋或论评之出处。对于不少生僻字词典故，辑者则在篇后附于校注。如此编排，既可见历代庄学者的庄学特点和其中时代色彩，又可展示庄学发展的整个流变历程，还为庄学研究者、爱好者提供参考史料和方便法门。此为其重大贡献与价值。（李育富）

庄子外杂篇研究

《庄子外杂篇研究》，刘荣贤著。台北：联经出版事业股份有限公司，2004年4月初版，精装。

刘荣贤，1955年生，台湾嘉义人。曾任高雄中山大学讲师、台中私立静宜大学中文系副教授、台中私立东海大学中国文学系所主任等，现为东海大学中国文学系（所）专任教授。研究中国思想史、宋明理学及先秦道家。主要著作有《王船山〈张子正蒙注〉研究》《宋代湖湘学派理学研究》等。

本书正文分为四部分：有关外杂篇材料的研究（共有三章）、外杂篇对内篇思想的引申与发展（共有四章）、外杂篇中顺应当代政治发展的思维（共有二章）、外杂篇中批判学术与文明发展的思维（共有二章）。故包括绪论，全书共有12章；最后另附：《庄子》外杂篇材料之讨论——外篇部分、《庄子》外杂篇材料之讨论——杂篇部分。

本书是著者对《庄子》外杂篇研究的一系列学术论文之总集，由于外杂篇不像内七篇可视为较纯粹之庄子思想，其中内容十分驳杂，因有属于庄子思想之引申部分，也有关于黄老思想之后续发展问题，甚至也有一部分近似于针对老子思想来发挥。故在本书中，著者将外杂篇内容定位为较内篇为晚的"道家后续学者"之著作。本书除了讨论有关《庄子》书材料的移易分合及分类等形式问题外，还论及"气与阴阳""养生""理观念""老庄融合""黄老""无君""对各家子学之批判"等各种思想主题，并注意到由内篇到外杂篇的道家思想之发展，有一个"由心向物"的思维方向。由于历来研究庄学之学者，虽有不少曾针对外杂篇部分篇章作过引证或发挥的，但基本的关注重点与研究方向，确实大多以内七篇之脉络为主，完全专注于外杂篇内容而从事专门研究之作，此论著算是较早代表，也较全面彻底且精细，故补足了庄学全面研究原本空缺的一环。经由此书，也可对结合了老子思想之庄周后学，亦即战国中后期以迄秦汉之初的道家思维格局，有进一步之了解及较为全面之认识。（赖慧玲）

庄子新义

《庄子新义》，曹慕樊著。重庆：重庆出版社，2005年4月第1版，32开，301千字，系"中国古代文学研究丛书"之一种。

曹慕樊（1912—1993），号迟庵，四川泸州人。曾任西南师范大学中文系教授。对中国古典文学、中国哲学及目录学造诣甚深，对杜甫的研究尤为精深。主要著作有《杜诗杂说全编》《杜诗选注》《目录学纲要》等。

本书仿《庄子》内、外篇体例，分两个部分。前部分为庄子新义，以《庄子》内七篇和外、杂篇偶抄作为主要材料，系统分析阐发了庄子的哲学思想。后部分为古代诗文论，共36篇，主要言及陶渊明、杜甫、苏轼、辛弃疾、姜夔等人的诗词创作理论，所言大多是阐发这些诗词中的境界。

本书中涉及不少佛教的理论，可以说是著者解释《庄子》的一个重要的维度。其门人邓小军为本书所作的序言《忆迟庵师》交代著者早年在重庆缙云山闭关修习藏传佛教密宗贡噶派大手印功法，足见其佛学功底甚深。著者运用三教经典阐释《庄子》，可以说是对《庄子》研究的一大创新，也是本书的一大亮点。著者在自序中提到，"庄周的书是人间的书，是沉思的书，是破坏偶像的书，是呕吐秽恶的书"，"庄周的书是帝王的书，又是卑贱者的书、畸人的书、退士的书"，"借此一书，亦复可以送老，究竟是我读庄周，还是庄周读我？长者请下一转语"。闪烁着佛教的智慧光芒。（丁希勤）

庄子思想的现代诠释

《庄子思想的现代诠释》，黄汉青著。台北：五南图书出版股份有限公司，2007年1月初版。

黄汉青，1954年生。现任台中科技大学通识教育中心教授兼图书馆馆长，曾任该校研发长等职务。主要著作有《哲学与人生》《临界天堂》《众神的藏书楼》等。

本书共分为七章：第一章绪论，首先说明西方诠释学的流变，可分为信仰的诠释学与怀疑的诠释学两大派。信仰的诠释学家属于归乡型，怀疑的诠释学家属于游荡型。信仰的诠释学家对现代性有所批判，但有破有立，最终还是会去寻求建立人与存有或超越界的关系，代表人物为海德格、高达美、吕格尔等人。第二章庄子道的形成与发展，探讨道的形成与当代几位重要思想家的诠解，如牟宗三、唐君毅、徐复观、方东美等，并进一步由论述之道、实践之道与逍遥之道三种不同方面分析庄子道的内涵。第三章道的彰显与遮蔽，简述海德格与道家思想的接触，实证性地证明海德格思想，在某种程度上，受到道家思想的影响。第四章物、技术与道，本章以物论为重点并兼及技术之思。以往道家的一般研究偏重在道的论述，较少论及物或以物作为研究的重点。本章比较老子、庄子、惠施与海德格的物论。第五章言、无言与道的关系，本章说明庄子追求一种合乎道的语言，具有语言表述的功能，却又不会陷入语言先天的局限，同时，本章也进一步介绍比较德希达与海德格的语言观。第六章道即美的世界图像，本章论述道即美的世界图像。第七章结论，作为本书的总结。

总而言之，本书透过《庄子》一书，透过西方海德格与德希达的思想对扬与比较，凸显出庄子思想的当代性，有如千古对话，如旦暮遇之，也彰显出庄子思想穿越时空的经典文化力与生命力。其次，由于著者探讨《庄子》一书中的物论、技术之思，进而彰显出庄子思想，能够因应当代社会之物质的思维及对当代社会的技术之思维，并有所批判及反思，凸显出庄子思想超越时空的生生不息之生命力。再次，著者透过物论的讨论，拈出惠施独特的物论，确为有见。最后，著者深思而有得，沉潜于老庄、优游于海德格与德希达之间，重新开启庄子思想的文化新慧命。（郭正宜）

庄子疑义考辨

《庄子疑义考辨》，张松辉著。北京：中华书局，2007年4月第1版，16开，280千字，系"静一学术论丛"之一种。

张松辉简介详见《老子译注与解析》提要。

本书正文对《庄子》33篇进行考证，内容一般都是前人看法中存在歧义的部分，即"疑义"，大致分五种情况。一是对《庄子》题目的考证，如"逍遥”原意考证、“齐物论”这一题目含义；二是对《庄子》句子的解读，如“宋人资章甫”“天下莫大于秋毫之末而太山为小”等；三是对《庄子》字词的考证，如“天籁”“至人”“不缘道”等，这方面的考证最多；四是对《庄子》内容、思想与结构的考证，如《人间世》的主要思想及整体结构、《德充符》的主旨是“精神大于肉体”等，这方面的考证也比较多；五是其他相关的考证，如庄子对小说的贡献、老庄的性善论等。

本书的最大特点是将历来《庄子》注释与研究中存在的疑义部分进行了系统地考证和梳理，使本书拥有深厚的学术史背景；同时还在考证中引入了其他学派的思想进行比较研究，如道儒的“内圣外王”与禅宗的不执着、从墨家“以自苦为极”看学派发展中的失误，从不同方面揭示庄子的思想及其影响。（丁希勤）

庄子集成

《庄子集成》，〔战国〕庄周著，祝军译注。南京：河海大学出版社，2007年6月第1版，3册，32开，556千字。

庄周简介详见《庄子全译》提要。

本书先是序言，后是正文。序言讲了七个方面的内容：一是庄子的生平与事迹；二是《庄子》的流传与真伪问题；三是庄子之道；四是庄子与儒家的关系；五是庄子与佛家的关系；六是庄子对中国古代文学艺术的影响；七是本书的体例，以郭庆藩辑、王孝鱼点校的《庄子集释》为底本，参照多种注本，择善而从，但为避免繁复，不注明出处，著者的不同见解，则以“祝注”标明。

正文33篇。每篇前有题解，详细交代该篇的思想内容和结构特点，便于读者掌握。题解之后，分别是原文和译文。注释中“祝注”的内容较多，是本书的亮点。“祝注”不仅解释字词的含义，还旁征博引，探讨庄子的哲学思想，提出著者自己的见解。著者坚守“以老庄解庄”之原则，所有注疏均以《老子》与《庄子》的文本和思想为据，对郭象《庄子注》“以玄解庄”有所补充。

本书兼具学习与学术双重价值，对初学者和研究者都有所裨益。（丁希勤）

读庄子的方法学

《读庄子的方法学》，东方桥著。上海：上海书店出版社，2007年10月第1版，32开，175千字，系"东方桥读经典"之一种。

东方桥简介详见《老子现代读》提要。

正文分三章。第一章日常生活的法门，有九小节：庄子的超三思哲学大义、《庄子》书的内容剖析、《庄子》书中评惠施十论、《庄子》书中评公孙龙的学说、《庄子》书中的道与德的天性思想、《庄子》书中的社会制度、《庄子》书中的死与不死之观念、《庄子》书中的纯粹经验世界、《庄子》书中非绝对的绝对逍遥观念。

第二章《庄子》的归纳分析，有十一小节：《庄子》书中孔子拜师、《庄子》书中的孔子与弟子、《庄子》书中鲁哀公问、《庄子》书中颜回问、《庄子》书中的大批判大讽刺、子张与无足批判历史、《庄子》书中批判天下道术、《庄子》书中的技艺方法学、说大道的夫子、道没有书没有语言、至乐与养生的法门。

第三章《庄子》的大义和题解，有三小节：大鹏九万里、无为与返朴、《庄子》的篇名内容分析。

本书是著者从人生艺术的角度触摸庄子而提出的一些个人看法，其中有的观点比较新颖，反映了著者的独特体验与认识。（丁希勤）

庄子探奥

《庄子探奥》，姚曼波著。北京：人民出版社，2008年10月第1版，32开，218千字。

姚曼波，浙江诸暨人。江苏第二师范学院文学院教授。主要著作有《〈春秋〉考论》。

本书先是绪论，后是正文，最后是后记。绪论主要探讨了两个问题：一是针对学术界的研究现状，指出任何阐释都要以尊重原著、尊重著者、正确解读文本为前提和基础，否则，就会失去阐释研究的科学性和学术价值。二是指出庄子哲学的精神性问题，庄子哲学是以精神本体与宇宙本体合一，并以此作为获得永恒性和无限性的途径，其学说的出发点和最终目的都是精神。庄子哲学的一切概念、范畴、命题、理论观点，其核心命题的展开和理论体系的构建，无不围绕着精神本体而创生。如果看不清庄子哲学的这个本质特征，则不可能正确解读《庄子》，达到其阐释的科学性与准确性。这正是本书所要阐发的重心所在。

值得一提的是，著者认为庄子的天道思想来源于楚文化对天文的无限探索精神。此外，在庄子对文学的影响一节中，重点分析了庄子对苏东坡、桐城派以及《红楼梦》的影响，相对于其他研究庄子的著作，这些提法比较少见。

后记中介绍了本书的创作过程。尽管书中"个人色彩太浓"，但仍不失为一本好书。著者在对庄子学说产生背景的探讨基础上，将庄子学说的本质概括为精神本体论，以精神本体论为核心，阐发了庄子学说的核心价值、意义，以及其与中国文学艺术的关系。（丁希勤）

谈古论今说庄子

《谈古论今说庄子》，马银春编著。北京：中国致公出版社，2008年11月第1版，16开，237千字。

马银春，甘肃永登人。编著有《狼皮卷》《王牌总经理》《社交礼仪与口才》《口才训练与演讲艺术》等。

本书前言指出《庄子》上承《老子》，下启《淮南子》，是道家学说的一部极其重要的作品。今天读《庄子》，不应该只局限于对其一字一句的烦琐解释，而要领会其精神。书中节选《庄子》的精华部分，结合当下社会现状，进行深入而有趣的阐释，引领读者品味它无穷的艺术魅力。

本书分五章。第一章乱世隐者，对庄子名讳和出生地做了考证，指出庄子一生清贫而高傲，超然世外，追求绝对的精神自由而不是物质享受与虚伪的名誉。第二章揭秘《庄子》，指出寓言是《庄子》一书最重要的表现手法。全书大小寓言200多个，《史记》曰："其著书十余万言，大抵率寓言也。"庄子的寓言无论尖酸刻薄，还是讽刺挖苦，其中的奥秘只有一个，那就是"大道合乎自然"。第三章《庄子》内篇，共有七节。第四章《庄子》外篇，共有十四节。第五章《庄子》杂篇，共有七节。每节选择几个小题目，结合社会现状进行重点评析，是本书的亮点。

纵观本书内容，著者对《庄子》的解读具有一定的选择性。一是篇章的选择性，本书并没有对《庄子》33篇全部解读；二是每章内容的选择性，选取著者认为与当今社会密切相关的部分作为解读的对象。（丁希勤）

庄子义集校

《庄子义集校》，［宋］吕惠卿撰，汤君集校。北京：中华书局，2009年2月第1版，32开，380千字，系"中国思想史资料丛刊"之一种。

吕惠卿（1032—1111），字吉甫，福建晋江人。宋嘉祐二年（1057）进士。宋神宗年间积极参与王安石变法，官至参知政事。变法失败后，贬谪地方多年，曾镇守边陲，在抵御西夏进犯时，卓有建树。一生博学敏识，著述颇丰，现存《道藏》本《老子道德经》、金刻本和黑水城残本《庄子义》、西夏文译本《孝经传》。

本书传世甚希，以往对《庄子义》的面貌只能通过北宋褚伯秀的《南华真经义海纂微》和明焦竑的《庄子翼》中所采录的部分内容为主。因史书多将吕惠卿列入奸臣传中，导致宋人及后人对其书的评价存在失当、重视不够等情况。此集校本以金刻本为底本，以上海古籍出版社《俄藏黑水城文献》影印109页黑水城残本、中国国家图书馆藏俄国亚细亚博物院影印黑水城本（哲131/545）、《道藏》本《南华真经义海纂微》、文渊阁《四库全书》本《庄子翼》、1934年北平大北书局出版的陈任中集校《庄子义》排印本等为参校本，这是吕惠卿《庄子义》足本的第一次出版，对推动吕惠卿及《庄子义》的研究具有重要意义。

本书按结构划分为三部分。第一是书前部分，首先是万光治撰的序，汤君撰的前言、集校说明。第二是正文，共十卷，每卷篇目二到四篇，按《庄子》一书篇目秩序排列并注疏。全书不拘于字、词、句、意，着力于用儒家思想探寻和疏通《庄子》内在的义理，呈现出调和儒道关系的态势。

第三是附录，包含四部分内容：一是前人关于吕惠卿文集及《庄子义》的序跋、著录、评价等内容，二是宋人关于吕惠卿的传记，三是近代吕惠卿《庄子义》相关序跋、题词内容，四是汤君作的《北宋吕惠卿〈庄子义〉版本源流考》。

四库馆臣指出宋人注《庄子》三大家王雱、林希逸、吕惠卿，吕在林之上。朱熹在《朱子语类》中评价其书："旧看郭象解《庄子》有不可晓处，后得吕吉甫解看，却有说得文义的当者。"可见此书在宋代庄学史上所拥有的较高地位。（罗禧）

严复评点庄子

《严复评点庄子》，严复撰。福州：福建人民出版社，2009年7月第1版，4册，16开。

严复简介详见《老子道德经评点》提要。

著者平生爱好《庄子》，身后留下数部《庄子》评点本。王栻主编、中华书局出版的《严复集》在《庄子评点》书名的注释中说："《庄子评点》有未刊《庄子》原文的岷云堂本（岷本），及附有《庄子》原文的影印本。这两个本子都是曾克崯根据严复长子严璩所藏评点本排印或影印的。此外，杭州大学严群教授自藏《庄子评点》（严本，未刊），系严复在亲友家读《庄子》时随手所作的评注，条目较岷本为多。"曾克崯根据严璩所藏评点本影印的《侯官严氏评点庄子》，由香港岷云堂出版。《严复集》中收录的《庄子评点》以严本为主，以岷本校补，共收录评语265条。

然而著者生前批点的《庄子》并不仅此二种。有迹可循的，至少还有一本《庄子评点》，时在1912年，被马其昶借去未还。这个本子应是福建博物院藏本（闽本），是由山东省淄博市刘升骏先生捐献的。刘升骏曾在上海严复长子严璩家当差多年，1942年严璩在上海病故，将此本交刘保管。1985年4月，刘升骏病逝，由其弟刘升森先生捐献给福建博物院。本书版框高16.4厘米、宽12.1厘米，所用的文本是桐城派学者马其昶注释的《庄子故》。这是光绪三十一年（1905）集虚草堂刊印的线装本，共八卷四本。本书卷首有光绪二十年（1894）马其昶撰写的序，目录后又有他写的《又记》，卷末有光绪三十二年（1906）马氏门人李国松撰写的后记。本书第一卷卷端钤有"严氏伯子"朱文方印，此为严璩之印。闽本评点共有184条，较严本略少，但对《庄子》通篇进行了断句、圈点。所评点的文字言简意赅，寓意精深。书眉、留白的朱笔批点多为著者常厍之行草，字迹圆润练达，大可作为其书法精品欣赏。

岷本是曾克耑根据闽本的内容排印和影印的，但其影印本却并非由闽本直接影印。首先，岷本批点的字迹不是著者的手书。很显然，曾克耑从严璩借得闽本后，按原严氏评点重新抄录在另一文本上。其次，虽然他的抄录忠实于原文，但数万字的抄录还是有个别字眼的出入，这也是在所难免的。

2009年福建人民出版社以《严复评点庄子》为书名，用宣纸双色套印了闽本，其印制、装裱端庄典雅，终使这件历经坎坷、又被重锁深院的文献得以以其真实面貌重见天日。（祝飞帆、丁希勤）

《庄子》九章

《〈庄子〉九章》，刘坤生著。上海：上海古籍出版社，2009年7月第1版，20开，192千字。

刘坤生，1948年生，安徽合肥人。曾任教于安徽大学中文系、汕头大学文学院、广东技术师范学院中文系。

正文分九章。第一章《逍遥游》本旨及其价值，认为道物对立是《逍遥游》的主旨，"游"展示了道的无限性和心灵的自由、解放和开放，是"逍遥游"的重要价值。第二章《齐物论》的真理观：精神的自由和平等，认为"寓诸庸"是庄子哲学追求的最后归宿，并分别从存在主义、平等精神和无限的相对系统三个方面论述了《齐物论》的现代价值。第三章《养生主》：从精神的自由到艺术化的生命形态，首先分析该篇的主旨和结构，其次重点围绕"庖丁解牛"揭示该篇主旨思想，即精神的自由和艺术化的生命。此外，对老子之死和"薪尽火传"的意蕴进行分析，认为后者体现了破除"生死关"的理性精神。第四章《人间世》主旨的重新阐释：对君主制的控诉与绝望，认为庄子思想所包含的痛苦与无奈来源于君主专制，后者是对人类精神自由的最大戕害。第五章论述了人生本质乃是精神庄严之美，《德充符》是对人生德性的追求与张扬。第六章专论"心斋"，认为"心斋"是对人类心灵领域的理论开拓，探讨了"心斋"的内容及其价值。第七章、第八章专论《天下》篇，认为《天下》是开创中国学术批评史的空前之作，对该篇中所记载各家学说观点进行了点评。第九章其实也是后记，回顾了著者自己与先师宋祚胤先生的交往旧事，介绍先生的治学方法与学术观点，高度评价其学品和人品。

本书对《庄子》做了较为深入的研究，既有对《庄子》哲学思想的阐发，也有对治庄方法论的探讨，既有对庄学研究现状的思考，也有对先师和时贤学术精神的总结，具有一定的学术性和参考价值。（丁希勤）

庄子内篇注

《庄子内篇注》，[明]释德清撰，黄曙辉点校。上海：华东师范大学出版社，2009年8月第1版，32开，87千字，系"历代文史要籍注释选刊"之一种。《庄子内篇注》明天启年间已有刻本，分为七卷，盖每篇为一卷，后收入《龙藏》，清光绪十四年（1888）又刻于金陵刻经处，合为四卷，该点校本据金陵本校点。

释德清（1546—1623），俗姓蔡，名德清，字澄印，号憨山大师，安徽全椒人。晚明四大高僧之一。其一生志在复兴禅宗，广传佛法。主要著作有《楞严经通议》《老子道德经解》《大学决疑》等。

本书共四卷。其中卷一释《逍遥游第一》，卷二释《齐物论第二》《养生主第三》，卷三释《人间世第四》《德充符第五》，卷四释《大宗师第六》《应帝王第七》。全书通过题解、注疏、总论的形式对内篇每篇内容展开论注。在卷一开头，著者开宗明义地指出了《庄子》的特点，"《庄子》一书，乃《老子》之注疏。予尝谓老子之有庄，如孔之有孟。若悟彻老子之道后观此书，全从彼中变化出来"。同时解释了只注七篇的原因，"只内七篇，已尽其意，其外篇皆蔓衍之说耳"。最后道出了内篇妙用，"学者但精透内篇，得无穷快活，便非世上俗人矣"。随后便开始逐一注释内七篇的内容。全书一大特点是以佛释庄，如《逍遥游第一》的题解有云："此为书之首篇。庄子自云：'言有宗，事有君。'即此便是立言之宗本也。逍遥者，广大自在之意，即如佛经无碍解脱。"其二是用整体的眼光看待各篇，指出内篇中各篇之间存在的紧密联系，如其在《大宗师第七》题解中指出："……内七篇，乃相因之次第。其《逍遥游》乃明全体之圣人，所谓大而化之谓圣……次《齐物论》，盖言古今之人未明大道……次《养生主》，谓世人迷却真宰，妄执血肉之躯为我……次《大宗师》，总上五义，道全德备，浑然大化。"黄曙辉在《整理弁言》中指出，著者所注随文逐一演绎，剖析明畅。每篇前后皆有迎送，每段皆有总结，于《庄子》文字血脉以及悟道入手工夫，均有精细之指点。其释《人间世》颜回"与天为徒""与人为徒""与古为徒"三术，为从孔子"君子有三畏"中变化而来，"与天为徒"即"畏天"，"与人为徒"即"畏大人"，"与古为徒"即"畏圣人之言"，但议论浑然无迹。

著者站在佛教立场，适度遵从《庄子》本旨，通过以佛释庄的方法解庄，使两者思想得到有机融合，其书对明代以佛解庄、庄学佛学化等研究具有一定价值。（罗禧）

庄子索引

《庄子索引》，单演义著。西安：西北大学出版社，2009年8月第1版，16开，系《单演义文集》之一种。

单演义简介详见《庄子天下篇荟释》提要。

本书之序由著者的硕士寻师高亨先生1957年10月25日作于山东大学，介绍本书是一部工具书，为寻检《庄子》原书提供了许多方便。凡例交代本书是以王先谦《庄子集解》为准，并交代索引的编书原则、体例等问题。凡例之后为篇名简称，将《庄子》篇名简化，如"逍遥游第一"简称"逍"，"齐物论第二"简称"齐"等，方便检索。以下为笔画检字、部首检字、四角号码检字三种常见的检字法，根据所检字在索引中查到对应的原文出处，方便易行。

本书后记由著者1957年10月作于西北大学，交代编撰本书的三个缘由。一是研究鲁迅时，发现鲁迅作品中有许多《庄子》的文句；二是为初学庄者提供寻检之方便；三是燕京学社编印的《庄子引得》翻检不便，错误不少，因此有感编撰《庄子》索引之必要。（丁希勤）

《庄子》动词配价研究

《〈庄子〉动词配价研究》，殷国光著。北京：商务印书馆，2009年9月第1版，32开。

殷国光，1946年生，江苏扬州人。曾任中国人民大学人文学院教授、博士生导师。主要著作有《〈吕氏春秋〉词类研究》《上古汉语语法研究》等。

序一为胡明扬先生所作，指出配价语法是近年来新引进的一种西方语法理论，本书著者运用该理论穷尽地分析了《庄子》全文，非常难得。

序二为陆俭明先生所作，指出本书运用配价语法理论对《庄子》一书内1657个动词逐个进行配价分析，获得了很有价值的成果和结论。

正文分上、下编。上编为《庄子》动词配价研究，分七个内容：《庄子》动词配价研究概说、《庄子》一价动词及其相关句式、《庄子》二价动词及其相关句式、《庄子》三价动词及其相关句式、《庄子》准价动词及其相关句式、《庄子》"所"字结构的转指对象与动词配价、《庄子》动词配价研究总结。下编为《庄子》动词配价词典，方便读者检索查询。

后记介绍汉语配价理论的研究现状与本书的创作过程。自20世纪80年代以来，运用配价语法理论研究现代汉语成为汉语学界的热点之一。然而，在古代汉语语法研究领域却很难见到谈论配价的文章。运用配价语法理论研究古代汉语有两重困难，一是缺乏语感，二是语料的限制。古代汉语语法研究最基础的工作是描写语言事实，而语言事实描写得好与不好和理论框架有着直接的关系。为此，著者改造了泰尼埃尔的配价语法理论，并吸收了菲尔墨格语法的合理内核，在此基础上建立起本书的基本理论框架，并将其应用于《庄子》动词的分析研究。

本书是目前学术界首次引进西方语法理论对《庄子》动词配价进行研究的学术专著，借此探讨先秦时期文学的语法特点，在一定程度上达到了这一目的，具有一定的学术价值。（丁希勤）

南华真经副墨

《南华真经副墨》，[明]陆西星撰，蒋门马点校。北京：中华书局，2010年3月第1版，32开，299千字，系"道教典籍选刊"之一种。

陆西星（1520—1606），字长庚，号潜虚子，又号方壶外史，江苏兴化人。明朝道教内丹学东派的创始人。主要著作有《金丹就正篇》《老子道德经玄览》等。

蒋门马简介详见《老子庄子故里考》提要。

本书前言由蒋门马2007年作于宁波，共交代四个问题。第一个问题是陆西星的生平著述及评价，第二个问题是《副墨》要旨及读法，第三个问题是陆氏之超胜独知的思想，第四个问题是《副墨》版本流传情况。

本书正文，根据"虚静恬淡寂寞无为"将《庄子》分为八卷。每篇篇首有题解，揭示本篇文旨、结构、存在的问题以及读者切入之法。后列正文，正文后为注解。陆氏注解与其他《庄子》注有所不同：一是直抒胸臆，而略于训诂考释；二是每篇后面作辞一首，曰"于是方壶外史说此篇已，重宣此义而做乱辞"，概括总结自己的体会。

书末附多人序跋，对《副墨》盛赞有加，如孙伯符认为陆注"祖述前哲，间出独智""斯注一出，前无古人"。郑材认为"道德，其南华之鼻祖；副墨，其南华之正脉"。（丁希勤）

庄子纂笺

《庄子纂笺》，钱穆著。北京：生活·读书·新知三联书店，2010年4月第1版，32开，220千字。另有香港：东南出版社，1951年版、1955年版、1957年版、1962年版；台北：东大图书公司，1985年版。

钱穆（1895—1990），字宾四，笔名公沙、梁隐、与忘、孤云，晚号素书老人、七房桥人，斋号素书堂、素书楼，江苏无锡人。中国现代著名历史学家、思想家、教育家。学术界尊之为"一代宗师"，更有学者谓其为中国最后一位士大夫、国学宗师，与吕思勉、陈垣、陈寅恪并称为"史学四大家"。1930年后，历任燕京大学、北京大学、清华大学等多所高校教授，也曾任无锡江南大学文学院院长。1949年迁居香港，创办新亚书院，任院长。主要著作有《先秦诸子系年》《中国近三百年学术史》《国史大纲》《中国文化史导论》等。

在本书序目中，著者首先罗列了本书中所参考的主要文献，并就主要文献予以言简意赅的提要。随后介绍撰著本书的缘起，认为《庄子》乃是"衰世之书"。这种理解，随着著者的阅历而不断加深。

正文依据传统做法，将《庄子》分为内、外、杂三篇，每篇下各若干小篇。在笺注中，每小篇篇名皆有解释，随后笺注解释其内容。其笺注的风格是：首先开列具有代表性的历代庄注词条，然后对其句义予以分析，做到训诂考据与义理分析的结合，具有一定的学术意义。

著者积多年功力而撰著成书，既重视传统的训诂考据之学，就《庄子》字义予以训释，又重视思想层面的细致发挥，还留意前后内容的联系与条贯，旁征博引，厚积薄发，说理清晰，思辨透彻，是较为重要的庄学著作，产生了重要的学术影响。（张永宏）

庄子分解

《庄子分解》，李乃龙著。桂林：广西师范大学出版社，2011年3月第1版，32开，480千字。另有桂林：广西师范大学出版社，2012年9月第2版。

李乃龙，1957年生，广西天等人。现任广西师范大学文学院教授。主要著作有《雅人深致与宗教情缘》等。

前言以自我问答的方式回答了四个问题：为什么要读《庄子》？为什么要分解《庄子》？怎样分解《庄子》？《庄子》说了些什么？关于第一个问题，认为读《庄子》有四种需要：考试的需要、工作的需要、消遣的需要、心灵的需要，而人们普遍面对三种困境：生和死的困境、情和欲的困境、时和命的困境，都需要从《庄子》中寻求答案。关于第二个问题，认为《庄子》不是一个人所写，完成于不同的时期，里面有许多寓言故事，只能分而析之，不能笼统地解说。关于第三个问题，依据《庄子》文意的自然段落，将原文分成若干小段落，以此为单位进行解说。分解从下列方面着眼：一是顾及三种语境，即段意、篇意以及原始庄子与庄子后学相比照；二是与《老子》相比较；三是与历史事实相比较；四是理性批判。关于第四个问题，分别从万物由道而来，人应该怎么活，什么才是理想社会，怎么认识自己、社会和自然四个方面进行解答。

正文33篇，分多个小命题进行分解，如"北冥有鱼""尧让天下于许由""藐姑射之山"等。每个命题先列原文，次为注释，后为译文，最后解说。命题简短精干，方便检索，便于一览《庄子》文意。文中注释和译文通俗易懂，解说稍作引申，前后关联，也便于读者理解。（丁希勤）

庄子雪

《庄子雪》，［清］陆树芝撰，张京华点校。上海：华东师范大学出版社，2011年3月第1版，32开，300千字，系"历代文史要籍注释选刊"之一种。

陆树芝，约生活在1759—1828年间，字见廷，号次山，室号三在山房，清时高州信宜（今广东茂名）人。清乾隆四十五年（1780）举人。主要著作有《四书会安录》《左传意解》《朱子家训辑注》等。

张京华，1962年生，北京人。曾任北京大学副教授，现任湖南科技学院教授。主要著作有《人杰地灵古都纵览》《燕赵文化》《庄子注解》等。

此点校本据《中华续道藏初辑》影印嘉庆文选楼刊本为底本，底本不清处参考了千顷堂石印本。

本书是对《庄子》全书33篇的注评，厘为上、中、下三卷。书名中"雪"取"晶莹皎洁，不染点尘，别具寒香"之意。书中每篇题前、文中、篇末皆有评论，对《庄子》文法、起承转合、首尾照应处都有提示。如对"南华经内篇"的题解是"南为离明之方，华为精英之发，言发挥道妙，光明英华也"，将"齐物论第二"解为"辨别事物之是非，而必申其说，是为物论"。此书一大特色在于将《庄子》全书从词、句、段、篇串起，将其书视作一个有机整体。点校者认为"古今学者文人由《庄子》书中得若干片段而加以欣赏者多，但能提升而至于将全书浑沦圆融加以赞赏的，绝不多见"。第二个特色在于其书儒道之间的互通互解。点校者指出其"有处处相互发明之功"，并且在注释中将《庄子》旨意看作维护六经，带有尊孔的倾向。

陈大文序言评价道："自子之文出，而庄子于是乎有替人，有知己。"尹廷铎序指出："余既喜见所未见，而又重为漆园幸，且为读《南华》者幸也。"中华书局编辑出版的《庄子精华》，其中内篇部分诸家眉评采用了林云铭、宣颖、陆树芝和王先谦四人的评语，可见陆树芝注庄水平。此书对庄子哲学及文学的研究都有较高价值。（罗禧）

庄子译注与解析

《庄子译注与解析》，张松辉著。北京：中华书局，2011年4月第1版，2册，32开，600千字。

张松辉简介详见《老子译注与解析》提要。

本书先是导读，后是正文。导读首先介绍庄子的生平、著作；其次，分政治和哲学两个方面介绍庄子的思想；再次，介绍《庄子》的文学成就；最后，介绍《庄子》在玄学、中国古代道教和佛教、文学方面的影响。

正文是对《庄子》33篇的译注与解析。每篇篇首有题解，申明本篇的主旨大意。然后分成几段，每段先列原文，后面依次为注释、译文和解析。其中，解析部分是本书的亮点，一是阐发《庄子》原文的思想和结构，介绍著者自己的认识；二是记载了历史上各种学说流派的观点、主张以及发展情况，学术脉络比较清晰，对于初学庄者和研究庄子的学者具有一定的参考价值。（丁希勤）

《庄子》研究

《〈庄子〉研究》，张采民著。北京：中华书局，2011年7月第1版，32开，240千字，系"汉语言文学专题研究系列"之一种。

张采民，1948年生，山东文登人。南京师范大学文学院教授、博士生导师。对古代文学研究颇有造诣。

前言交代本书的主要内容，一是关于庄子的生平和《庄子》这部书的若干问题的考辨，二是对《庄子》中的一些重要的篇章进行诠释和解读，三是对庄子的思想及其与各种学派、社会思潮的关系做深入的考察与研究，在对《庄子》若干篇章进行深入解读的基础上，了解和把握庄子的基本思想，以及庄子思想是以怎样的方式渗透到玄学、道教、佛学和理学中并影响其发展的。

正文分12章：庄子其人、《庄子》其书、庄学的历史演变、《庄子》名篇解读、庄子的"自然型"哲学、庄子的人生哲学、庄子的美学思想、庄子的文学思想、庄子的政治思想、庄学与魏晋玄学、庄学与道教、庄学与佛学。可见本书是研究《庄子》比较全面的一部书。

后记交代著者十余年来多次为本科生和研究生开设"《庄子》导读""庄学研究"选修课，本书是在其授课讲稿的基础上加工、拓展而成的。书中除了著者自己研读《庄子》的一些心得体会和见解以外，还参考、吸收了前贤的一些研究成果，主要有陈鼓应的《庄子今注今译》《老庄新论》，刘笑敢的《庄子哲学及其演变》、方勇和陆永品的《庄子诠评》及《复旦学报》（社会科学版）编辑部编的《庄子研究》等。（丁希勤）

庄子因

《庄子因》，〔清〕林云铭撰，张京华点校。上海：华东师范大学出版社，2011年8月第1版，32开，300千字，系"历代文史要籍注释选刊"之一种。

林云铭（1628—1697），字道昭，号西仲，又号损斋，福建福州人。清顺治十五年（1658）进士。主要著作有《损斋焚余》《西仲文集》《挹奎楼文集》《韩文起》《楚辞灯》《古文析义》等。

张京华简介详见《庄子雪》提要。

此点校本据《中华续道藏初辑》影印白云精舍刊本为底本，据日本刊本及《挹奎楼文集》等进行增补和核校。

《庄子因》全书六卷，共33篇，每卷篇目三到八篇，按《庄子》一书篇目秩序排列并注疏。书名中"因"字取"唯因是因非，因非因是，以治庄之道，读庄之书，求合乎作者之意而止"之意。本书注解的一大特点就在于"合庄子意"。林云铭在凡例部分批评了前人注《庄子》的弊病，认为"辄指东话西，自逞机锋，将本旨尽行埋没却也"。而在自评其书时指出："是书原本扫尽诸家纰缪，久为海内赏识，兹恐学者或费探索，因损益原注，别作新诠，逐字细话，逐句辨定，逐段分析，细加圈点截抹，俾古今第一部奇书面目毕呈，开卷便得，真古今第一部奇解也。"上述自评中也道出了其书的第二大特点，即采用逐字逐句分析注释的方式，用各类标注符号对书中内容加以标注，以进一步使读者了解旨趣所在。

本书意义与价值在于"因"字，以"合庄子意"。林云铭着重强调从厘清"文脉"的切入解庄，如其在本书"庄子杂说"中提到的《庄子》有易解处，有艰涩难解处，有可作此解彼解处，俱无足疑，止玩上下文来路去路，再味其立言之意，便迎刃自解矣"。所以本书在庄学阐释与评点史上都具有一定的地位。（罗禧）

庄子纂要

《庄子纂要》，方勇撰。北京：学苑出版社，2012年3月第1版，8册，精装，32开，4000千字。

方勇简介详见《庄学史略》提要。

本书分两部分。前六册收《庄子》33篇原文，以清光绪中黎庶昌辑《古逸丛书》所收覆宋本唐成玄英《南华真经注疏》为底本。每篇前设"解题"，按时间先后将历代学者对《庄子》篇旨的阐释择其要者依次辑录，并断以"愚按"。正文将原文分为若干节，各节原文后依次为"笺注""点评""分解""校勘"，分别精心辑录了历代《庄子》文献资料中的名物训诂、文学鉴赏、义理阐释和原文校勘等相关文字。篇末设"总论"，将历代学者评价全篇内容的精华文字辑入其中。最后附"论文辑目"，汇辑了近百年间学者们已发表的研究《庄子》的相关论文目录。后两册为《庄子》诗文序跋汇辑，是从历代文献资料中辑出与《庄子》有关的序跋及诗文，依不同内容及问世先后而次第之，使研究者看到了大量难得的第一手庄学资料。

著者在序中说："魏晋以降，解者无虑五六百家，然率多支离隔膜，甚或臆测瞽说，《庄子》之旨难以卒显也……时下治《庄》，或鱼兔未获而筌蹄已弃，尤多华辞臆说，高谈而不根，若凭虚之捕象罔也。"有感于此，他"八载以来，广稽群籍，撮要抉精"，"汇千载治《庄》精华于一编"，以历代300多种庄学著作为基础，精采各家之注，斟酌选择，调和决夺，得一妥适之正解。本书在文献集大成上远超前人，在体例安排上也有可称之处。诚如曹础基先生所言："（方）先生不愧为庄学功臣，（此书）为后来学庄者节省了半生精力。"本书与《庄子学史》《子藏·道家部·庄子卷》可以说是鼎足而立，都是庄学史上的鸿篇巨制，对庄学的研究必将进一步产生推动作用。（丁希勤）

傅佩荣译解庄子

《傅佩荣译解庄子》，傅佩荣著。北京：东方出版社，2012年5月第1版，16开，270千字。

傅佩荣简介详见《细说老子》提要。

本书前言一：《庄子其人其书》，介绍庄子的生平，总结庄子的思想，认为庄子不是一般所说的"为我，放任，避世，空谈"，而是"忘我，顺其自然，入世而超世，以及全由深刻体验而来"。如果进而省思庄子何以能有如此卓越精妙的心得，则答案在于他对"道"的领悟。他的道是"一以贯之"的原理与源头，认识这一点就可以与他一起逍遥而游了。

前言二：《译解〈庄子〉，平生一大乐事》，提出庄子的认识策略是"先区分内与外，再重内而轻外，然后有内无外"，也就是《大宗师》所讲的"外天下，外物，外生，朝彻，见独　无古今，不死不生"。其次，介绍本书的译解主要依据王叔岷《庄子校诠》的考据与疏释。在白话译文方面，参考了黄锦铉《庄子读本》、陈鼓应《庄子今注今译》以及黄明坚《庄子》译文。本书注解以哲学思辨为重点，力求把握"澄清概念，设定判准，建构系统"的原则，对书中的关键概念（如道、德、天、性、情、自然等）及价值判断都作清楚说明，希望重建庄子的哲学体系。

正文对《庄子》33篇进行注解。每篇篇首设"要旨"，介绍本篇主题思想和认识。然后分若干小段，每小段先为原文，次为译文，后为注解。译文多为直译和意译，与原文进行对照，可以使复杂离奇的"通假字"不经注释就呈现出来。注解部分多为著者自己的认识和理解，用著者的话说，"注解部分才是作者用心所在，研究哲学40余年，今日得以注解《庄子》，实为人生一大乐事"。

总之，本书是著者长期研究《庄子》的心得之作，对初学者具有一定的参考意义。（丁希勤）

南华真经精义

《南华真经精义》，张松辉、张景著。北京：宗教文化出版社，2012年5月第1版，16开，250千字，系"厦门朝天宫'道学教材丛书'"之一种。

张松辉简介详见《老子译注与解析》提要。

本书共上、下两编。上编《南华真经》导读，分为九章：庄子的国属、故里及生卒年月，"南华真人"名号考，《南华真经》为庄子师生集体创作，哲学思想，政治理想，个人修养及处世，庄子与道教，庄子与中国禅宗，庄子与文学艺术。下编《南华真经》选读，遵循以下原则：第一，内七篇是庄子本人所作，进行全文注释；第二，外、杂篇除了《秋水》之外，其他篇章节选若干段落，一是具有较大影响的名篇，二是与道教的关系较为密切的篇章，还有一些篇章则全部略去；第三，外篇只对篇名做简单解释，不再对全篇内容进行概述；第四，节选的篇章，先解题，次列原文，再进行注释，最后是义说，对文章的思想内容做进一步的解释和说明。

本书内容比较全面，又通俗易懂，具有一定的学术性，对研究庄子有一定的参考价值。（丁希勤）

庄子

《庄子》，陈鼓应、蒋丽梅导读及译注。北京：中信出版社，2013年8月版，32开，180千字，系"中信国学大典系列"之一种。

陈鼓应简介详见《老子今注今译及评介》提要。

蒋丽梅简介详见《老子》提要。

本书正文前有陈鼓应作《我读〈庄子〉的心路历程》，介绍了《庄子》其人其书，将老庄之道概括为：指宇宙最根本存在与自然客观规律。接下来归纳了自己读《庄子》三阶段经历带来的不同收获，并结合自身经历与《庄子》

中的经典典故，将读《庄子》之心路完整地展现在读者眼前。

正文部分，内篇的七篇经文全部选录，外篇及杂篇分别节选代表性章节，每篇节选二至五小节不等。每篇由导读、原文、注释、译文及赏析与点评五部分构成。导读解释标题含义，总括每章主旨，将选文按结构分章释义，指出其中蕴含的典故及成语，读者可快速掌握该章内容架构及大意，方便依次阅读或随需查找。注释舍繁就简。译文以直译为基本原则，简明扼要，通俗易懂。赏析与点评在充分吸收前人的研究成果的基础上，阐明自己相应理解，引发读者对于《庄子》的现代性思考。后有名句索引，可按照笔画查询相关名句，方便读者快速浏览。

本书可以说是陈鼓应所撰《庄子今注今译》的简版，在导读、注释及译文的基础上，阐述了对于《庄子》的基本理解和当代价值。相对传统注疏版本而言，本书在坚持学术严谨性的前提下，具有鲜明的可读性、趣味性及时代性。（杨琳）